마케팅 리플렉션

마케팅 리플렉션

초판 1쇄 발행 2025년 8월 21일

지은이 송인암, 김태근, 모선종, 김종국, 강계영, 장수명, 김상수, 강호계, 안성범, 장광희, 은종성, 최동규, 김종호, 김용욱, 장동관, 정갑진, 김제금, 박흥재, 곽현수, 박진우, 유민형, 이영길, 김선웅, 길석면, 장태현, 신창옥, 정문일, 박홍선, 김미홍, 고태훈, 김인애, 최영삼, 배서현, 이영미, 박경애

펴낸이 제이슨
펴낸곳 도서출판 책길
　　　(도서출판 책길은 (주)비즈웹코리아의 출판 전문 임프린트 브랜드입니다)

신고번호 제2018-000080호
신고년월일 2018년 3월 19일

주소 서울특별시 강남구 테헤란로2길 8, 4층(우.06232)
전화 070-8275-8245
팩스 0505-317-8245
이메일 contact@bizwebkorea.com
홈페이지 bizwebkorea.com　　**이러닝 인터뷰어** interviewer.co.kr
페이스북 facebook.com/bizwebkorea　　**인스타그램** instagram.com/bizwebkorea
블로그 blog.naver.com/bizwebkorea　　**유튜브** youtube.com/@bizwebkorea

ISBN 979-11-993711-0-1(13320)

ⓒ 2025 송인암 외
이 책은 저작권자와의 계약에 따라 저작권법의 보호를 받는 저작물이므로
저자와 출판사의 허락 없이 내용의 일부 또는 전부를 발췌하거나 인용하는 것을 금합니다.

*잘못된 책은 구입처에서 바꾸어 드립니다.

마케팅 리플렉션

송인암 | 김태근 | 모선종 | 김종국 | 강계영 |
장수명 | 김상수 | 강호계 | 안성범 | 장광희 |
은종성 | 최동규 | 김종호 | 김용욱 | 장동관 |
정갑진 | 김제금 | 박흥재 | 곽현수 | 박진우 |
유민형 | 이영길 | 김선웅 | 길석면 | 장태현 |
신창옥 | 정문일 | 박홍선 | 김미홍 | 고태훈 |
김인애 | 최영삼 | 배서현 | 이영미 | 박경애 |

MARKETING REFLECTION

성찰 되돌아봄 다시묻다
재조명 통찰
전환 Shift 의미

트렌드의 흐름을 읽고, 소비자의 마음을 사로잡는 마케팅 통찰
마케팅의 본질을 성찰하고, 새로운 길을 열다!

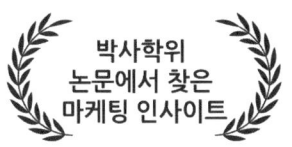
박사학위 논문에서 찾은 마케팅 인사이트

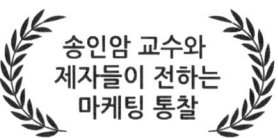
송인암 교수와 제자들이 전하는 마케팅 통찰

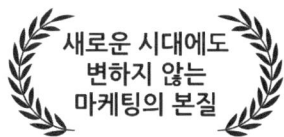
새로운 시대에도 변하지 않는 마케팅의 본질

책길

시작하는 글

마케팅은 시대와 기술의 발전에 따라 끊임없이 변화해왔으며, 그 중심에는 언제나 고객이 있었습니다. 마케팅 연구의 가장 본질적이고 궁극적인 주제는 '고객만족 (Customer Satisfaction)' 입니다. 이는 기업이 창출하는 이익이 결국 고객만족의 결과물이기 때문입니다. 고객이 만족하지 않는다면 기업의 수익성도 지속될 수 없으며, 수익창출이 어려 운 기업은 사회적 책임을 다할 수 없을 뿐만 아니라 결국 시장에서 도태될 수밖에 없습니다. 따라서 고객을 만족시키는 역량이야말로 기업의 지속 가능성을 결정짓는 핵심 요소라 할 수 있습니다.

이 책에서 다루는 다양한 마케팅 주제를 보다 깊이 이해하기 위해서는 마케팅의 역사적 흐름을 살펴볼 필요가 있습니다. 마케팅의 역사는 크게 생산 중심에서 고객 중심으로 그리고 디지털 혁신과 개인화마케팅 시대의 세 가지 패러다임으로 구분할 수 있습니다.

첫 번째 시기는 기업이 고객보다 생산과 제품 판매를 우선시했던 생산 및 제품 중심의 시기입니다. 산업혁명 이후 대량생산 기술이 발전하면서 기업들은 생산지향적 사고(Production Orientation)를 채택하였습니다. 이 시기에는 효율성과 생산성이 핵심 가치였으며, 기업들은 더 많은 제품을 빠르고 저렴하게 공급하는 데 집중했습니다. 이후 제품의 품질이 중요해졌지만, 여전히 고객보다는 제품 자체를 중심으로 사고하는 제품지향적 사고(Product Orientation)가 발전하였습니다.

이 과정에서 고객의 선택권은 제한되었고, 제품이 시장을 주도하는 공급자 중심 구조가 지속되었습니다. 그러나 기술이 발전하고 시장이 성숙하면서 제품 공급이 수요를 초과하게 되었고, 이에 따라 시장 경쟁이 심화되었습니다. 이러한 변화 속에서 기업들은 단순한 생산과 품질 개선만으로는 경쟁에서 살아남을 수 없다는 점을 깨닫게 되었고, 판매지향적 사고(Sales Orientation)로 전환하였습니다.

이 시기의 기업들은 보다 적극적인 판촉과 영업 전략을 활용하여 제품을 고객에게 효과적으로 판매하는 데 집중하였으며, 이 과정에서 시장 주도권이 점차 기업에서 고객으로 이동하기 시작했습니다.

두 번째는 고객 중심의 마케팅 시대의 출현입니다.

두 번째 시기는 기업이 고객의 중요성을 인식하고 고객만족을 최우선으로 삼는 마케팅 중심의 시대입니다. 시장이 더욱 경쟁적으로 변하면서 기업들은 고객이야말로 기업 경영의 핵심이라는 사실을 인식하게 되었고, 이에 따라 고객의 니즈를 최우선으로 고려하는 고객 중심적 사고(Marketing Orientation)가 확립되었습니다.

이 시기에는 시장 세분화(Segmentation), 타겟팅(Targeting), 포지셔닝(Positioning)이라는 STP 전략과 4P Mix 전략(제품 전략, 가격 전략, 유통 전략, 촉진 전략)이 등장하였습니다. 기업들은 이를 활용하여 원가 우위 전략(Cost Leadership Strategy), 차별화 전략(Differentiation Strategy), 집중화 전략(Focus Strategy)을 통해 고객의 니즈를 반영한 제품과 서비스를 제공하기 시작했습니다.

세 번째는 디지털 혁신과 맞춤형 개인화 마케팅의 시대입니다. 오늘날, 인터넷과 데이터 분석 기술의 발전으로 마케팅은 또 한 번의 혁신을 맞이하고 있습니다. 빅데이터(Big Data), 인공지능(AI), 머신러닝(Machine Learning) 기술, 로봇기술이 발전하면서 고객의 행동을 실시간으로 분석하고 1:1 맞춤형 마케팅을 제공하는 것이 가능해졌습니다.

특히, 디지털 마케팅(Digital Marketing), SNS 마케팅(Social Media Marketing), 초개인화 마케팅(Real-Time Hyper-Personalization)이 시장을 주도하고 있으며, 기업들은 고객의 개별적 특성을 정밀하게 파악하여 맞춤형 경험 즉 '지금 이 순간의 니즈'를 즉시 제공하는 방향으로 나아가고 있습니다. '지금 이 순간의 니즈'에 대응할 수 있다는 것은 단순히 기술의 문제가 아니라 고객을 진심으로 진정성 있게 이해하려는 마케팅철학이 있어야 가능한 것입니다.

고객을 향한 진정성 있는 고민이야말로 과거 현재 미래의 마케팅에 있어 핵심경쟁력이라고 할 수 있습니다.

이러한 마케팅의 역사적 흐름을 바탕으로 볼 때, 이 책은 마케팅의 본질이 고객 중심 사고에 있으며, 기업이 지속적으로 성장 발전하기 위해서는 고객중심적 사고를 통한 고객만족을 핵심 가치로 삼아야 한다는 점을 강조합니다. 이를 위해 다양한 이론적, 실무적 접근을 통해 고객만족을 실현하는 전략과 실행 방안을 제시하고 있습니다.

이 책에서는 기업의 고객만족 활동을 다양한 관점에서 분석합니다.

디지털 환경적 측면에서는 SNS 마케팅, 개인화되는 이커머스, 유통업의 통합 마케팅 커뮤니케이션(IMC), VMD 등의 주제를 연구하였고, 고객관리적 측면에서는 교육 서비스나 공공기관의 서비스 품질 측정과 평가, MOT(진실의 순간), 소리와 색 마케팅, 고객경험, 특허, 액티브시니어등의 주제를 연구하였습니다.

브랜드적 측면에서는 브랜드 신뢰, 구전 효과, 문화 마케팅, 관계 특성 등의 주제를 심층적으로 분석하였습니다. 기술 및 혁신 측면에서는 벤처기업의 기술창업과 마케팅 활동 성과, 내부 마케팅과 성과, 선행디자인 전략과 성과 등의 문제를 다루었으며, 기업가 정신 및 기업의 사회적 책임, 사회적 자본 측면에서의 마케팅성과 문제를 다루었습니다. 끝으로 전통시장적 측면에서 전통시장 교육과 경험 마케팅의 성과 등을 보았습니다.

연구 주제들이 다양하여 독자들에게 다소 복잡하게 보일 수도 있습니다. 하지만 이 모든 내용의 핵심은 결국 시장에 존재하는 '고객'에 대한 무한한 관심, 고객에 대한 무한한 사랑과 고객에 대한 진정성 있는 고민과 열정입니다.

기업이 지속적으로 성장하고 생존하기 위해서는 고객 만족을 최우선으로 고려하는 전략적 사고가 필수적입니다. 단순히 제품을 생산하고 판매하는 것이 아니라, 고객의 니즈를 정확히 파악하고, 이에 맞춰 기업의 전략을 변화시키는 것이야말로 진정한 마케팅의 역할입니다.

 시대가 변하고 기술이 발전하더라도, 마케팅의 궁극적인 목표는 변하지 않습니다. 변화무쌍한 시장을 이해하고 시장속에 존재하는 목표고객을 선정하고 그들에게 차별화된 가치를 제공하기 위해 기업의 모든 역량을 집중화해서 목표고객들이 수용하는 차별적우위를 끊임없이 제공함으로써 기업의 지속 가능성을 확보하는 것입니다.

 이 책은 마케팅의 역사와 패러다임 변화를 기반으로 현대 기업이 실천해야 할 다양한 마케팅 전략과 고객 만족을 극대화하는 방안을 제시합니다. 독자들은 이 책을 통해 마케팅의 본질을 깊이 이해하고, 실무적으로 활용할 수 있는 체계적인 인사이트를 얻을 수 있을 것입니다.

대표저자 송인암

차 례

시작하는 글   5

SNS 기반 커뮤니티에서 신뢰와 몰입이 중요한 이유는?   18
SNS 기반 커뮤니티의 특성 / SNS 중심 커뮤니티의 전환행동 / SNS 기반 커뮤니티 형성의 변화 / 신뢰와 몰입의 새로운 형성 요인 / 콘텐츠 소비와 상호작용의 역할 / 신뢰와 몰입이 전환행동에 미치는 영향

유통업의 통합 마케팅 커뮤니케이션 방안은?   28
유통업의 변화와 IMC의 중요성 / 유통 환경의 변화와 도전 과제 / IMC 전략의 핵심 요소와 효과 / 유통업 환경 변화 속 IMC 방안 / IMC 전략의 미래 방향과 제언

공공기관의 서비스 품질관리가 왜 필요한가?   38
공공기관의 서비스 품질관리 / 공공서비스의 새로운 패러다임 / 고객 중심 공공서비스 전략 / 서비스 품질이 고객 만족에 미치는 영향 / 신뢰성 강화와 지속 가능한 변화 전략 / 공공기관의 지속 가능한 성장

입소문이 교육기관 선택에 미치는 영향은?   48
어떻게 교육만족도를 향상시킬 것인가? / 구전의 중요성과 정보원천 구성 요소 / 교육서비스의 구성요인 / 교육서비스의 특징과 품질의 결정 요인은? / 구전 정보가 교육서비스 선택에 미치는 영향 / AI 교육서비스를 활용한 학습 만족도 향상방안 / 교육서비스와 지방자치단체의 마케팅 활용

기술 중심 벤처기업의 마케팅 활동과 경영성과 방안은?   58
기술 중심 벤처기업과 마케팅 활동 / 기술과 디지털 시대의 벤처기업 / 벤처기업의 내부 환경과 경영성과 / 마케팅 믹스 전략의 진화 / 기술 중심 벤처기업의 마케팅 활동 / 내부 역량과 마케팅 믹스의 시너지

좋은 매장이 고객의 마음을 사로잡는다. VMD의 비밀은?   68
매장의 차별화 요소, VMD / VMD가 왜 중요한가? / 고객 취향과 라이프스타일을 반영한 VMD / VMD 구성요소와 브랜드 자산 형성 / VMD 개선을 위한 실행 방안 / 오프라인의 시대가 오고 있다.

교육 서비스 품질을 어떻게 평가하고 관리할 것인가?   78
교육 서비스 품질 관리가 필요한 이유는? / 교육서비스 품질 평가의 주관성 / 주관적 평가를 반영한 교육 품질 개선 방안 / 교육에서의 서비스 품질 강화 전략 / 학습 성과를 높이기 위한 교수법 및 커리큘럼 / 생성형 인공지능과 교육의 미래 / AI 활용 맞춤형 학습 지원 및 기대일치 향상 / 교육성과와 기대일치 증대를 위한 실천 방안

세일즈에서 고객접점(MOT) 관리가 왜 중요한가?   88
고객접점 관리가 필요한 이유는? / 고객접점 이란 / 카마스터의 핵심역량과 고객접점 관리 / 오프라인 고객접점 관리 전략 / 온라인 판매와 고객접점: 디지털 전환 / 오프라인과 온라인을 연결하는 통합 서비스 / AI 및 디지털 기술이 접목된 미래 MOT는?

서비스 품질이 마케팅 활동에 미치는 영향은?   98

서비스품질과 가격공정성의 관계 / 서비스품질과 가격공정성의 중요성 / 서비스품질과 가격공정성의 상관관계 / 서비스 품질을 높이기 위한 방안들 / 커지는 디지털 헬스케어 시장 / 어떻게 대응하고 준비할 것인가?

블로그는 여전히 중요한 마케팅 수단인가?   108

블로그 마케팅 활용방안 / 블로그 마케팅의 새로운 패러다임 / 콘텐츠 개인화와 맞춤형 전략 / 스토리텔링으로 브랜드 신뢰 쌓기 / 블로그 플랫폼 활용 최적화 / 인터랙티브 요소와 커뮤니티 조성 / 멀티미디어와 콘텐츠 다양화 / 미래 전망과 블로그의 역할 / 블로그는 여전히 중요한가?

전통시장 상인교육이 매출 향상에 미치는 영향은?   118

유통시장 변화와 전통시장의 대응방안 / 축소되는 전통시장의 위상 / 상인교육이 왜 필요한가? / 상인대학 교육 프로그램의 특징 / 상인의식 변화: 고객 중심 사고 / 전통시장의 디지털 전환 / 정책적 지원과 협력의 필요성 / 지속 가능한 전통시장을 위한 제언

기업의 사회적 책임 활동이 마케팅 성과에 미치는 영향은?   128

CSR에서 ESG로 확장되는 기업의 사회적책임 / CSR의 부상과 마케팅 패러다임의 변화 / CSR에서 ESG로 확장 / ESG와 브랜드 이미지의 상관관계 / ESG를 통해 고객 가치를 재정의하다 / 디지털 시대, ESG 마케팅의 새로운 전환점 / 변화하는 소비자 트렌드에 대응하는 ESG 전략 제언

선행디자인 전략이 기업 성과에 어떠한 영향을 미치는가? 138
디자인 혁신의 시대적 필요성 / 선행디자인 전략과 기업 성과의 상관관계 / 기술 수준과 디자인 혁신의 결합 효과 / 경영자의 혁신 태도와 전략 실행 / 사용자 중심 접근과 시장 반응 / 선행디자인을 통한 경쟁 우위 확보 전략

전략적 지향성은 기술창업에 어떠한 영향을 미치는가? 148
기술창업과 전략적 지향성의 중요성 / 전략적 지향성의 정의와 구성요소 / 시장 지향성과 창업 성과 / 기술 지향성과 혁신적 성장 / 기업가 정신과 네트워크 지향성의 역할 / 전략적 지향성이 기술창업 성과에 미치는 영향

내부 마케팅이 기술혁신과 품질에 미치는 영향은? 158
내부 마케팅과 기술혁신의 연관성 / 내부마케팅과 기술혁신 / 내부마케팅의 핵심 요소와 역할 / 기술혁신 촉진을 위한 내부마케팅 전략 / 디지털 시대의 내부마케팅과 혁신 / 조직 문화와 지속 가능한 변화

사회적 자본이 자금조달과 마케팅 성과에 미치는 영향은? 168
사회적 자본과 기술기반 창업 / 사회적 자본이 외부 자금 조달에 미치는 영향 / 사회적 자본이 초기 마케팅 성과에 미치는 영향 / 디지털 시대, 사회적 자본의 새로운 가능성 / 벤처기업의 사회적 자본 강화 방안

브랜드 신뢰는 마케팅 활동에 어떠한 영향을 미치는가? 178
브랜드 진정성이 중요한 이유 / 진정성 있는 브랜드 구축을 위한 실천 방안 / 브랜드 신뢰 형성의 핵심 전략 / 브랜드 진정성과 신뢰 형성 사례 / 비즈니스는 재구매가 중요하다 / 프랜차이즈 비즈니스모델의 미래는? / 혁신과 전통의 조화로 지속 가능한 성장 도모

관계 특성과 콘텐츠 품질은 어떠한 영향을 미치는가? 188
SNS에서 관계와 콘텐츠의 역할은? / 신뢰와 정보 확산을 위한 관계와 콘텐츠의 역할 / 친밀도, 동질감, 인기도의 역할 / 신뢰를 강화하는 콘텐츠 품질의 힘 / SNS에서 신뢰 기반 정보의 확산 / 관계 특성과 콘텐츠 품질의 미래 전망

모바일 쇼핑은 AI 시대에 어떻게 변화되는가? 198
개인화된 쇼핑 경험의 중요성 / 모바일 쇼핑 개인화의 핵심 요소 / AI 기반 추천 시스템과 기술 활용 / 개인화가 고객만족으로 이어지는 메커니즘 / 기업은 어떻게 활용할 것인가? / 지속 가능한 개인화와 고객만족 전략

외식업에서 효과적인 마케팅 및 서비스 방안은? 208
고객 성향을 고려한 마케팅 활동 / 외식산업의 변화와 고객 성향 이해 / 다층적 서비스 품질이 외식산업의 경쟁력 / 고객 성향 맞춤형 마케팅과 서비스 전략 / 고객 성향을 반영한 매장 디자인과 운영 전략 / 성공적인 고객 중심 외식업체의 조건

명품 브랜드 소비 심리와 브랜드의 마케팅 전략은? 218
명품 브랜드 소비 심리의 변화 / 셀프기프팅이 브랜드 아이덴티티에 미치는 영향 / 명품 브랜드의 정체성과 감성적 가치 / 소비자 라이프스타일과 구매 동기는? / 셀프기프팅의 역할과 구매 의도 / 브랜드의 마케팅 활용방안

산업재 시장에서도 SNS 마케팅은 필요한가? 228
SNS와 산업재 시장의 새로운 패러다임 / SNS 매체 특성과 관계 형성 / 관계 품질 구축: 신뢰와 만족의 핵심 역할 / 협상 성과 향상을 위한 SNS 전략 / 고객 충성도 강화와 재구매 의도 / 산업재 시장에서의 SNS 활용법 / 지속 가능한 산업재 비즈니스와 SNS의 미래

기술창업 교육과정이 창업 성공에 미치는 영향은? 238
기술 창업이 경제에 미치는 영향 / 기술창업 교육과정 설계 / 창업 교육과정이 성공에 미치는 메커니즘 / 교사 역량 강화와 지원 시스템 / 실습 중심 학습 환경 구축의 중요성 / 창업 성공률을 높이는 체계적 교육과정의 중요성

심리적 요인이 브랜드 선택에 미치는 영향은? 248
소비자가 브랜드를 선택하는 과정 / 브랜드 인지도와 신뢰 형성 / 소비자 심리와 제품 만족도 / 향장품 지식의 역할과 의사결정 과정 / 중소기업 브랜드를 위한 마케팅 인사이트

고객경험 향상을 통한 외식업 매출향상 방안은? 258
고객 경험의 중요성 / 고객경험 향상의 핵심 요소 / 친절한 서비스와 편안한 환경이 매출에 미친 효과 / 소상공인을 위한 저비용 고효율 전략은? / 재방문 및 추천 의도 강화 방법 / 통합적인 관점의 접근이 필요

특허 컨설팅이 기술보호와 경쟁력 강화에 미치는 영향은? 268
특허 컨설팅의 중요성 / 특허 컨설팅이 기술 보호에 미치는 영향 / 신뢰 구축을 위한 상호작용과 명세서 품질 / 컨설팅 품질이 재구매에 미치는 영향 / AI 활용으로 혁신하는 특허 컨설팅 / 지속 가능한 특허 컨설팅 전략

기업가정신이 기업 성과에 어떠한 영향을 미치는가? 278
기술기반 창업과 기업가정신 / 혁신성, 진취성, 위험감수성과 기업성과 / 네트워크를 활용한 기업가정신과 성과 강화 전략 / 기업가정신 강화와 네트워크 구축 전략 / 기업가정신과 네트워크 역량 강화

로컬푸드의 체험 경제적 가치 분석과 마케팅 실행방안? 288
로컬푸드의 개념과 중요성 / 로컬푸드의 체험 경제적 가치 / 로컬푸드의 체험 경제적 가치 분석 / 로컬푸드의 마케팅 실행 방안 / 로컬푸드와 디지털 전환

전통시장의 경험 마케팅이 만족과 재방문에 미치는 영향은? 298
전통시장과의 새로운 패러다임 / 서비스디자인 경험요인과 서비스수용 속성 / 경험 마케팅 전략과 고객 만족도 / 재방문 의도와 경험 마케팅 / 디지털 전환과 전통시장의 경험 마케팅 / 전통시장 개선을 위한 실질적 전략

전통주의 체험요소가 마케팅 성과에 미치는 영향은? 308
전통주의 문화적 가치와 현재 시장 상황 / 전통주의 체험 마케팅 요소 / 전통주의 체험 마케팅과 제조업체의 도전 과제 / 전통주 제조업체의 현실적 마케팅 방안

소리와 색은 매출 증대에 어떠한 영향을 미치는가? 318
소리와 색을 활용한 감성 마케팅 / 소리와 색이 소비자 심리에 미치는 영향 / 소리와 색 조합의 시너지 효과 / 소리와 색이 매출 증대에 미치는 메커니즘 / 디지털 환경에서의 감성 마케팅 전략은?

문화 마케팅은 브랜드 충성도에 어떠한 영향을 미치는가? 328
문화마케팅: 로컬기업의 경쟁 우위 확보 전략 / 문화적 요소를 활용한 브랜드 스토리텔링 / 정주의식과 브랜드 충성도 / 지속 가능한 브랜드 가치 향상을 위한 전략적 접근 / 문화마케팅을 통한 브랜드 충성도 강화

외식기업의 문화 마케팅 활동과 브랜드 자산은? 338
외식산업의 새로운 기회 / 문화적 요소와 지역사회 연계 / 문화적 경험을 통한 브랜드 이미지 및 충성도 강화 / 문화적 마케팅과 고객 관계 지속의 영향 / 문화마케팅과 외식기업의 성장 전략

액티브 시니어에게 효과적인 마케팅 전략은? 348
액티브 시니어 소비자 특성 분석 / 코스메슈티컬 제품에 대한 소비자 기대와 신뢰 구축 / 액티브 시니어를 위한 맞춤 접근법 / 경험을 통한 고객 연결 강화 / 변화하는 시장 환경 속 액티브 시니어 마케팅의 미래

마치는 글 358

SNS 기반 커뮤니티에서 신뢰와 몰입이 중요한 이유는?

- 저　　자 : 김태근 박사 (drtgkim@google.com)
- 소　　속 : 한국중소기업경영컨설팅협동조합 초대 이사장
- 연구논문 : 인터넷 커뮤니티의 형성과 신뢰와 몰입이 전환행동에 미치는 영향
- 10여년간 대전대학교 경영대학 교수를 역임했으며, APEC 국제공인 경영컨설턴트이며 국내외 유명기업과 기관을 대상으로 한 1,000여건의 경영컨설팅을 수행했다.

KBS '경제투데이', CBS '생활경제' 등 생방송 프로그램의 고정패널리스트로 활동했고, CBS '김태근의 라디오 MBA' 진행자, 석세스 TV '성공경영 삼국지' 진행자 등을 주요 방송활동으로 꼽을 수 있다.

「죽도록 마케팅하라」「성공경영 삼국지」「성공하는 사업이야기, 짭짤한 사업이야기」 등 10권의 저서를 출간했다.

인터넷 커뮤니티는 기존의 독립적 플랫폼(게시판 기반 커뮤니티)에서 SNS 중심의 플랫폼(Facebook, Instagram, YouTube 등)으로 전환되었다. 이 과정에서 사용자들의 행동 패턴, 신뢰 형성 방식, 몰입 요인, 전환 행동의 특징 또한 크게 변화했다. 이에 저자(김태근 박사)는 인터넷 커뮤니티에서 신뢰와 몰입이 전환행동에 미치는 영향이 어떻게 변화되었는지를 분석했다.

이러한 변화 속에서 신뢰와 몰입의 역할은 여전히 중요하지만, 그 형성과 유지 방식은 새로운 요인들에 의해 결정된다. SNS에서는 알고리즘이 사용자의 콘텐츠 노출을 좌우하며, 이는 신뢰와 몰입 형성에 큰 영향을 미친다. 또한, 사용자 제작 콘텐츠와 인플루언서가 신뢰의 중심으로 떠오르면서 콘텐츠의 품질과 공감대 형성이 플랫폼 충성도를 강화하는 주요 요소가 되고 있다.

몰입의 개념 역시 단순히 활동 참여를 넘어 콘텐츠 소비 시간과 경험의 질로 확장되고 있다. 피드 기반의 콘텐츠 소비, 상호작용 경험, 그리고 유익한 정보 제공 등이 사용자 몰입을 유도하는 핵심이다. 반면, 플랫폼 간 이동과 다중 플랫폼 사용이 보편화되면서 전환 행동의 특징도 복잡해졌다.

이와 함께 개인정보 보호, 생성형 AI 콘텐츠의 신뢰 문제 등은 사용자 신뢰를 유지하기 위한 플랫폼의 새로운 과제가 되고 있다.

SNS 기반 커뮤니티의 특성

SNS 중심 커뮤니티의 전환행동

인터넷 사용의 급격한 변화와 함께 SNS가 중심이 된 새로운 커뮤니티 형성이 두드러지고 있다. 과거 독립적인 게시판 기반 커뮤니티에서 페이스북, 인스타그램, 유튜브 같은 SNS 플랫폼으로 이동하면서 사용자들의 소통 방식과 정보 소비 패턴이 크게 변화했다. 이러한 변화는 사용자의 신뢰 형성과 몰입, 그리고 플랫폼 간 전환 행동에 새로운 양상을 보이게 만들었다. 신뢰와 몰입은 SNS 환경에서 여전히 중요한 역할을 하지만, 그 형성 방식은 알고리즘 기반 콘텐츠 노출, 사용자 제작 콘텐츠의 확산, 인플루언서의 영향력 등 새로운 요인에 의해 결정된다.

현대 소비자들은 SNS를 통해 자신의 친구, 가족, 또는 선호하는 인플루언서와 교감하며 정보를 습득한다. 이 과정에서 신뢰할 수 있는 관계와 품질 높은 콘텐츠가 중요한 역할을 한다. 예를 들어, SNS 상에서 자주 상호작용하는 친구나 팔로워가 추천하는 제품은 소비자가 더 신뢰하고 구매로 이어질 확률이 높다. 이러한 맥락에서 신뢰와 몰입은 단순히 사용자 참여를 넘어서, 실제 구매나 서비스 이용과 같은 전환행동으로 직결된다.

연구 배경에 따르면, SNS 중심 커뮤니티에서 신뢰와 몰입이 어떻게 전환행동에 영향을 미치는지에 대한 심층 분석이 부족하다. 그러나 알고리즘의 영향력, 사용자 제작 콘텐츠, 인플루언서의 신뢰도 등의 요인이 복합적으로 작용하는 SNS 환경에서는 기존의 전환행동 연구와는 다른 새로운 접근이 필요하다. 특히, 플랫폼 간 이동이나 다중 플랫폼 사용이 보편화되면서 사용자의 전환행동이 더욱 복잡해졌고, 이는 기업과 마케터에게 중요한 과제로 대두되고 있다.

SNS 기반 커뮤니티 형성의 변화

인터넷 초기에는 주로 게시판 기반의 전통 커뮤니티 플랫폼에서 사용자들이 모여 정보를 교류하고 토론하는 공간이 중심이었다. 그러나 시간이 흐르면서 기술 발전과 사용자 편의성 증대를 바탕으로 전통 커뮤니티는 페이스북, 인스타그램, 유튜브 등 SNS 중심의 플랫폼으로 빠르게 전환되었다. 이 과정에서 SNS는 다양한 미디어 형식의 콘텐츠 공유, 실시간 소통, 개인화된 피드 제공 등 새로운 기능을 통해 사용자 참여를 극대화하는 데 기여했다. 예를 들어, 페이스북 그룹이나 인스타그램 해시태그를 통한 관심사 기반 커뮤니티 형성은 기존의 게시판보다 훨씬 더 직관적이고 풍부한 상호작용을 가능하게 했다.

사용자 행동 패턴과 커뮤니티 상호작용 또한 크게 진화했다. 전통 커뮤니티에서는 주로 텍스트 기반의 정보 교류가 중심이었지만, SNS로의 전환은 이미지, 동영상, 실시간 스트리밍 등 다양한 형태의 콘텐츠 소비와 생산을 촉진했다. 사용자는 더 이상 단순히 정보를 주고받는 데 그치지 않고, 좋아요, 공유, 댓글과 같은 즉각적인 피드백을 통해 콘텐츠에 대한 감정과 의견을 표현하며 활발히 소통한다. 또한, 알고리즘 기반 피드 시스템은 사용자가 관심 있는 콘텐츠를 우선적으로 보여주어 개인화된 경험을 제공하고, 이는 커뮤니티 내 몰입도를 높인다.

예를 들어, 한 지역 기반의 전통시장 커뮤니티가 페이스북 페이지를 통해 이벤트 소식을 전달하고, 사용자들이 이를 공유하며 정보를 확산시키는 과정에서 높은 참여율을 보였다. 이러한 SNS 상호작용은 기존의 게시판 형식보다 더 빠른 정보 전달과 폭넓은 네트워킹을 가능하게 했다. 결과적으로, 사용자들은 SNS 환경에서 보다 풍부하고 감각적인 커뮤니티 경험을 누리게 되었으며, 이는 커뮤니티의 활성화와 지속적인 성장에 긍정적인 영향을 미쳤다.

이처럼 SNS로의 전환은 사용자 행동 패턴을 변화시키고 커뮤니티 상호작용을 다채롭고 효율적으로 만들었다. 기업과 마케터는 이러한 변화된 환경을 이해하고, SNS 플랫폼을 활용한 효과적인 커뮤니티 전략을 수립함으로써 더 깊은 고객 참여와 긍정적인 브랜드 이미지를 구축할 수 있다.

신뢰와 몰입의 새로운 형성 요인

SNS 환경에서 신뢰와 몰입은 알고리즘과 사용자 제작 콘텐츠, 인플루언서의 역할에 의해 새롭게 형성되고 있다. 현대 SNS 플랫폼은 사용자의 관심사와 행동 패턴을 분석해 최적화된 콘텐츠를 노출한다. 이러한 알고리즘은 소비자가 선호하는 콘텐츠를 반복적으로 보여줌으로써 친숙함과 신뢰감을 높인다. 예를 들어, 페이스북이나 인스타그램의 피드 알고리즘은 사용자의 이전 상호작용을 기반으로 유사한 콘텐츠를 추천해, 사용자가 의도치 않게 더 많은 시간 동안 해당 플랫폼에 머무르게 만든다. 이 과정에서 소비자는 자신과 맞는 정보와 경험을 지속적으로 접하면서 몰입하게 되고, 신뢰 형성에 긍정적인 영향을 받는다.

한편, 사용자 제작 콘텐츠와 인플루언서는 신뢰와 몰입 형성에 핵심적인 역할을 한다. 소비자들은 광고보다 신뢰할 수 있는 개인의 경험과 리뷰를 더 믿는다. 예를 들어, 유명 인플루언서가 자신의 일상 속에서 특정 제품을 자연스럽게 소개하고, 사용 경험을 솔직하게 공유하는 경우, 팔로워들은 해당 콘텐츠에 신뢰를 쌓고 더 깊이 몰입한다. 이는 인플루언서가 갖는 평판과 신뢰가 콘텐츠를 통해 전달되기 때문이다. 또한, 일반 사용자들이 만들어내는 콘텐츠는 현실적이고 공감할 수 있는 정보를 제공해, 소비자들 사이에서 신뢰의 네트워크를 형성하는 데 기여한다. 실제로, 소셜미디어 상에서 사용자 리뷰와 추천은 제품 구매 결정에 큰 영향을 미치며, 긍정적인 사용자 경험은 빠르게 확산되어 브랜드 신뢰도를 높인다.

이처럼 알고리즘은 개인화된 콘텐츠 노출을 통해 사용자의 감정적 반응을 유도하고, 사용자 제작 콘텐츠와 인플루언서는 진정성과 공감대를 형성함으로써 신뢰와 몰입을 강화한다. 기업이나 마케터는 이러한 요인들을 이해하고 적극 활용해 소비자의 주목을 끌고 긍정적인 브랜드 경험을 제공하는 전략을 세워야 한다. 결과적으로, 신뢰와 몰입의 새로운 형성 요인을 기반으로 한 마케팅 전략은 소비자 행동에 깊은 영향을 미치며, 브랜드 충성도와 매출 증대를 가져오는 핵심 동력으로 작용할 것이다.

콘텐츠 소비와 상호작용의 역할

SNS 환경에서 소비자가 콘텐츠에 소비하는 시간과 그 질은 몰입 경험을 크게 좌우한다. 연구에 따르면, 고품질의 콘텐츠를 오랜 시간 동안 소비할 때 사용자는 그 콘텐츠에 깊이 빠져들며, 이는 긍정적 감정과 브랜드에 대한 충성도로 이어진다. 예를 들어, 한 패션 브랜드가 제공하는 세심하게 제작된 영상 콘텐츠는 단순 정보 전달을 넘어 감각적 경험을 제공해 시청자가 오랜 시간 몰입하도록 만든다. 이와 같이 소비 시간이 길고 콘텐츠의 질이 높을수록 몰입도가 증대되고, 이는 구매 의사나 재방문 의도로 연결될 수 있다.

또한, 피드 기반의 소비와 상호작용 경험은 사용자 몰입을 촉진하는 데 핵심적인 역할을 한다. 소셜미디어 플랫폼에서 사용자는 개인화된 피드를 통해 자신에게 맞는 콘텐츠를 지속적으로 접하게 되며, 이는 사용자의 관심을 지속적으로 끌어당긴다. 예를 들어, 인스타그램의 맞춤형 피드는 사용자의 취향에 맞는 이미지와 동영상을 제공해 소비자가 콘텐츠에 더 깊이 빠져들도록 유도한다.

이 과정에서 좋아요, 댓글, 공유와 같은 상호작용은 사용자가 콘텐츠와 더욱 밀접하게 연결되도록 하며, 긍정적인 경험을 강화한다.

몰입의 확장은 단순히 콘텐츠 소비에만 의존하는 것이 아니라, 사용자가 콘텐츠에 적극적으로 참여하고 소통하는 경험을 통해서도 이루어진다. SNS에서 사용자 간의 실시간 대화, 커뮤니티 활동, 이벤트 참여는 몰입도를 높이는 요인으로 작용한다. 이러한 상호작용 경험은 개인화된 콘텐츠와 결합되어, 소비자가 콘텐츠 속으로 더 오래 머무르게 하고, 브랜드와 깊은 정서적 유대를 형성하도록 돕는다. 결과적으로, 콘텐츠 소비 시간과 질, 그리고 피드 기반 상호작용 경험은 소비자의 몰입을 극대화시켜 긍정적인 브랜드 경험을 창출하고, 이는 전환행동과 높은 고객 충성도로 이어진다.

신뢰와 몰입이 전환행동에 미치는 영향

SNS 환경에서 신뢰와 몰입은 사용자의 전환행동에 결정적인 역할을 한다. 신뢰는 사용자가 플랫폼이나 브랜드에서 제공하는 정보와 서비스를 믿고 의지하게 만드는 기반이다. 사용자가 신뢰하는 콘텐츠나 추천은 구매로 이어지거나, 다른 플랫폼으로 이동하는 등의 행동 변화를 유도한다. 예를 들어, 특정 SNS에서 유명 인플루언서가 추천하는 상품을 소비자가 신뢰하게 되면, 그 제품을 구매할 가능성이 높아진다. 이는 신뢰가 소비자의 의사결정 과정에서 중요한 판단 기준이 된다는 사실을 보여준다.

몰입은 사용자가 콘텐츠에 깊이 빠져들어 적극적으로 참여하게 만드는 상태를 의미한다. 몰입 상태에서는 사용자가 콘텐츠를 소비하는 데 많은 시간을 투자하고, 그 결과 브랜드와 제품에 대한 긍정적인 경험을 형성하게 된다. 이러한 경험은 전환행동, 즉 구매나 다른 플랫폼으로의 이동 등을 유발한다. 예를 들어, 게임 커뮤니티에서 몰입감 높은 경험을 한 사용자가 해당 커뮤니티를 떠나지 않고 지속적으로 참여하며, 게임 내 아이템을 구매하는 행동으로 이어지는 사례가 있다.

신뢰와 몰입이 사용자 전환행동에 미치는 구체적 메커니즘은 다음과 같다. 먼저, 알고리즘 기반의 콘텐츠 노출이 신뢰 형성에 영향을 미친다. 사용자가 반복적으로 긍정적인 경험을 통해 신뢰를 쌓으면, 해당 플랫폼이나 브랜드의 제품 구매를 결정하거나 다른 관련 서비스를 이용하는 전환행동으로 이어진다. 또한, 몰입된 상태에서 소비자는 보다 쉽게 행동을 취하며, 특히 충동구매나 즉각적인 서비스 이용으로 연결된다.

변화하는 디지털 환경 속에서 전환행동을 예측하고 대응하기 위해서는 데이터 분석과 맞춤형 마케팅 전략이 필수적이다. 플랫폼들은 사용자 행동 데이터를 실시간으로 분석해 신뢰와 몰입이 높은 콘텐츠를 더 많이 노출하고, 이를 통해 사용자 전환율을 높일 수 있다. 예를 들어, AI 기반의 추천 시스템이 사용자의 과거 구매 기록과 상호작용을 분석해 개인에게 최적화된 제품을 제안하면, 사용자는 해당 제품을 구매할 확률이 높아진다.

또한, 기업은 SNS와 디지털 플랫폼을 통해 사용자와 지속적으로 소통하며 피드백을 수집해야 한다. 이를 바탕으로 서비스와 제품을 개선하면, 신뢰와 몰입을 더욱 강화할 수 있다. 변화하는 소비자 기대와 기술 환경에 민첩하게 대응하는 것은 결국 사용자 전환행동을 유도하고, 기업의 지속 가능한 성장을 견인하는 핵심 전략이 된다.

지금까지 살펴본 바와 같이, SNS 환경에서 신뢰와 몰입은 사용자 전환행동을 유도하고 기업의 지속 가능한 성장을 견인하는 핵심 요소로 자리잡았다. 알고리즘 기반 콘텐츠 노출, 사용자 제작 콘텐츠, 인플루언서의 역할 등 다양한 요인이 신뢰와 몰입 형성에 기여하면서, 소비자의 구매 및 플랫폼 이동과 같은 전환행동이 촉진된다. 변화하는 디지털 환경 속에서 기업은 데이터 분석을 통한 맞춤형 마케팅 전략과 신속한 고객 소통을 병행해 신뢰와 몰입을 강화해야 한다.

이러한 전략들은 소비자 경험을 개인화하고, 긍정적인 감정을 불러일으켜 장기적인 브랜드 충성도와 재방문 의도 증대로 이어진다. 또한, 지속 가능한 성장과 경쟁력 확보를 위해 기업은 신뢰와 몰입의 새로운 형성 요인을 지속적으로 모니터링하고, 변화하는 소비자 기대에 민첩하게 대응할 필요가 있다. 이를 통해 소비자의 전환행동을 예측하고 효과적으로 대응함으로써, 기업은 경쟁이 치열한 디지털 시장에서 지속 가능한 성공을 달성할 수 있다.

유통업의 통합 마케팅 커뮤니케이션 방안은?

- 저　　자 : 모선종 박사 (mosj1004@naver.com)
- 소　　속 : (주)한화갤러리아
- 연구논문 : 유통업 IMC 활동이 소비자의 브랜드 충성도와 재구매 의도 형성에 미치는 영향에 관한 연구
- 경영학박사로서 유통현장의 마케팅 전략 수립과 실행을 통합적 마케팅 관점에서 연구하고 있다

유통업은 경쟁이 치열하고, 소비자와의 접점이 많아 브랜드 차별화와 고객 유지가 중요한 산업이다. 특히, 소비자의 관심을 끌고, 브랜드와의 관계를 강화하는 데 효과적인 전략으로 통합적 마케팅 커뮤니케이션(IMC, Integrated Marketing Communication)이 주목받고 있다. 그러나 유통업에서 IMC 활동이 소비자 행동에 미치는 구체적인 효과를 다룬 실증 연구는 부족한 상황이었다.

　이에 저자(모선종 박사)는 유통업의 IMC 활동(광고, 판매촉진, PR, 개인판매)이 소비자의 브랜드 충성도와 재구매 의도 형성에 어떤 영향을 미치는지 실증적으로 분석하고, 이를 통해 유통업체가 효과적인 마케팅 전략을 수립할 수 있도록 방향성을 제시하였다.

　연구결과 유통업의 IMC 활동(광고, 판매촉진, PR, 개인판매)은 브랜드 충성도와 재구매 의도에 중요한 영향을 미쳤다. 광고와 PR 활동은 브랜드 이미지를 강화하며 장기적인 충성도를 높였고, 판매촉진은 단기적인 구매 유도에 효과적이었다. 개인판매는 고객과의 직접적인 관계를 형성해 신뢰와 유대를 강화하는 데 기여했다.

　IMC 활동은 광고, PR, 판매촉진, 개인판매를 균형 있게 활용할 때 시너지 효과를 발휘한다. 광고와 PR 활동은 브랜드 충성도를 장기적으로 구축하는 데 중점을 두고, 판매촉진은 단기적인 매출 증대를 위한 보조 전략으로 활용해야 한다. 개인판매는 고객과의 신뢰를 형성하는 데 강력한 도구로 작용하므로, 맞춤형 고객 접근법을 강화할 필요가 있다.

유통업의 통합 마케팅 커뮤니케이션 방안

유통업의 변화와 IMC의 중요성

유통업은 디지털 전환과 글로벌 경쟁 심화로 인해 급격한 변화를 겪고 있다. 과거 명확하게 구분되던 제조, 유통, 판매의 경계가 흐려지면서, 제조기업이 직접 소비자에게 다가가는 D2C(Direct-to-Consumer) 전략을 채택하거나, 유통기업이 PB(Private Brand) 상품 개발에 관여하는 등 새로운 비즈니스 모델이 등장하고 있다. 이러한 변화는 전통적인 마케팅 방식만으로는 소비자의 복잡한 요구를 효과적으로 충족시키기 어려운 상황을 만들어냈다. 소비자는 단순한 제품 구매를 넘어, 브랜드와의 정서적 연결과 일관된 경험을 추구하며, 이는 유통업체가 통합적이고 다각적인 마케팅 커뮤니케이션 전략(IMC)을 수립해야 하는 필요성을 강조한다.

IMC는 광고, PR, 판매촉진, 개인판매 등 다양한 마케팅 도구를 하나의 통합된 전략으로 운영해 소비자와의 깊이 있는 소통을 목표로 한다. 특히 변화하는 유통 환경 속에서 IMC 활동은 브랜드 이미지 강화와 고객 충성도 증대에 핵심적 역할을 한다. 하지만 기존 연구들은 IMC가 소비자 행동에 미치는 구체적 효과, 특히 복잡해진 유통 경계와 다중 플랫폼 사용 시대에 어떻게 적용되고 있는지에 대한 심층 분석이 부족했다. 따라서 본 연구는 유통업체가 변화하는 시장 환경에서 효과적인 IMC 전략을 수립하기 위해 필요한 인사이트를 제공하고자 한다. 이를 통해 기업들은 통합 마케팅 커뮤니케이션을 통해 고객과의 관계를 강화하고, 브랜드 충성도를 높여 지속 가능한 성장을 도모할 수 있을 것이다.

유통 환경의 변화와 도전 과제

 유통업은 디지털 혁명과 글로벌화의 영향으로 급변하고 있다. 특히 크로스보더 플랫폼인 테무(Taobao Global), 알리익스프레스(AliExpress), 쉬인(Xianyu) 등의 저가 시장은 전 세계 소비자들에게 저렴한 제품을 제공하면서 전통적인 유통채널에 큰 영향을 미치고 있다. 이들 플랫폼은 낮은 가격과 다양한 상품 선택을 통해 소비자들의 눈길을 끌며, 지역 기반 소매업체들과 경쟁하고 있다. 이러한 추세는 기존 유통업체들이 단순히 제품을 판매하는 것 이상의 가치를 창출해야 함을 의미하며, 차별화된 경험과 고객 신뢰 확보가 필수적으로 된다.

 또한, 제조기업들이 직접 소비자에게 제품을 판매하는

D2C(Direct-to-Consumer) 방식으로 유통에 참여하는 사례가 늘어나고 있다. 이는 전통적인 유통업체 없이 제조업체가 중간 유통 단계를 생략하고 소비자와 직접 소통하며 판매를 진행하는 모델이다. 예를 들어, 의류, 전자제품, 화장품 등 다양한 분야의 제조기업들이 자체 웹사이트나 SNS를 통해 제품을 판매하면서 소비자 피드백을 빠르게 반영하고, 고객 맞춤형 서비스를 제공하고 있다. 이러한 변화는 제조기업에게 더 큰 수익 마진과 소비자와의 직접적인 관계 구축의 기회를 제공하지만, 기존 유통업체들에게는 새로운 경쟁 위협으로 작용한다.

더불어, 유통기업들도 단순한 중개 역할을 넘어 PB(Private Brand) 상품의 제조와 개발에 적극적으로 관여하면서 유통 경계를 모호하게 만들고 있다. 많은 유통기업이 자체 브랜드 제품을 개발해 경쟁력을 높이고, 제품 품질과 디자인에 차별화를 시도하고 있다. 이는 소비자에게 독특한 가치를 제공하면서도, 타 브랜드와 구별되는 명확한 아이덴티티를 구축하는 데 기여한다. 예를 들어, 대형 할인점들이 자체 PB 상품을 통해 가격 대비 높은 품질을 보장하며 소비자의 신뢰를 얻고 있다.

이러한 환경 변화 속에서 유통업체와 제조기업 모두가 직면한 도전은 단순히 제품 판매를 넘어서, 고객과의 깊은 관계 형성과 브랜드 경험 제공에 있다. 글로벌 크로스보더 플랫폼과 D2C의 확산은 시장 경쟁을 더욱 치열하게 만들고, 소비자의 선택 폭을 넓혀 기업에게 지속적인 혁신을 요구한다. 유통경계가 흐려짐에 따라 전통적인 판매 채널만으로는 고객 만족과 충성도를 확보하기 어려워졌다.

기업들은 이러한 변화에 대응하기 위해 통합 마케팅 커뮤니케이션(IMC)과 같은 전략적 접근을 통해 소비자와의 관계를 강화하고, 브랜드 이미지와 신뢰를 구축하는 데 주력하고 있다. 최신 디지털 도구와 데이터 분석을 활용해 고객 행동을 예측하고, 개인화된 마케팅 메시지를 전달하며, 다양한 채널 간의 시너지를 발휘하는 전략이 필요하다.

결국, 최근의 유통업 환경에서는 디지털 전환에 따른 새로운 비즈니스 모델과 소비자 요구를 이해하고, 이에 맞춘 혁신적인 전략을 수립하는 것이 중요하다. 소상공인부터 대기업에 이르기까지 모두가 변화하는 시장 환경에 민첩하게 대응하며, 크로스보더 경쟁과 유통 경계의 모호성 속에서 지속 가능한 성장과 경쟁 우위를 확보하기 위한 노력이 필요하다.

IMC 전략의 핵심 요소와 효과

통합 마케팅 커뮤니케이션(IMC)은 광고, PR, 판매촉진 등 다양한 마케팅 도구를 조화롭게 운영해 소비자와의 관계를 강화하는 전략이다. 광고와 PR은 브랜드 이미지와 신뢰를 구축하는 데 중요한 역할을 한다. 예를 들어, 유통업체가 지속적인 광고 캠페인과 긍정적 PR 활동을 통해 브랜드의 고품질 이미지를 소비자에게 전달하면, 소비자는 해당 브랜드에 대한 신뢰를 쌓게 되고 이는 장기적인 브랜드 충성도로 연결된다.

판매촉진은 단기 매출 증대에 효과적이다. 유통업체가 특정 기간 동안 할인 행사와 쿠폰을 제공해 고객을 유도하면, 이는 즉각적인 판매 증가로 이어진다. 하지만 판매촉진은 일회성 효과에 그칠 수 있으므로, 장기적인 충성도를 구축하기 위해서는 광고와 PR을 통한 브랜드 가치 강화가 필요하다.

이러한 요소는 각각의 역할을 수행하면서도 서로 시너지를 발휘해 종합적인 마케팅 효과를 극대화한다. 광고와 PR이 브랜드의 명성과 신뢰를 구축하면, 판매촉진 활동은 이러한 이미지를 바탕으로 더 높은 전환율을 이끌어낼 수 있다. 개인판매는 고객과의 직접적인 관계를 강화해 충성도를 높이며, 장기적으로 브랜드 충성도와 재구매 의도를 형성한다.

결과적으로, IMC 전략은 브랜드 충성도와 재구매 의도 형성에 긍정적인 영향을 미친다. 소비자가 긍정적인 브랜드 경험을 지속적으로 얻을수록 그들은 해당 브랜드에 대한 충성도가 높아지고, 이는 다시 매출 증대로 이어진다. 기업은 이와 같은 IMC 전략을 균형 있게 운영해 단기적 판매 증대와 함께 장기적 브랜드 가치를 구축할 수 있다.

유통업 환경 변화 속 IMC 방안

최근의 유통업은 크로스보더 경쟁, D2C 확산 등으로 빠르게 변화하고 있다. 이러한 변화 속에서 유통업체들은 통합 마케팅 커뮤니케이션(IMC) 전략을 통해 고객과의 소통을 강화하고, 브랜드 신뢰를 구축해야 한다. 변화하는 시장 환경에 맞춘 광고와 PR 전략은 디지털 플랫폼과 소셜미디어를 적극 활용해 소비자에게 감성적으로 다가가는 방식으로 진화하고 있다. 예를 들어, 한 유통기업이 페이스북과 인스타그램을 통해 지역사회와 연계된 캠페인을 전개하며 브랜드 이미지를 강화하고, 친환경 및 사회적 책임을 강조하는 메시지를 전달함으로써 소비자 신뢰를 높인 사례가 있다. 이러한 전략은 소비자에게 지속 가능하고 긍정적인 브랜드 이미지를 심어주어 장기적인 충성도를 확보하는 데 기여한다.

단기 매출 증대를 위한 판매촉진과 동시에, 장기적인 신뢰 구축을 목표로 한 개인판매 통합 전략이 중요하다. 판매촉진 활동은 빠른 기간 내에 매출을 높이는 데 효과적이지만, 지속 가능한 성장에는 고객과의 깊은 관계 형성이 필요하다. 개인판매는 소비자와 직접적인 대면을 통해 맞춤형 상담과 서비스 제공으로 신뢰를 쌓고, 고객의 요구를 정확히 반영할 수 있는 강점을 지닌다. 예를 들어, 한 소규모 슈퍼마켓은 매장 직원들이 고객과 친밀한 대화를 나누며 제품 추천을 제공하고, 이를 통해 고객 충성도를 높이는 데 성공했다. 이런 개인판매 전략은 디지털 채널과 연계해 온라인 상담이나 개인 맞춤형 제안을 제공함으로써 더 넓은 고객층에 도달할 수 있다.

결국, 변화하는 유통 환경에서는 광고와 PR을 통한 브랜드 이미지 강화와 단기적인 판매촉진뿐만 아니라, 개인판매를 통한 고객과의 신뢰 구축이 필수적이다. 이를 위해 유통업체는 디지털 플랫폼을 활용하여 실시간 소통을 강화하고, 고객 피드백을 신속하게 반영하며, 개인화된 서비스를 제공하는 데 주력해야 한다. 이러한 통합된 IMC 전략은 단순히 매출을 증가시키는 것을 넘어, 소비자와의 장기적 관계를 구축하고 브랜드 충성도를 높이는 데 중요한 역할을 할 것이다.

IMC 전략의 미래 방향과 제언

통합 마케팅 커뮤니케이션(IMC)은 디지털 시대에 접어들면서 그 중요성이 더욱 커지고 있다. 디지털 플랫폼과 IMC의 융합은 기업이 고객과 소통하고 브랜드 가치를 강화하는 방식에 혁신을 가져왔다. 오늘날 소비자는 다양한 디지털 채널을 통해 정보를 습득하고 의견을 나누며, 이 과정에서 기업들은 통합된 메시지와 일관된 경험을 제공해야 한다. 예를 들어, 한 패션 브랜드가 소셜미디어, 모바일 앱, 이메일 캠페인을 연계해 일관된 브랜드 스토리를 전달함으로써 소비자 참여를 극대화하고 신뢰를 구축한 사례가 있다. 이러한 디지털 플랫폼의 통합 활용은 IMC 전략의 핵심 축으로 자리매김하고 있다.

변화하는 유통 환경 속에서 유연한 마케팅 전략은 필수적이다. 전통적인 유통 경계가 무너지고 제조기업, 유통기업, 소비자 간의 경계가 모호해지면서, 기업은 다양한 역할을 수행해야 한다. 예를 들어, 제조기업이 직접 소비자에게 제품을 판매하는 D2C 모델을 채택하면서도, 기존 유통망과 협력하는 복합적인 전략을 펼치는 상황이 그렇다. 이러한 환경에서 마케팅 전략은 단순한 제품 홍보를 넘어서, 다양한 이해관계자와의 협력을 통해 고객에게 통합적 경험을 제공하는 데 중점을 둬야 한다. 유연한 전략은 변화하는 시장 상황에 신속히 대응하고, 여러 플랫폼과 채널을 아우르는 통합 커뮤니케이션을 통해 소비자의 다양한 접점에서 일관된 메시지를 전달하는 것을 목표로 한다.

지속 가능한 브랜드 가치를 위한 통합 커뮤니케이션 접근법은 소비자와의 장기적 관계 형성을 촉진한다. 기업은 단발적인 판매 촉진에 그치지 않고, 브랜드의 철학과 가치, 사회적 책임 등을 일관되게 전달해야 한다. 예를 들어, 한 글로벌 생활용품 기업이 ESG(환경, 사회, 지배구조) 경영을 내세워 지속 가능성을 강조하며, 소비자가 공감할 수 있는 브랜드 스토리를 구축한 사례가 있다. 이러한 통합 커뮤니케이션은 단순히 광고나 프로모션 활동을 넘어, 소비자가 브랜드와 정서적으로 연결되도록 돕는다.

앞으로의 IMC 전략은 디지털 플랫폼의 발전을 최대한 활용하는 방향으로 나아갈 것이다. 인공지능, 빅데이터 분석, 가상현실(VR) 등의 첨단 기술을 통해 소비자 데이터를 심층 분석하고, 개인화된 맞춤형 콘텐츠를 제공하며, 실시간으로 고객과 소통하는 것이 중요하다. 이러한 기술적 도구들은 기업이 변화하는 소비자 기대에 민첩하게 대응할 수 있는 기반을 마련해준다.

변화하는 유통 경계와 디지털 환경 속에서 기업들은 유연한 마케팅 전략을 채택해야 한다. 기존의 경직된 전략에서 벗어나 시장 변화에 따라 빠르게 조정할 수 있는 민첩한 조직 문화와 의사결정 프로세스를 구축해야 한다. 이는 신속한 피드백 수집과 데이터 기반 의사결정을 통해 실현할 수 있다.

공공기관의 서비스 품질관리가 왜 필요한가?

- 저   자 : 김종국 박사(0209kjk@hanmail.net)
- 소   속 : 대덕대학교 교수
- 연구논문 : 공공기관 서비스 품질이 고객 만족에 미치는 영향(한국교통안전공단을 중심으로)
- 준정부기관인 한국교통안전공단에서 30여 년간 공직생활을 하며 교통안전 분야의 전문성을 쌓았고, 이후 마케팅 전공으로 경영학 박사학위를 취득한 뒤, 대덕대학교에서 후학 양성을 위해 강의를 하였다

공공기관은 단순히 행정 서비스를 제공하는 역할을 넘어, 고객 중심의 서비스 제공이라는 새로운 과제를 수행해야 하는 상황에 놓여 있다. 공공 서비스는 국민의 삶의 질에 직접적인 영향을 미치며, 서비스 품질 향상은 공공기관이 신뢰받는 기관으로 자리 잡는 데 핵심적인 요소로 작용한다.

특히, 한국교통안전공단과 같은 공공기관은 교통안전과 관련된 다양한 서비스를 제공하며 국민의 생명과 안전에 직결되는 역할을 수행한다. 이에 따라 고객 만족을 중심으로 한 서비스 품질 관리의 중요성이 더욱 강조되고 있다. 그러나, 공공기관의 서비스 품질과 고객 만족 간의 관계를 체계적으로 분석한 연구는 부족한 상황이었다.

이에 저자(김종국 박사)는 공공기관(한국교통안전공단)의 서비스 품질이 고객 만족에 미치는 영향을 실증적으로 분석하였다. 이를 통해 공공기관의 서비스 품질 개선 방향을 제시하고, 고객 중심 경영을 강화하기 위한 실질적인 시사점을 도출하고자 하였다.

저자는 공공기관의 변화 전략으로 고객 중심 서비스 제공, 지속적인 서비스 품질 개선, 신뢰성 강화가 필요하다고 주장하였다. 저자는 "서비스 품질이 국민의 신뢰를 만든다"고 강조하였다.

공공기관의 서비스 품질관리

공공서비스의 새로운 패러다임

과거 공공기관은 주로 행정 절차와 규제 준수에 초점을 맞추며 운영되었지만, 최근에는 단순한 행정 서비스 제공을 넘어서 고객 중심의 서비스 제공이 필수적인 과제가 되고 있다. 공공기관이 국민의 기대에 부응하려면, 사용자 경험과 편의성을 최우선으로 고려하는 서비스 혁신이 요구된다. 이러한 변화는 공공기관이 단순한 정보 전달자가 아니라, 국민과 소통하며 신뢰를 쌓는 상호작용의 장으로 탈바꿈해야 한다는 점을 시사한다. 공공서비스의 이러한 전환은 공공기관의 역할을 재정립하고, 국민의 삶의 질을 높이는 데 기여한다.

한국교통안전공단은 이러한 새로운 패러다임을 선도하는 대표적인 기관 중 하나다. 한국교통안전공단은 국민의 생명과 안전을 최우선으로 하는 임무를 수행하면서, 고품질의 서비스를 제공하는 데 중점을 두고 있다. 단순히 교통사고 통계나 예방 캠페인을 넘어, 사고 발생 시 신속한 대응, 안전 교육 프로그램 운영, 그리고 최신 기술을 활용한 데이터 기반 정책 제안 등을 통해 국민에게 실질적인 가치를 전달하고자 한다. 이러한 노력은 서비스 품질을 높이는 데 그치지 않고, 국민이 공공서비스를 통해 얻는 만족도와 신뢰로 이어진다.

공공서비스의 새로운 패러다임은 기술 도입, 고객 피드백 반영, 투명한 정보 공개와 같이 공공기관이 민간 기업처럼 고객 지향적인 사고방식을 채택하도록 요구한다. 한국교통안전공단의 사례는 그 자체로 공공기관이 어떻게 핵심 임무를 수행하면서도 고객 중심의 사고를 실천하고, 이를 통해 더 나은 서비스 품질을 달성할 수 있는지 보여준다. 이러한 접근은 국민에게 신뢰받는 기관으로 자리매김하고, 지속 가능한 공공 서비스를 제공하는 데 핵심적인 역할을 한다.

고객 중심 공공서비스 전략

공공기관은 이제 단순히 정책을 집행하는 것을 넘어, 시민의 요구와 기대에 민감하게 반응하는 고객 중심 경영으로 전환하고 있다. 이러한 변화는 공공서비스 제공 방식에 혁신을 가져오며, 보다 인간 중심적인 접근을 통해 시민 만족도를 높이는 데 집중하고 있다.

예를 들어, 일부 지방 자치단체는 모바일 앱을 이용해 공공서비스를 간편하게 이용할 수 있도록 했다. 이 앱을 통해 민원 신청, 공공시설 예약, 도시 교통 정보 제공 등 다양한 서비스를 한 번에 처리할 수 있게 되었다. 이러한 사례는 기술을 활용해 고객 중심으로 서비스를 재설계한 것으로, 시민의 편의성을 크게 향상시킨다.

공공기관에서 고객 의견을 수렴하고 반영하는 방법 역시 다양해지고 있다. 디지털 플랫폼을 활용해 실시간 설문조사나 피드백 수집을 진행하거나, 소셜 미디어 채널을 통해 시민들과 직접 소통하는 방식이 늘어나고 있다. 이런 접근 방식은 시민들이 느끼는 불편함이나 요구사항을 빠르게 파악하고, 정책이나 서비스에 즉각적으로 반영할 수 있는 유연성을 제공한다.

또한, 공공기관은 고객 의견을 체계적으로 분석해 서비스 개선에 활용한다. 수집된 데이터는 서비스 프로세스의 문제점을 식별하고, 구체적인 개선 방안을 도출하는 데 사용된다. 이를 통해 공공서비스는 점점 더 시민 맞춤형으로 진화하며, 서비스 제공 과정에서 발생하는 불필요한 절차나 비효율성을 제거하는 데 기여한다.

이러한 고객 중심 전략은 공공기관이 시민과의 신뢰를 구축하고, 실제로 국민의 삶의 질을 향상시키는 데 핵심적인 역할을 한다. 고객 의견을 적극 반영하는 공공서비스는 시민들이 공공기관을 보다 친근하고 신뢰할 수 있는 파트너로 인식하게 만들며, 이는 장기적으로 공공서비스의 품질 개선과 효율성 증대로 이어진다.

서비스 품질이 고객 만족에 미치는 영향

한국교통안전공단은 서비스 품질 향상을 통해 국민 만족도를 크게 끌어올리고 있다. 예를 들어, 교통안전 캠페인과 사고 예방 교육 프로그램의 질을 높이고, 교통사고 대응 절차를 간소화하며 신속하게 서비스를 제공하는 등의 개선 노력이 고객 만족으로 이어졌다. 이러한 개선은 단순히 서비스 제공 속도를 높이는 것을 넘어, 국민이 실제로 체감할 수 있는 안전 환경 조성에 기여했다. 국민들은 한국교통안전공단의 전문적인 대응과 친절한 안내를 경험하면서, 서비스가 자신들의 삶에 직접적으로 긍정적인 영향을 준다고 느꼈다.

서비스 품질 향상이 국민 신뢰로 이어지는 과정은 다음과 같이 분석할 수 있다. 첫째, 고품질의 서비스 제공은 국민에게 공공기관의 역량과 책임감을 보여준다. 예를 들어, 교통사고 발생 시 신속한 출동과 철저한 후속 조치는 국민에게 안전에 대한 기관의 의지를 전달하며, 이는 신뢰 구축의 첫걸음이 된다. 둘째, 지속적인 서비스 개선과 투명한 정보 공개는 국민의 기대를 충족시키고 불만을 줄이는 데 기여한다. 개선된 서비스는 국민의 요구사항을 반영해 나가면서 점차 긍정적인 경험을 축적하게 하고, 이로 인해 공단에 대한 신뢰가 쌓인다. 마지막으로, 신뢰 구축은 다시 서비스 이용 의도와 구전 효과로 연결되어, 더 많은 국민이 한국교통안전공단의 서비스를 이용하게 되는 선순환 구조를 만든다.

이처럼 한국교통안전공단의 서비스 품질 개선은 단순한 운영 효율성 향상 이상의 효과를 가져왔다. 국민들은 고품질의 서비스를 통해 실제로 안전을 체감하며, 이는 공공기관에 대한 전반적인 신뢰로 확산된다. 결과적으로, 서비스 품질 향상은 고객 만족을 넘어 국민과의 신뢰 관계를 강화하는 데 핵심적인 역할을 한다는 인사이트를 얻을 수 있다.

신뢰성 강화와 지속 가능한 변화 전략

공공기관이 국민의 신뢰를 얻기 위해 가장 우선시해야 할 것은 투명한 정보 공개와 책임감 있는 서비스 제공이다. 예를 들어, 한국교통안전공단은 교통사고 발생 현황, 안전 캠페인 결과, 서비스 개선 계획 등을 정기적으로 공개함으로써 국민에게 정확하고 투명한 정보를 전달한다. 이러한 정보 공개는 단순히 데이터 제공을 넘어서, 공단이 문제 발생에 대해 책임감을 가지고 해결하려는 의지를 보여주는 중요한 신호다. 실제로, 교통사고 예방 프로그램의 효과와 한계, 앞으로의 개선 방향 등을 투명하게 공유하면 국민들은 공단의 활동에 대해 더 큰 신뢰를 가지게 된다.

책임감 있는 서비스 제공은 문제가 발생했을 때 신속하고 공정하게 대응하는 자세에서 비롯된다. 국민들이 불편을 겪거나 안전 문제가 발생했을 때, 공공기관이 책임 있는 자세로 대응하고 문제를 해결하는 사례는 신뢰 구축에 결정적 역할을 한다. 이런 책임감 있는 접근은 공공기관이 국민의 목소리에 귀 기울이고, 그에 맞춰 행동한다는 점을 보여주면서 신뢰성을 강화한다.

지속적인 서비스 개선을 위해서는 내부 평가와 교육 프로그램이 필수적이다. 공공기관은 정기적으로 서비스 품질을 평가하고, 그 결과를 바탕으로 개선 방안을 모색한다. 예를 들어, 한국교통안전공단은 시민 설문조사와 내부 감사 결과를 분석해 서비스의 강점과 약점을 파악하고, 이를 개선하기 위한 구체적인 교육 프로그램을 마련한다. 이러한 교육 프로그램은 직원들이 최신 안전 기술과 고객 응대 방식을 배우고, 현장에서 실제로 적용할 수 있도록 돕는다. 지속적인 교육은 직원들의 전문성을 높여 서비스 품질 향상으로 이어지며, 이는 다시 국민 신뢰 증대로 연결된다.

또한, 내부 평가를 통해 도출된 개선 사항을 조직 전체에 공유하고, 실제로 변화시키는 문화가 정착되면 조직 구성원들은 자발적으로 더 나은 서비스를 제공하려는 동기를 갖게 된다. 이러한 변화는 단기적인 문제 해결을 넘어서 조직의 문화와 운영 방식을 장기적으로 발전시키는 토대가 된다.

결국, 투명한 정보 공개와 책임감 있는 서비스 제공, 그리고 체계적인 내부 평가와 교육 프로그램을 통한 지속적인 개선 노력은 공공기관이 신뢰받는 기관으로 자리매김하고, 국민에게 보다 나은 서비스를 제공하는 데 핵심적인 전략이다. 이러한 전략은 공공서비스의 질을 높임으로써 국민의 안전과 편의를 증진시키고, 조직의 지속 가능한 성장을 이끌어낼 수 있다는 중요한 인사이트를 제공한다.

공공기관의 지속 가능한 성장

공공기관이 지속 가능한 성장을 이루기 위해서는 기술 진보와 고객 맞춤형 서비스가 중요한 역할을 한다. 인공지능, 빅데이터, 사물인터넷(IoT) 등의 최신 기술은 공공서비스 효율성과 품질을 획기적으로 개선할 수 있는 도구다. 이러한 기술을 통해 공공기관은 시민 개개인의 요구와 상황을 보다 정확하게 파악할 수 있으며, 이에 맞춘 맞춤형 서비스를 제공할 수 있다. 예를 들어, 한국교통안전공단이 빅데이터 분석을 활용해 특정 지역의 교통사고 위험 요인을 실시간으로 모니터링하고, 그에 따른 예방 조치를 취하는 방식은 기술을 통한 고객 맞춤형 서비스의 좋은 사례다.

고객 맞춤형 서비스는 단순히 기술 도입에 그치지 않는다. 이는 시민과의 지속적인 소통과 피드백 반영 과정을 통해 더욱 강화된다. 공공기관이 디지털 플랫폼이나 모바일 앱을 활용해 시민 의견을 수집하고, 이를 정책이나 서비스 개선에 즉각 반영하는 과정은 고객 만족도를 높이는 데 핵심적이다. 예컨대, 시민들이 모바일 앱으로 공공시설 이용 경험을 공유하고 개선점을 제안하는 시스템은 고객 중심의 서비스 제공을 현실화하는 사례다.

고객 만족 극대화를 위해서는 다음과 같은 전략을 고려할 수 있다. 첫째, 데이터 분석을 통해 시민들의 다양한 요구를 이해하고, 이를 바탕으로 맞춤형 서비스를 설계하는 것이다. 예를 들어, 특정 지역 주민들의 이동 정보를 통해 맞춤형 교통 정책이나, 지방자치단체와 연계된 서비스를 제공함으로써, 서비스의 실질적 가치를 높일 수 있다.

둘째, 디지털 채널을 통한 실시간 피드백 시스템 구축이다. 시민들은 공공서비스 이용 중 발생하는 불편사항이나 개선점을 쉽고 빠르게 전달할 수 있으며, 공공기관은 이를 신속하게 처리해 만족도를 높일 수 있다. 이러한 상호작용은 시민들이 공공기관에 대한 신뢰를 쌓는 데 중요한 역할을 한다.

셋째, 유연한 정책 설계와 실행을 통해 다양한 고객 집단의 요구를 반영한다. 기술을 통해 수집된 데이터를 기반으로 정책을 수립하고, 그 결과를 투명하게 공개하면 시민들은 자신들의 의견이 실제로 반영된다는 느낌을 받는다. 이는 신뢰 구축과 만족도 향상으로 이어진다.

결국 공공기관의 지속 가능한 성장은 기술 진보를 적극 활용한 맞춤형 서비스 제공과, 이를 뒷받침하는 고객 소통 및 피드백 문화에 달려 있다. 혁신적 기술 도입과 함께 시민의 목소리를 경청하고 반영하는 유연한 조직 문화를 구축하면, 공공기관은 변화하는 사회적 요구에 신속하게 대응하며 지속적으로 성장할 수 있을 것이다.

입소문이 교육기관 선택에 미치는 영향은?

- 저   자 : 강계영 박사 (k2dark@hanmail.net)
- 소   속 : (재)금산교육사랑장학재단 교육사업 팀장
- 연구논문 : 구전의 정보원천과 교육서비스 구성요인이 선택 및 만족에 미치는 영향
- 경영학·석사, 경영학(마케팅)박사 취득 후 입시전문학원 부원장으로 재직하였으며, 현재 금산군 산하 공공기관인 금산교육사랑장학재단에서 14년째 다양한 교육 프로그램의 개발과 교육사업 등을 전문적으로 운영하고 있으며, 대전과학기술대학교 강사 및 대전대학교 겸임교수로 강의하였다.

교육기관을 선택하는데 가장 큰 영향을 미치는 것이 친구나 동료, 지인, 가족들이 추천하는 말 한 마디, 즉 구전이라는 점을 고려한다면, 교육기관의 운영에 있어 구전은 아무리 강조하여도 지나치지 않다.

그러나 교육기관의 선택과 관련된 대부분의 연구들은 교육서비스 품질이 소비자 만족에 미치는 영향, 교육서비스 선택에 따른 구매행동간 인과관계, 교육서비스의 품질 측정 등에 집중되어 있으며, 구전에 초점이 맞춰진 연구 중 비중 있는 학술지 등 이와 관련된 분야의 연구는 부족한 실정이다.

저자(강계영박사)는 연구를 통해 구전 정보의 원천과 교육서비스 구성 요인이 선택과 및 만족에 미치는 영향에 대해 실증분석하고, 기대속성과 교육서비스 만족이 매개효과를 가지는지를 규명했다. 이를 통해 교육서비스를 선택하는데 있어 구전의 형성은 중요하며, 교육서비스 선택에 미치는 영향력은 기대속성에 의해 더욱 강화될 수 있다는 전략적 시사점을 제시했다.

결론적으로, 저자는 교육 수요자에게 형성된 기대속성이 실제 교육기관 선택으로 이어질 가능성이 높으며, 이러한 교육서비스를 제공하기 위해서는 교육수요자의 요구에 부합하는 프로그램의 제공과 질 높은 강사 인프라를 구축하는 것이 긍정적인 구전의 재형성과 재선택에 있어 중요한 것임을 교육기관들은 반드시 인재해야 할 것이다.

> 어떻게 교육만족도를 향상시킬 것인가?

구전의 중요성과 정보원천 구성요소

구전은 우리가 흔히 볼 수 있는 상업적 광고처럼 일방적 커뮤니케이션이 아니라 전달자와 수신자 상호간에 발생하는 쌍방향의 커뮤니케이션이기 때문에 그 효과가 더욱 크며, 소비자들에게 보다 더 신뢰감을 주는 정보를 제공한다. 구전의 경우 주로 가족이나 친구들과 같은 유대관계에 있는 사람과 이루어지기 때문에 일반적으로 우호적인 분위기에서 일어나며, 자신의 구매행동에 대해 그들이 제공하는 의견이나 충고를 자연스럽게 받아들인다. 소비자는 구전을 통해서 시간과 정신적 비용을 줄일 수 있다. 구매활동에 신뢰성 있는 정보를 보다 쉽고 경제적으로 얻을 수 있다는 장점이 있다.

소비자는 다양한 정보원으로부터 제품정보를 제공 받는다. 그러나 동일한 제품정보라고 하더라도 누가 전달했느냐에 따라 소비자들은 그 메시지에 대한 반응은 다를 수 있다. 또한 같은 내용의 광고라고 하더라도 광고 메시지를 전달하는 사람이 누구인가에 따라 소비자에게 미치는 영향력이 달라진다. 이러한 소비자의 행동에 영향을 미치는 정보원천의 특성들 중 가장 대표적인 것이 정보원천의 신뢰성과 매력성이다. 정보원천의 신뢰성은 수신자(소비자)가 메시지의 전달자에게서 지식 및 경험의 보유 정도와 객관적인 정보제공 능력을 말한다. 이 같은 정보원천의 신뢰성은 메시지 전달자의 전문성과 진실성에 의해 주로 영향을 받는다. 소비자들은 정보원천의 신뢰성뿐만 아니라 정보원천이 얼마나 매력적인가에 의해서도 영향을 받는다. 일반적으로 정보원천의 매력성이 높을수록 메시지의 수용도가 증가한다. 정보원천의 매력성을 결정하는 세 가지 중요 요인으로는 유사성, 친숙성, 그리고 호감성을 들 수 있다.

교육서비스의 구성요인

교육서비스는 지식과 기술의 전달을 통해 학습자에게 가치를 제공하는 서비스로 다음과 같음 주요 구성요인으로 이루어져 있다.

첫째, 교육 콘텐츠다. 교육의 핵심인 지식과 정보로 학습자가 습득할 수 있는 이론, 실습, 사례 등이 포함되며 이를 위해 교육 목적에 맞는 적절한 커리큘럼과 자료가 필요하다.

둘째, 교수자 및 강사이다. 교육을 제공하는 주체로 학습자에게 효과적으로 내용을 전달하고 학습을 촉진하는 역할을 한다. 이때, 교수자의 전문성, 전달력, 커뮤니케이션 능력이 중요하다.

셋째, 학습환경이다. 이는 교육이 이루어지는 물리적 또는 디지털 공간으로, 학습 효과에 큰 영향력을 미치고 있다. 이때 물리적 환경은 강의실, 실험실, 세미나실 등을 들 수 있으며, 디지털 환경으로는 온라인 학습플랫폼, 가상 강의실, 모바일 학습 앱 등을 들 수 있다.

넷째, 학습자다. 교육의 수혜자이자 핵심 주체로 학습동기, 참여도, 학습 스타일 등에 따라 교육효과가 달라질 수 있으며, 학습자의 배경 지식, 요구사항에 맞춘 맞춤형 교육이 필요한다.

다섯째, 지원서비스다. 학습자가 원활하게 교육을 받을 수 있도록 돕는 부가적인 서비스로 학습상담, 기술지원, 학습자료 제공, 멘토링 등이 이에 포함된다.

여섯째, 운영 및 관리다. 교육서비스를 기획, 운영, 관리하는 역할로 전체 교육의 품질을 결정짓는 중요한 요소로 강의 일정관리, 수강 신청 시스템, 운영팀의 관리능력 등이 이에 포함된다.

교육서비스의 특징과 품질의 결정 요인은?

교육서비스란 공급자가 수요자인 학생에게 교육적 목적 달성에 관련된 유형, 무형의 서비스를 제공함으로써 소비자에게 물질적, 정신적 만족으로 실현 시켜주는 일체의 활동이라 정의할 수 있다.

이러한 교육서비스의 특징은 첫째, 무형성으로 물리적인 실체가 없고 보거나 만질 수 없고, 객관적인 기준에 의해 가치를 파악하고 평가하기 힘들 점, 둘째, 강사의 수준에 따라 서비스의 질이 달라질 수 있으며, 수강생들의 수준이 다양하기에 같은 강의의 효과가 수강생에 따라 달라 질수 있다는 점, 셋째, 교육서비스의 생산과 소비가 분리되지 않아 강의가 시작된 후 일정 기간이 경과해야 서비스의 질을 평가할 수 있다는 점, 넷째, 강의를 진행하는 시간과 장소에 소비자가 존재하지 않으면 공급된 서비스는 소멸해 버리며 동일한 서비스를 다시 받기는 어렵다는 특징을 지니고 있다. 특히 교육서비스는 사용해 본 후에 그 특성을 알 수 있기 때문에 경험재적 특성을 가지고 있다고 볼 수 있다. 무형성, 공급과 소비의 비분리성, 소멸성, 이질성 때문에 교육서비스의 경우 품질을 평가하기가 어렵다. 또한 경험재적 특성 즉, 구매전 충분한 정보를 제공할 수 없는 특성으로 인해 사업자가 제공하는 광고, 타인의 경험 등에 의존할 수밖에 없다.

 이러한 교육서비스 품질을 결정하는 요인은 다음과 같이 정리할 수 있다. 첫째, 교육서비스 질의 결정요인 중에서 신뢰성은 수요자인 학생이 서비스 품질을 지각하는데 가장 중요한 요소로 본다. 수요자인 학생은 약속이행이 철저한 교육기관과 지속적인 관계를 원하며 교육자체가 신뢰를 기반으로 하는 것이기에 신뢰성 확보가 중요하다. 둘째, 확실성으로 교육기관과 수강생간의 상호 의사소통을 통하여 서로에게 믿음을 주는 것이다. 셋째, 유형성으로 가장 대표적인 것이 물리적인 환경요소라 할 수 있다. 넷째, 공감성으로 핵심은 개인별로 차별화된 서비스가 고객 자신에게 특별화된 느낌을 갖게 하는 것이다. 다섯째, 응대성으로 수강생의 요구, 질문, 불만, 문제 등을 처리하는 배려와 신속한 대처를 의미한다.

구전 정보가 교육서비스 선택에 미치는 영향

교육서비스 선택 과정에서 구전정보가 중요한 이유는 기존 사용자들이 경험을 바탕으로 제공하는 실질적인 정보이기 때문에 잠재 고객이 신뢰할 가능성이 높으며, 다양한 서비스에 대한 정보를 직접 조사할 시간이 부족한 사람들에게 구전 정보는 빠른 의사결정에 도움을 줄 수 있으며, 교육서비스는 무형의 서비스이므로 선택 후 만족 여부가 중요하다. 이때 구전 정보는 서비스 선택과 관련된 위험을 줄임으로써 만족도를 향상시는 역할을 한다.

이러한 구전 정보를 활용하여 교육서비스에 대한 정보를 수집하고 활용할 때에는 다음과 같은 사항을 고려해야 한다. 여러 정보원으로부터 다양한 의견을 수집하여 균형 잡힌 판단을 내릴수 있어야 하고, 모든 서비스가 모든 사람에게 적합하지 않을 수 있으므로, 구전 정보를 자기 필요에 맞게 해석하고 선택을 해야 한다. 또한 공식적으로 제공되는 정보와 구전으로 얻은 주관적인 평가를 종합적으로 고려하여 선택하는 것이 중요하다.

AI 교육서비스를 활용한 학습 만족도 향상방안

디지털 전환이 가속화되면서 교육 분야에서도 인공지능(AI)을 활용한 맞춤형 학습이 주목받고 있다. 학습자 만족도는 교육 효과성과 직결되기 때문에, AI 교육서비스를 활용하여 이를 향상시키는 전략이 중요하다.

AI는 학습자의 학습 속도, 이해 수준, 선호하는 학습 스타일을 분석하여 맞춤형 콘텐츠와 학습 경로를 제공하기 때문에 학습자는 자신에게 최적화된 교육을 받을 수 있으며, 몰입도가 높아져 만족도가 증가하게 된다. 챗봇을 통해 학습자는 학습 도중 궁금한 점을 즉시 해결할 수 있으며, 실시간 피드백은 학습자가 빠르게 이해할 수 있도록 돕고, 반복 학습을 통해 학습효과를 높일 수 있다. 학습 동기 부여를 위한 게임 요소의 도입은 학습자가 지속적으로 학습에 참여하도록 유도할 수 있다. 이를 통해 학습자의 진행 상황을 분석하여 적절한 보상과 목표를 설정해 동기를 부여할 수 있게 된다. 또한 AI는 학습자의 활동 데이터를 분석하여 학습 성과를 예측하고 개선 방안을 제시할 수 있으며, 이를 통해 학습자는 자신이 부족한 영역을 인지하고 보완할 수 있는 계기를 마련하게 된다. 기존 교육서비스의 물리적 환경에서 벗어나 AI 교육서비스는 접근성 향상 및 유연한 학습 환경의 제공 즉, 시간과 장소에 구애받지 않고 학습할 수 있는 환경을 제공함으로써 다양한 학습 콘텐츠에 접근이 가능하다. 마지막으로 강사 지원 도구로 활용함으로써 강사가 학습자를 더 효과적으로 지원할 수 있도록 돕는다. 자동 채점, 과제 분석, 성과 보고서 생성 등으로 강사의 업무 부담을 줄이고 학습자와의 상호작용에 더 많은 시간을 할애할 수 있게 된 것이다. 이렇듯 AI 교육서비스는 교육 효과성을 높이고, 지속 가능한 학습 환경을 조성할 수 있으며, 지속적으로 개선하고 학습자의 요구를 반영함으로써 더욱 향상된 학습 경험을 제공하여 학습 만족도를 향상시킬 수 있다.

교육서비스와 지방자치단체의 마케팅 활용

지방자치단체가 제공하는 교육서비스는 지역의 인지도와 긍정적 이미지를 제고할 수 있는 중요한 수단으로 이를 효과적으로 활용하기 위해 다음과 같은 전략을 제안하고자 한다.

첫째, 지역의 특성과 강점을 반영한 교육프로그램의 개발이 필요하다. 지역의 역사·문화적 자산을 활용한 교육 콘텐츠 및 지역 산업 관련 전문 교육프로그램을 마련하여 지역 고유의 이미지를 부가시켜 타지역과 차별화 전략을 통하여 주민과 외부인의 관심을 증대시켜야 한다.

둘째, 브랜드 스토리텔링을 활용한 교육프로그램의 마련이 필요하다. 특정 지역 전통문화, 지역 특산물과 연계된 체험학습 프로그램의 개발 등 지역 브랜드 스토리를 반영한 교육과정의 설계가 필요하다. 이를 통하여 교육 참여를 유도함으로써 지역 브랜드에 감성적 연결고리를 형성하고 지속 가능한 이미지 마케팅 효과를 창출해야 한다.

셋째, 주민 참여형 교육프로그램의 운영이다. 이는 주민이 직접 참여하거나 강사가 될 수 있는 프로그램, 주민들이 교육을 통해 지역 홍보대사 역할을 할수 있는 교육 지원 등을 들 수 있다.

넷째, 기업 및 학교와 협력한 교육프로그램의 제공이다. 취업 연계 직무교육, 산학 협력 프로젝트 등 지역 내 기업과 학교와 협력하여 공동 교육프로그램을 제공함으로써 청년층 유입 및 지역 정착을 유도함과 동시에 지역 발전 가능성에 대한 외부 인식을 개선할 수 있을 것이다.

다섯째, 성과 홍보 및 피드백 체계의 구축이다. 교육프로그램 참가자 후기 및 성과를 적극적으로 홍보하고, 피드백을 수집하여 지속적으로 프로그램을 개선함으로써 교육서비스의 신뢰도 향상과 지속적인 관심 유도 및 이미지 개선에 도움을 줄 것이다.

지방자치단체가 제공하는 교육서비스는 단순한 교육 제공을 넘어 지역의 이미지 마케팅 도구로 활용될 수 있다. 차별화된 교육 콘텐츠, 주민 및 외부인의 참여, 디지털 플랫폼을 적극 활용함으로써 지방자치단체의 긍정적 이미지 형성과 경제적 발전을 동시에 도모할 수 있다.

기술 중심 벤처기업의 마케팅 활동과 경영성과는?

- 저　　자 : 장수명 박사(steven7@hanmail.net)
- 소　　속 : (주)에스아이에이 상무이사
- 연구논문 : 벤처기업의 내부환경이 경영성과에 미치는 영향: 마케팅 믹스 전략의 매개효과를 중심으로
- 대기업 및 벤처기업(쎄트렉아이 등)에서 30년간 근무하였으며, 현재는 위성영상 AI 분석 기업의 CFO로 활동 중이며, 재무와 전략수립 및 IPO 등 현장 전문가로 활동하고 있다.

벤처기업은 경제 성장과 기술 혁신의 중심에 있었지만, 많은 기업이 자금 부족, 경쟁 심화, 시장 환경 변화 등의 어려움으로 인해 지속 가능한 성과를 내는 데 한계를 경험하고 있다. 벤처기업의 성공은 내부 환경 요인(조직 역량, 자원 관리 등)이 경영성과에 미치는 영향을 이해하고, 이를 뒷받침하는 마케팅 전략을 효과적으로 실행하는 데 달려 있었다.

특히, 마케팅 믹스(4P: 제품, 가격, 유통, 촉진) 전략은 벤처기업이 시장에서 고객의 관심을 끌고, 충성도를 확보하며, 경쟁력을 유지하는 데 중요한 도구로 간주되었다. 하지만, 내부 환경 요인과 마케팅 믹스 전략이 어떻게 결합하여 경영성과에 영향을 미치는지에 대한 연구는 부족한 실정이었다.

이에 저자(장수명 박사)는 벤처기업의 내부 환경(조직 특성, 자원 능력 등)이 경영성과에 미치는 영향을 분석하고, 마케팅 믹스 전략이 이 관계에서 매개 역할을 하는지를 실증적으로 검증하였다. 이를 통해, 벤처기업이 효과적으로 내부 역량을 활용하고, 마케팅 전략을 통해 시장에서 경쟁 우위를 확보할 수 있는 방안을 제시했다.

기술과 디지털화가 가속화됨에 따라 벤처기업의 성공 전략도 진화하고 있다. 마케팅 활동은 여전히 유효하지만 디지털화와 ESG 경영과 같은 새로운 요소를 통합하여 현대 시장의 요구에 부응하는 전략을 수립해야 한다.

기술 중심 벤처기업과 마케팅 활동

기술과 디지털 시대의 벤처기업

　기술 중심 비즈니스 모델은 생존과 성장을 위한 필수 요소로 자리잡고 있다. 인공지능, 빅데이터, 클라우드 컴퓨팅 등 최첨단 기술을 기반으로 한 제품과 서비스는 경쟁 우위를 확보하는 핵심 수단이 되고 있으며, 이러한 기술을 적극 활용하는 벤처기업은 시장의 변화에 민첩하게 대응할 수 있다. 예를 들어, 자율주행 기술을 개발하는 스타트업들은 센서 데이터와 머신러닝 알고리즘을 통해 혁신적인 이동 수단을 제공하며, 이는 기존 산업 구조를 혁신하고 새로운 시장을 창출하고 있다. 기술 중심 모델은 단순히 최신 기술을 도입하는 것에 그치지 않고, 이를 통해 고객에게 차별화된 가치를 제공하는 데 중점을 둔다.

하지만 기술 중심의 기업에게도 마케팅은 여전히 필수적이다. 아무리 뛰어난 기술과 제품을 가지고 있어도, 이를 효과적으로 전달하고 고객에게 인지시키지 못한다면 시장에서 성공하기 어렵다. 예를 들어, 특정 산업재 솔루션을 개발하는 벤처기업이 고성능 제품을 출시했더라도, 잠재 고객에게 그 가치를 충분히 전달하지 못한다면 판매로 이어지기 힘들다. 이런 맥락에서 마케팅은 기술을 알리는 도구이자, 고객과의 신뢰와 관계를 구축하는 중요한 수단이 된다.

디지털 시대의 마케팅은 전통적인 방법을 넘어, 데이터 기반의 맞춤형 커뮤니케이션과 실시간 상호작용을 강조한다. SNS, 이메일 마케팅, 검색 엔진 최적화(SEO)와 같은 디지털 채널을 통해 기술적 강점과 혁신 사례를 효과적으로 홍보하면, 고객은 제품이나 서비스에 대한 이해를 높이고 구매 결정을 내리는 데 도움을 받는다. 또한, 고객 피드백을 빠르게 수집하고 이를 제품 개선에 반영함으로써, 기술 중심 기업은 고객 만족도를 지속적으로 높일 수 있다.

결국 기술 중심의 벤처기업은 뛰어난 기술력만으로는 부족하고, 이를 시장에 효과적으로 알리고 고객과의 신뢰 관계를 형성하는 데 마케팅이 필수적이다. 기술과 마케팅이 결합된 전략은 단순히 제품을 판매하는 것을 넘어, 장기적인 고객 충성도와 지속 가능한 성장으로 이어진다. 이는 기술 혁신과 고객 중심 서비스가 상호 보완적으로 작용하는 새로운 비즈니스 패러다임을 제시하며, 독자들에게 기술과 마케팅의 조화가 가져다주는 시사점을 제공한다.

벤처기업의 내부 환경과 경영성과

벤처기업은 자원의 한계와 불확실한 시장 환경 속에서 살아남기 위해 내부 환경을 전략적으로 관리해야 한다. 조직 역량과 자원 관리는 이러한 환경에서 기업의 성공을 좌우하는 핵심 요소다.

조직 역량은 직원들의 전문지식, 팀워크, 혁신 능력 등을 포함한다. 예를 들어, 인공지능 기술을 개발하는 한 스타트업이 뛰어난 연구개발팀과 유연한 조직 문화를 갖추고 있다면, 급변하는 시장 요구에 맞춰 빠르게 제품을 개선하고 새로운 솔루션을 창출할 수 있다. 이런 조직 역량은 단순히 기술력을 넘어, 시장 진입 속도와 경쟁 우위 확보에 직접적인 영향을 미친다.

자원 관리는 재무, 인적, 물적 자원 등의 효율적 배분을 의미한다. 벤처기업은 제한된 자원으로 최대의 효과를 내야 하기 때문에, 올바른 자원 배분이 매우 중요하다. 예를 들어, 적은 마케팅 예산을 효과적으로 사용해 타겟 고객에게 다가가는 전략은 자원 관리의 좋은 사례다. 또한, 기술 투자나 인재 영입에도 신중을 기해, 기업의 장기적 성장에 밑거름이 될 수 있는 핵심 역량을 키우는 데 집중한다.

내부 환경이 경영성과에 미치는 실질적 영향은 다음과 같다. 첫째, 강력한 조직 역량은 제품 혁신, 서비스 품질 개선, 고객 만족으로 직결되어 수익성 개선에 기여한다. 둘째, 효율적인 자원 관리는 운영비 절감과 투자 수익률 향상을 통해 재무 건전성을 강화한다. 실제로, 자원을 효율적으로 배분해 R&D와 마케팅에 적절히 투자한 벤처기업은 시장 점유율을 빠르게 확대하며 성공적인 성과를 거둔다.

이처럼 내부 환경을 체계적으로 관리하는 것은 벤처기업이 제한된 자원 속에서도 경쟁력을 유지하고 지속 가능한 성장을 이루는 데 핵심적이다. 독자들은 조직 역량 강화와 효율적 자원 관리가 단순한 비용 절감 이상의 의미를 가지며, 혁신과 성과 창출의 기반이 된다는 점에서 중요한 인사이트를 얻을 수 있다.

마케팅 믹스 전략의 진화

전통적 4P 전략은 제품(Product), 가격(Price), 유통(Place), 촉진(Promotion)을 중심으로 마케팅 활동을 전개하는 방식이었다. 이 접근법은 오프라인 시대에 효과적이었지만, 디지털 시대가 도래하면서 한계를 드러내고 있다.

디지털화된 마케팅 접근법은 전통적인 4P를 기반으로 하면서도, 데이터 분석과 개인화, 실시간 소통을 강조한다. 예를 들어, 제품 측면에서는 소비자 데이터를 바탕으로 개인 맞춤형 제품 추천 시스템을 도입해 고객의 요구를 세밀하게 반영한다. 가격 전략에서도 빅데이터를 활용해 경쟁사 대비 최적의 가격을 실시간으로 조정하거나, 구독형 모델을 도입해 지속적인 수익을 창출하는 사례가 늘고 있다.

유통 측면에서는 전자상거래 플랫폼과 모바일 앱을 통해 제품을 언제 어디서나 구매할 수 있는 편의성을 제공한다. 전통적 유통 채널에 디지털 채널을 병행함으로써, 기업은 더 넓은 시장에 접근할 수 있게 되었다. 촉진 부분에서는 SNS, 콘텐츠 마케팅, 인플루언서 협업 등을 통해 소비자와의 깊이 있는 상호작용을 유도한다. 이러한 디지털 촉진 방법은 단방향 광고에서 벗어나, 고객 참여와 커뮤니티 형성을 통해 브랜드 충성도를 높이는 데 기여한다.

예를 들어, 한 글로벌 스포츠 브랜드는 전통적 광고와 함께 SNS 캠페인을 병행했다. 소비자가 제품을 사용하는 모습을 공유하도록 유도하고, 이를 통해 사용자 경험을 강조하는 콘텐츠가 확산되었다. 이 과정에서 얻은 데이터는 제품 개발과 마케팅 전략에 즉각 반영되어, 고객 맞춤형 경험을 제공하고 브랜드 충성도를 강화하는 데 큰 역할을 했다.

디지털화된 마케팅 접근법은 단순히 광고 채널을 확장하는 것을 넘어서, 고객의 행동 패턴을 분석해 맞춤형 전략을 세우고, 실시간 피드백을 통해 지속적으로 전략을 수정하는 유연성을 제공한다. 이는 전통적 4P 방식이 가지지 못한 속도와 정밀성을 가능하게 하며, 변화하는 시장 환경에 빠르게 대응할 수 있는 능력을 기업에 부여한다.

결국, 전통적 4P 전략과 디지털 마케팅 접근법의 비교를 통해 얻을 수 있는 인사이트는, 디지털 기술을 활용한 개인화와 실시간 소통이 현대 마케팅에서 얼마나 중요한지이다. 기업은 고정된 전략보다 데이터와 고객 반응을 기반으로 한 유동적인 접근을 통해 경쟁력을 강화할 수 있다.

기술 중심 벤처기업의 마케팅 활동

기술 중심 기업의 마케팅 활동은 일반적으로 두 가지 측면에서 살펴볼 수 있다. 첫째, 제품의 복잡성과 혁신성을 이해하고 이를 쉽게 설명하는 데 집중한다. 둘째, 기술 커뮤니티와 업계 전문가를 대상으로 한 B2B 마케팅에서는 전문성 있는 콘텐츠와 사례 연구, 웹 세미나(Webinar) 등을 통해 깊이 있는 정보를 제공한다.

B2B(기업 대 기업) 마케팅과 B2C(기업 대 소비자) 마케팅은 목표 고객과 의사소통 방식에서 큰 차이를 보인다. B2B 기업은 주로 장기적 파트너십과 신뢰 구축에 초점을 맞춘다. 이들은 종종 업계 컨퍼런스, 전문 네트워킹 이벤트, 백서(White Paper), 사례 연구 등을 통해 기술적 우수성과 비즈니스 가치 제안을 강조한다. 예를 들어, 한 산업용 로봇 제조업체는 SNS와 이메일 마케팅을 결합해 기술 세미나에 초대하고, 제품 데모 영상 및 고객 성공 사례를 공유하면서 잠재 고객과의 신뢰를 쌓는다. 이를 통해 기업은 제품 구매 결정에 필요한 기술적 신뢰성을 확보하고, 협상 과정에서 유리한 위치를 차지할 수 있다.

반면, B2C 기업은 소비자들의 감성과 직관에 호소하는 전략을 구사한다. 개인 맞춤형 경험 제공, 소셜 미디어를 통한 브랜드 스토리텔링, 인플루언서와의 협업, 체험형 이벤트 등이 대표적이다. 예를 들어, 한 가전제품 회사가 신제품 출시를 앞두고 SNS 캠페인을 통해 소비자들이 직접 제품을 체험하고 리뷰를 공유하도록 유도하면, 이는 자연스럽게 입소문 마케팅으로 이어져 브랜드 인지도를 높인다. 소비자들은 이러한 상호작용을 통해 제품에 대한 긍정적인 감정을 형성하고, 재구매 의향으로 이어진다.

이 두 가지 마케팅 활동의 차이는 기업의 목표와 고객의 요구에 따라 전략적으로 구분된다. B2B에서는 깊이 있는 기술 정보와 장기적 관계 형성을 통해 신뢰를 구축하는 것이 핵심인 반면, B2C에서는 빠른 정보 전달과 감성적 연결을 통해 브랜드 충성도를 높이는 데 집중한다.

기술 중심 마케팅은 이러한 차별화된 전략을 더욱 강화시키며, 디지털 도구와 분석을 통해 보다 효율적이고 측정 가능한 결과를 도출한다. 독자들은 이를 통해 자신의 비즈니스 환경에 맞는 마케팅 전략을 선택하고, 기술을 활용해 고객과의 관계를 더욱 공고히 할 수 있는 방법을 고민해볼 필요가 있다.

내부 역량과 마케팅 믹스의 시너지

기업이 성공적으로 시장에서 자리 잡기 위해서는 내부 환경 요인과 마케팅 전략을 효과적으로 결합하는 것이 중요하다. 내부 역량, 즉 조직의 문화, 직원들의 전문성, 자원 관리 능력 등은 마케팅 믹스 전략과 결합될 때 시너지 효과를 발휘하며, 이는 경쟁 우위로 이어진다.

예를 들어, 어떤 벤처기업이 강력한 연구개발(R&D) 역량을 갖추고 있다고 하자. 이 기업은 제품 개발에 있어 혁신적인 기술을 적용하는 데 강점을 가지고 있다. 이를 마케팅 믹스의 '제품' 요소와 결합하면, 경쟁력 있는 차별화된 제품을 시장에 선보일 수 있다. 제품의 독창성과 고품질을 강조하는 마케팅 메시지는 고객에게 깊은 인상을 남기고, 브랜드 충성도를 높이는 데 기여한다. 따라서 내부 역량이 제품 개발 단계와 밀접하게 연계될 때, 이는 시장에서 독보적인 위치를 확보하는 데 도움이 된다.

또 다른 사례로, 자원 관리 능력이 뛰어난 기업은 효율적인 비용 관리와 최적화된 유통망을 구축할 수 있다. 이를 통해 마케팅 믹스의 '가격'과 '유통' 전략을 강화할 수 있다. 예를 들어, 제한된 예산으로도 높은 품질의 서비스를 제공하기 위해 비용 효율적인 채널을 선택하고, 그에 맞는 경쟁력 있는 가격 정책을 수립하는 것이다. 내부 역량을 활용한 이러한 전략은 고객에게 합리적이라고 느껴지는 가격과 원활한 구매 경험을 제공해 고객 만족도를 높인다.

조직 특성과 자원 능력을 활용한 차별화 전략은 마케팅 믹스 전체에 영향을 미친다. 강력한 조직 문화와 팀워크는 촉진 활동에서도 차별화 포인트로 활용될 수 있다. 예를 들어, 직원들이 브랜드의 가치를 깊이 이해하고 자부심을 가지고 고객과 상호작용한다면, 이는 자연스럽게 더 진심 어린 서비스와 커뮤니케이션으로 이어진다. 고객은 이러한 경험을 통해 브랜드에 대한 긍정적 감정을 형성하고, 재구매 의향과 구전 효과가 증대된다.

이처럼 내부 역량과 마케팅 믹스를 결합하는 전략은 단순히 마케팅 전략의 일환을 넘어, 조직 전체의 강점을 극대화하며 시장에서의 차별화를 이끌어낸다. 독자들은 자신이 속한 조직의 고유한 특성과 자원을 파악하고, 이를 바탕으로 한 차별화된 마케팅 전략을 수립함으로써, 보다 지속 가능하고 경쟁력 있는 성과를 창출할 수 있다는 인사이트를 얻을 수 있다.

좋은 매장이 고객의 마음을 사로잡는다. VMD의 비밀은?

- 저　　자 : 김상수 박사 (kimss@dju.ac.kr)
- 소　　속 : 대전대학교 경영학과, 창업학부 교수
- 연구논문 : 커피 전문점의 VMD 구성요인이 브랜드 자산과 재구매 의도에 미치는 영향
- 삼성생명에서 융자과, 영업관리 업무를 담당하였으며, 소상공인시장진흥공단에서 자영업자 창업 및 경영개선, 협동조합 지원 업무를 수행하였다. 대전대학교에서는 기업지원센터장, 창업교육센터장, 산학교육부단장, 이노폴리크캠퍼스사업단 부단장, 창업학부장 등을 담당하였으며, (사)한국창업교육협의회 부회장, 대전충남지역협의회장으로 활동 중이다.

경제성장과 소득 증가로 삶의 질이 중요시되면서 외식 산업은 빠르게 발전하였고, 특히 커피 전문점은 그 중심에 서게 되었다. 국내 커피 전문점의 치열한 경쟁 속에서, 커피 전문점 시장은 급격히 성장하였지만, 최근에는 포화 상태에 도달하여 매출 증가율이 둔화되고 있다. 이러한 상황에서 VMD(Visual Merchandising), 즉 매장 내외의 시각적 연출과 디스플레이 전략이 커피 전문점의 차별화된 경쟁력으로 주목받고 있다.

VMD는 매장 인테리어, 디스플레이, 조명, 점포 분위기 등을 통해 소비자의 구매 의사결정에 영향을 미치는 중요한 요소로, 상품의 물리적 특성 외에 감각적이고 감성적인 요소를 강조한다. 소비자들은 단순히 커피를 구매하는 것을 넘어, 매장에서의 경험과 분위기를 중요하게 생각하기 때문에, VMD는 커피 전문점의 매출 증대와 고객 유치에 필수적이다.

저자(김상수 박사)는 연구를 통해 커피 전문점의 VMD 구성요소가 브랜드자산과 재구매 의도에 미치는 영향을 실증적으로 분석하였다. 특히, VMD가 브랜드인지도, 지각된 품질, 브랜드이미지 등으로 구성된 브랜드자산을 통해 고객의 재구매 의도에 어떤 영향을 미치는지, 그리고 이 관계에서 브랜드 선호도가 매개 역할을 하는지를 규명했다. 이를 통해 VMD가 좋은 매장은 고객에게 긍정적인 인상을 남기고, 브랜드를 선호하게 만드는 것으로 나타났다.

매장의 차별화 요소, VMD

VMD가 왜 중요한가?

커피 전문점에서는 VMD(Visual Merchandising)가 단순한 시각적 연출을 넘어 경쟁력의 핵심 요소로 자리 잡고 있다. 특히, 하이엔드 브랜드와 저가 브랜드 간의 치열한 경쟁 속에서 VMD는 각 브랜드가 차별화된 이미지를 구축하고 고객의 발걸음을 끌어들이는 중요한 역할을 한다.

하이엔드 브랜드로 인식되는 매장은 세련된 인테리어, 고급스러운 소재 사용, 독특한 조명과 아트워크 등을 통해 프리미엄 이미지를 강조한다. 이들은 고품질의 커피 경험과 함께 편안하고 세련된 분위기를 제공하여 고객이 단순한 음료 구매를 넘어 특별한 경험을 즐길 수 있도록 한다. 반면, 저가 커피 전문점들은 효율성, 접근성, 친근함을 강조하는 VMD 전략을 취한다. 이들은 깔끔하고 직관적인 매장 구성, 빠른 서비스, 합리적인 가격을 강조하는 디스플레이를 통해 고객에게 부담 없는 선택지를 제공하고 있다.

VMD는 단순히 상품을 보여주는 것을 넘어, 고객에게 브랜드가 제안하는 라이프스타일과 경험을 전달하는 중요한 도구이다. 예를 들어, 하이엔드 브랜드는 고급스러운 분위기와 세련된 디자인을 통해 고객이 품격 있는 라이프스타일을 경험하도록 유도한다. 이는 고객에게 감성적인 만족감을 제공하고, 브랜드에 대한 충성도를 높이는 데 기여한다. 저가 브랜드 역시 고객의 일상 속에서 편리하고 친근한 경험을 제공하며, 합리적 소비 문화를 제안한다. 소비자들은 이러한 매장 환경에서 단순히 커피를 마시는 것을 넘어, 자신의 취향과 라이프스타일에 맞는 공간을 경험하게 된다.

결국, VMD는 커피 전문점이 경쟁 속에서 자신을 차별화하고, 고객에게 특별한 경험과 라이프스타일을 제안하는 핵심 전략이다. 하이엔드와 저가 브랜드 각각의 VMD 접근 방식은 고객의 다양한 니즈를 충족시키며, 매장 방문을 단순한 소비 행위가 아닌 감성적이고 의미 있는 경험으로 변화시키는 역할을 한다.

고객 취향과 라이프스타일을 반영한 VMD

효과적인 VMD 전략의 시작은 고객을 세분화하고, 각 고객층의 특성과 선호를 이해하는 데 있다. 커피 전문점은 연령, 직업, 라이프스타일, 소비 패턴 등을 기준으로 고객 그룹을 나누어 분석할 수 있다. 예를 들어, 젊은 직장인, 대학생, 가족 단위 고객 등 다양한 세그먼트별로 기대하는 매장 분위기와 서비스가 다를 수 있다.

　이러한 세분화된 데이터를 바탕으로 맞춤형 매장 연출을 계획한다. 젊은 층을 타겟으로 할 때는 트렌디하고 활기찬 분위기, 편안한 좌석과 무료 Wi-Fi, 사진 찍기 좋은 포토존 등을 마련할 수 있다. 반면, 가족 단위 고객을 위한 공간에서는 아늑하고 넓은 좌석, 아이들을 위한 작은 놀이 공간 등을 제공하여 가족 친화적인 환경을 조성한다. 이렇게 고객 세그먼트에 맞춘 매장 연출은 방문객에게 보다 개인화된 경험을 제공하고, 브랜드와의 정서적 연결고리를 강화하는 데 도움을 준다.

　VMD는 시각적 연출뿐만 아니라 청각, 촉각, 후각 등의 다양한 감각적 요소를 활용해 고객 경험을 극대화할 수 있는 도구이다. 예를 들어, 매장 내 편안한 배경 음악과 자연광을 활용한 조명은 고객에게 긍정적이고 편안한 분위기를 전달한다. 또한, 고유의 향을 활용해 브랜드만의 독특한 분위기를 만들어낼 수 있다. 커피향이나 제철 꽃향기 등을 매장에 은은하게 퍼뜨려 고객의 감성을 자극하면, 단순한 음료 이상의 특별한 경험을 제공할 수 있다.

　촉각적 요소도 중요한 역할을 한다. 고급스러운 소재의 가구나 따뜻한 질감의 인테리어 소품을 사용하면 고객은 더 아늑하고 세심한 공간이라는 인상을 받게 된다. 또한, 계절별로 바뀌는 인테리어 장식이나 소품을 통해 새로운 감각적 경험을 선사하면 고객은 매번 방문할 때마다 새로움을 느낄 수 있다.

　이처럼 고객의 취향과 라이프스타일을 깊이 이해하고, 이를 반영한 맞춤형 매장 연출과 감각적 요소의 활용은 커피 전문점이 경쟁 속에서 차별화된 브랜드 경험을 제공하는 데 핵심적인 전략이 된다. 이는 단순한 음료 구매를 넘어, 고객에게 기억에 남는 특별한 순간을 선사하고, 브랜드 충성도를 높이는 데 기여한다.

VMD 구성요소와 브랜드 자산 형성

VMD는 오프라인 매장의 브랜드 자산 형성에 큰 역할을 한다. 매장 인테리어와 조명, 디스플레이 및 상품 배치와 같은 요소들은 소비자에게 브랜드에 대한 깊은 인상을 남기며, 이는 곧 브랜드 이미지와 지각된 품질로 이어지기 때문이다..

매장 인테리어는 브랜드의 정체성을 전달하는 첫인상으로 작용한다. 세심하게 설계된 인테리어는 브랜드의 가치와 철학을 공간에 녹여내어 소비자에게 일관된 메시지를 전달한다. 예를 들어, 자연 소재를 활용한 따뜻한 디자인은 편안함과 친환경 이미지를 강조할 수 있으며, 현대적이고 깔끔한 디자인은 세련되고 전문적인 느낌을 줄 수 있다. 조명은 이러한 인테리어와 결합해 분위기를 조성하는 역할을 한다. 밝고 환한 조명은 활기차고 긍정적인 분위기를 조성하는 반면, 부드럽고 은은한 조명은 아늑하고 편안한 느낌을 줄 수 있다.

상품의 디스플레이와 배치는 소비자에게 브랜드의 가치와 미학을 전달하는 중요한 수단이다. 깔끔하게 정돈된 상품 배치는 전문성과 신뢰감을 주며, 창의적이고 독특한 디스플레이는 브랜드의 개성과 독창성을 강조한다. 예를 들어, 시즌별 특성을 반영한 테마 디스플레이는 고객에게 신선함과 특별함을 전달하고, 제품군을 논리적이고 직관적으로 배치하면 소비자가 원하는 상품을 쉽게 찾을 수 있도록 도와준다. 이로 인해 고객은 편리함을 느끼며, 브랜드와 상품에 대한 긍정적인 경험을 하게 된다.

이러한 VMD 요소들은 모두 모여 소비자의 브랜드 이미지와 지각된 품질에 직접적인 영향을 미친다. 조화롭고 세련된 매장 환경은 브랜드에 대한 고급스러움과 신뢰를 느끼게 하며, 상품 배치와 디스플레이는 제품의 가치를 높이는 데 기여한다. 결과적으로 소비자는 해당 매장이 단순한 상품의 판매처를 넘어서, 높은 품질과 일관된 브랜드 경험을 제공하는 곳으로 인식하게 된다.

VMD 개선을 위한 실행 방안

매장 환경을 개선하기 위해서는 고객의 시선을 사로잡고 편안한 경험을 제공하는 세부 요소에 집중해야 한다. 우선, 매장 내외부의 청결과 정돈 상태를 꾸준히 유지하는 것이 중요하다. 깔끔한 환경은 고객에게 긍정적인 첫인상을 남기며, 브랜드에 대한 신뢰도를 높인다. 다음으로, 고객 흐름을 고려한 동선 설계를 통해 편리한 공간 배치를 구성해야 한다. 상품 진열대와 좌석 배치는 고객이 쉽게 접근하고 편안하게 머무를 수 있도록 배려해야 한다. 또한, 계절과 트렌드에 맞춘 소품과 인테리어 소품을 주기적으로 교체해 신선한 느낌을 제공하면 고객의 재방문 의도를 높일 수 있다. 적절한 조명과 음악 선택은 고객의 감성을 자극하여 매장의 분위기를 크게 향상시킨다. 이 외에도 고객 피드백을 적극 수렴해 개선점을 찾아내고 반영하는 것이 지속적인 환경 개선의 핵심이다.

브랜드 자산을 강화하기 위한 VMD 최적화는 매장 연출이 브랜드의 가치와 일치하도록 조정하는 것을 의미한다. 먼저, 브랜드의 핵심 메시지와 아이덴티티를 명확히 하고 이를 반영하는 인테리어와 디스플레이를 구성한다. 예를 들어, 브랜드가 친환경을 추구한다면 자연 친화적인 소재와 녹색 식물 등을 활용해 시각적 일관성을 유지할 수 있다.

다음으로, 상품 배치와 디스플레이는 고객 경험을 중심에 두고 설계해야 한다. 인기 상품과 신제품을 눈에 잘 띄는 위치에 배치하고, 관련 상품들을 함께 묶어 제안하면 고객의 구매욕을 자극할 수 있다. 또한, 매장 내 각 영역마다 브랜드 스토리나 철학을 전달할 수 있는 작은 스토리 코너를 마련하면, 고객에게 브랜드에 대한 깊은 인상을 심어줄 수 있다.

마지막으로, 디지털 기술을 활용해 VMD를 지속적으로 모니터링하고 개선하는 체계를 구축할 필요가 있다. 예를 들어, 고객 동선을 분석해 매장 내 집중도가 낮은 부분을 개선하거나, 디지털 사이니지를 통해 실시간 프로모션과 정보를 제공하는 등의 방법을 도입할 수 있다. 이러한 최적화 과정을 통해 VMD는 단순한 시각적 연출을 넘어 브랜드 자산을 체계적으로 강화하는 강력한 도구가 될 것이다.

오프라인의 시대가 오고 있다

온라인 이커머스의 성장 한계와 함께 오프라인 매장에 대한 관심이 커지고 있다. 소비자들은 단순한 구매를 넘어, 오프라인 매장에서 특별하고 최적화된 고객 경험을 기대하고 있기 때문이다. 이에 발맞춰 미래 지향적 VMD 전략은 변화하는 소비자 트렌드를 반영하고, 지속 가능한 경쟁력을 확보하기 위한 혁신적 아이디어를 중심으로 전개되어야 한다.

지금의 소비자는 단순한 제품 구매를 넘어, 매장에서의 경험과 감성적 연결을 중요하게 생각한다. 이를 반영하기 위해 VMD 전략은 소비자가 원하는 새로운 경험을 제공해야 한다. 또한, 체험 중심의 공간 구성과 인터랙티브 디스플레이를 통해 소비자가 제품과 서비스를 직접 경험하고, 브랜드 스토리를 자연스럽게 체득할 수 있는 환경을 마련해야 한다.

오프라인 매장은 온라인에서는 얻기 힘든 촉각적, 후각적, 시각적 경험을 제공할 수 있다. 소비자들이 매장에 들어섰을 때 제품의 질감, 향, 조명과 음악이 어우러진 감각적 경험은 디지털 시대에 특별한 차별점이 될 수 있다. 따라서 이러한 소비자 트렌드를 면밀히 분석하고, 매장 환경에 적극 반영하는 것이 중요하다.

미래 지향적 VMD 전략은 지속 가능한 경쟁력을 확보하기 위한 혁신적 접근을 요구한다. 먼저, 디지털 기술과 오프라인 경험을 결합한 옴니채널 VMD 솔루션을 고려할 수 있다. 예를 들어, 고객이 스마트폰을 통해 매장 내 제품 정보를 실시간으로 확인하거나, 가상 현실(VR) 체험을 통해 다양한 제품 활용 방안을 미리 경험할 수 있게 하는 방식이다. 이를 통해 고객은 매장에서 보다 풍부하고 개인화된 쇼핑 경험을 누릴 수 있다.

또한, 매장의 유연한 공간 활용과 정기적인 레이아웃 변경을 통해 신선한 경험을 지속적으로 제공할 수 있다. 시즌이나 이벤트에 맞춰 디스플레이를 혁신적으로 재구성하고, 고객 참여형 이벤트를 통해 브랜드와 소비자 간의 상호작용을 강화하는 것이다. 예를 들어, 고객이 직접 참여하여 디자인한 디스플레이를 선보이거나, 커뮤니티 기반의 워크숍과 시음을 개최하는 방식은 고객과의 유대감을 깊게 하고, 브랜드 로열티를 높이는 데 기여한다.

지속 가능한 재료 사용과 에너지 절약형 조명 도입 등 친환경 VMD 요소를 강화하여 환경 의식을 가진 소비자들의 공감을 얻는 것도 중요하다. 이는 브랜드의 사회적 책임을 반영하면서, 장기적으로 비용 절감과 이미지 제고를 동시에 달성할 수 있는 전략이다.

이와 같이 변화하는 소비자 트렌드를 반영하고 혁신적인 VMD 아이디어를 도입하는 것은 오프라인 매장에서 최적화된 고객 경험을 제공하는 데 핵심적인 역할을 한다. 이를 통해 브랜드는 온라인과 차별화된 독특한 가치를 창출하고, 지속 가능한 경쟁 우위를 확보할 수 있을 것이다.

교육 서비스 품질을 어떻게 평가하고 관리할 것인가?

- 저　　자 : 강호계 박사(kanghk0102@hanmail.net)
- 소　　속 : (주)잉글리쉬앤 대전본부장
- 연구논문 : 교육서비스 품질과 교육성과의 기대일치 여부가 행동의도에 미치는 영향(대학 외국어교육원의 토익 교육 실증연구)
- 교육 전문기업에서 35년을 근무하며 전국 대학교의 외국어 교육의 활성화와 학생들의 어학실력 향상에 기여 하였으며 대전대학교에서 경영학 및 마케팅 강의를 하였다.

영어 능력은 개인의 학업과 취업 성공을 결정짓는 중요한 요인으로 자리 잡았다. 특히, 국제공인 영어 시험인 토익(TOEIC)은 취업과 승진, 대학 진학 및 졸업 인증 등의 다양한 분야에서 필수적인 척도로 활용되고 있다. 이에 따라 국내 대학들은 학생들의 글로벌 경쟁력과 취업률을 높이기 위해 외국어교육원을 통해 체계적인 토익 교육 프로그램을 운영하고 있다.

그러나 이러한 교육 프로그램의 성공 여부는 교육서비스 품질과 학생들이 기대하는 교육성과 간의 일치 여부에 따라 달라질 수 있다. 기대와 현실 간의 불일치가 클 경우, 학생들의 만족도가 낮아지고, 이는 재수강 의도나 긍정적 구전 활동을 저해할 가능성이 높다. 하지만 교육서비스 품질과 기대일치 여부가 학생들의 행동의도에 미치는 영향을 분석한 연구는 상대적으로 부족한 실정이다.

저자(강호계박사)는 연구를 통해 대학 외국어교육원의 교육서비스 품질이 교육성과 기대일치 및 행동의도에 미치는 영향을 실증적으로 분석하고, 기대일치 여부가 이 관계에서 매개효과를 가지는지를 규명했다. 이를 통해, 대학 외국어교육원의 운영 효율성을 높이고, 학생들의 만족도와 충성도를 강화할 수 있는 전략적 시사점을 제시했다.

결론적으로, 저자는 학생들이 만족하는 교육서비스는 그들의 학업 성과뿐만 아니라, 미래의 성공 가능성을 높이는 데 큰 역할을 한다는 것을 규명했다. 교육기관과 학생 모두가 상호 협력하여, 기대에 부합하는 교육성과를 만들어가는 것이 중요하다.

교육 서비스 품질과 기대효과란?

교육 서비스 품질 관리가 필요한 이유는?

국내 대학들은 학생들의 학업 성과와 취업 경쟁력을 높이기 위해 토익 교육 프로그램을 운영하고 있다. 토익 시험은 학생들의 영어 능력을 객관적으로 평가할 수 있는 중요한 척도로 활용되며, 이는 학업 및 진로 선택에 큰 영향을 미친다. 그러나 단순히 높은 점수를 목표로 하는 것만으로는 충분하지 않다. 학생들이 제공받는 교육서비스의 질이 그들의 기대에 부합해야만 만족도와 긍정적 행동으로 이어질 수 있다.

교육서비스 품질은 학생들이 교육 프로그램에서 경험하는 전반적인 서비스의 수준을 의미한다. 여기에는 교육 과정의 설계, 교수진의 전문성, 학습 자료와 시설, 교육 환경 등이 포함된다. 서비스 품질 평가의 주관적 특성은 각 학생이 가진 기대와 경험에 따라 다양하게 나타나기 때문에, 동일한 서비스라도 학생마다 인식과 평가가 다를 수 밖에 없다.

기대일치 개념은 학생들이 교육서비스를 통해 얻고자 하는 학습 성과와 실제로 경험한 교육 서비스 결과가 일치할 때 발생한다. 교육성과와 서비스 품질이 학생의 기대와 얼마나 부합하는지는 그들의 만족도와 재수강 의도, 긍정적 구전 활동 등 행동의도에 직접적인 영향을 미친다. 따라서, 교육기관은 학생 개개인의 주관적 평가를 고려하여 지속적으로 교육서비스 품질을 개선하고, 기대와 실제 경험 간의 일치를 이루는 것이 중요하다.

교육서비스 품질 평가의 주관성

교육서비스 품질 평가는 학생 개개인의 경험과 기대에 따라 달라지는 주관적 판단을 반영한다. 같은 교육 프로그램이라도 학생마다 경험하는 만족도는 학습 스타일, 이전 경험, 개인적 기대치 등에 따라 크게 달라질 수 있다. 특히, 온라인과 오프라인 교육 환경이 혼재하는 현대에서는 디지털 플랫폼 사용 능력이나 접근성 등의 요인이 서비스 품질에 대한 평가에 영향을 미친다. 예를 들어, 어떤 학생은 첨단 학습 도구와 플랫폼의 사용 편리성을 높게 평가할 수 있지만, 또 다른 학생은 이러한 요소보다 인간 교원의 피드백과 상호작용을 더 중요하게 여길 수 있다.

이러한 주관적 특성은 교육서비스 품질 평가에 있어 개인차를 낳는다. 최신 기술의 발전으로 학생들은 다양한 경로를 통해 자신의 경험을 표현하고, 자신만의 기준에 따라 서비스를 평가한다. 인공지능 기반의 피드백 시스템과 빅데이터 분석 기술은 학생들의 이러한 주관적 평가를 보다 세밀하게 파악하는 데 도움을 주고 있다.

주관적 평가를 반영한 교육 품질 개선 방안

교육기관은 학생들의 다양한 주관적 평가를 효과적으로 수렴하여 교육 품질 개선에 활용할 수 있는 체계를 마련해야 한다. 최신 접근 방식으로는 다음과 같은 방법들이 있다.

첫 번째는 실시간 피드백 시스템을 도입하는 것이다. AI 기반 챗봇이나 설문 도구를 활용하여 수업 중이나 수업 후 실시간으로 학생들의 의견을 수집할 수 있다. 이를 통해 학생들의 주관적인 경험과 문제점을 빠르게 파악하고 즉각적인 개선 조치를 취할 수 있다.

두 번째는 데이터 분석을 통한 맞춤형 개선이 필요하다. 수집된 피드백 데이터를 빅데이터 분석 기법으로 처리하여, 공통된 문제점과 개별 학생의 특성을 동시에 고려한 맞춤형 개선안을 마련해야한다 . 이는 주관적 평가의 다양성을 존중하면서도, 체계적인 품질 개선을 가능하게 한다.

세 번째는 개인화된 학습 경험을 강화해야 한다. 학생 개개인의 학습 스타일과 요구를 반영한 맞춤형 교육 콘텐츠와 학습 경로를 제공할 필요가 있다. AI 기반 학습 플랫폼은 학생들의 학습 패턴을 분석해 최적화된 학습 자료와 피드백을 제공함으로써, 학생들의 주관적 만족도를 높이는 데 기여하고 있다..

네 번째는 교수자 교육 및 역량 강화가 필요하다. 교수진이 다양한 학생들의 평가와 요구를 이해하고, 이를 반영하는 수업 개선 방법을 습득하도록 지원해야 한다. 정기적인 워크숍과 피드백 공유 세션을 통해 교수진 스스로도 자신의 교육 방식이 학생들에게 어떻게 인식되는지 파악하고 개선할 수 있다.

이와 같이, 교육기관은 최신 기술과 데이터 분석을 활용하여 학생들의 주관적 평가를 체계적으로 수집하고 반영하는 전략을 추진할 수 있다. 이를 통해 교육서비스 품질을 지속적으로 향상시키고, 다양한 학생들의 기대를 충족시키는 맞춤형 교육 환경을 조성할 수 있을 것이다.

교육에서의 서비스 품질 강화 전략

교육의 품질을 높이기 위해서는 개별 학습자의 필요와 수준을 반영한 맞춤형 프로그램 개발이 필수적이다. 먼저, 학생들의 현재 영어 능력과 학습 목표를 정확히 파악하기 위한 진단 평가를 실시해야 한다. 이를 바탕으로 각 학생에게 적합한 학습 계획을 세우고, 수준별 강의나 맞춤형 학습 자료를 제공하여 개별 학습자가 효율적으로 실력을 향상시킬 수 있도록 지원해야 한다.

또한, AI 기반의 학습 플랫폼이나 챗봇 등을 활용해 실시간 피드백 시스템을 구축해야 한다. 예를 들어, 학생들이 토익 문제를 풀 때 즉각적인 해설과 개선점을 제공하거나, 학습 진행 상황을 모니터링하여 개인별 학습 팁을 제안하는 방식이다. 정기적인 피드백과 상담을 통해 학생들은 자신의 강점과 약점을 명확히 인식하고, 학습 방법을 조정해 나갈 수 있다. 이런 시스템은 학습자 맞춤형 교육 경험을 강화하며, 교육 서비스 품질을 높이는 핵심 요소로 작용한다.

학습 성과를 높이기 위한 교수법 및 커리큘럼

토익 교육에서 실질적인 학습 성과를 높이기 위해서는 교수법과 커리큘럼의 지속적인 개선이 필요하다. 최신 교육 트렌드와 학습 이론을 반영한 교수법을 도입함으로써, 학생들의 참여도와 이해도를 높일 수 있다. 예를 들어, 플립러닝(Flipped Learning)이나 블렌디드 러닝(Blended Learning)과 같은 교수법을 활용해, 학생들이 수업 전에 기본 지식을 습득하고, 수업 시간에는 실제 문제 해결과 심화 학습에 집중할 수 있도록 유도해야 한다.

커리큘럼 측면에서는 토익 시험의 변화와 최신 출제 경향을 반영하여 교과 내용을 지속적으로 업데이트해야 한다. 실제 시험 환경과 유사한 모의고사, 실전 연습 문제, 스킬별 집중 훈련 등을 포함시켜 학생들이 시험 준비에 필요한 실질적인 능력을 키울 수 있도록 한다. 또한, 커리큘럼에 인터랙티브 요소와 팀 프로젝트를 도입해 학생들이 상호작용하며 학습할 수 있는 환경을 조성하면, 학습 동기를 높이는 데 도움이 된다.

이와 같은 맞춤형 교육 프로그램, 실시간 피드백 시스템, 혁신적 교수법 및 커리큘럼 개선 전략은 토익 교육의 서비스 품질을 획기적으로 강화하고, 학생들의 실질적 학습 성과를 높이는 데 크게 기여할 것이다.

생성형 인공지능과 교육의 미래

생성형 인공지능 도구인 챗GPT는 교육의 여러 측면에서 서비스 품질을 크게 향상시키고 있다. 이 도구들은 학생들에게 접근 가능한 학습 지원을 제공하며, 교사들의 부담을 줄여주는 보조 역할을 한다. 예를 들어, 학생이 특정 문법이나 어휘에 대해 질문하면, 챗GPT는 즉각적이고 상세한 답변을 제공할 수 있다. 또한, 자연어 처리 능력을 활용하여 학생의 작문을 분석하고, 그에 맞는 피드백을 제공함으로써 학습 효율을 높일 수 있다. 이러한 즉각적이고 개인화된 피드백은 학습자들이 문제를 빠르게 이해하고 수정할 수 있도록 도와, 전반적인 교육 경험을 개선한다. 더불어, AI는 다양한 교육 자료와 학습 경로를 제안하여 학생 개개인의 필요에 맞춘 맞춤형 서비스를 제공함으로써, 교육서비스의 질을 높이는 데 기여할 수 있다.

AI 활용 맞춤형 학습 지원 및 기대일치 향상

AI 기술을 통해 학생별 맞춤형 학습 지원이 가능해지면서, 교육성과와 학생 기대 사이의 일치가 더욱 강화될 수 있다. 먼저, AI 기반 학습 플랫폼은 학생의 현재 수준과 학습 속도를 실시간으로 분석하여, 개인에게 최적화된 학습 콘텐츠와 문제를 제안한다. 이를 통해 학생은 자신의 학습 능력에 맞는 과제를 수행하며 성취감을 느낄 수 있다. 또한, 인공지능은 학습 과정에서 학생이 어려움을 겪는 부분을 식별하고, 필요한 추가 자료나 설명을 제공함으로써 학습 격차를 줄여준다.

기대일치 향상을 위해, 교육기관은 AI를 통해 수집된 데이터를 분석하여 커리큘럼과 교수법을 지속적으로 조정할 수 있다. 예를 들어, 많은 학생이 특정 주제에서 어려움을 겪는다면, AI가 이를 빠르게 감지하고 해당 부분에 대한 교육 자료를 보강하거나 교수법을 개선하도록 지원한다. 또한, 챗GPT와 같은 AI 도구는 학습 후 즉각적인 피드백을 제공하여 학생들이 자신의 이해도를 확인하고, 기대한 학습성과와 실제 경험 사이의 격차를 줄이는 데 도움을 준다.

이와 같이 생성형 인공지능을 활용한 맞춤형 학습 지원은 교육서비스의 질을 높이고, 학생들이 기대하는 성과를 보다 효과적으로 달성할 수 있도록 한다. 결과적으로, AI 도입은 영어 교육의 미래를 더욱 개인화되고 효율적인 학습 환경으로 변화시켜, 학생들의 만족도와 학업 성과를 크게 향상시킬 것으로 기대된다.

교육성과와 기대일치 증대를 위한 실천 방안

교육서비스 품질 평가는 학생마다 주관적으로 다르게 인식될 수밖에 없다. 이러한 주관성을 극복하고 학생들의 신뢰를 얻기 위해서는 교육기관이 투명하게 소통하는 것이 필수적이다. 교육 과정, 평가 기준, 피드백 절차 등을 명확히 설명하고, 학기 초에 교육 목표와 기대 성과를 학생들에게 상세히 안내함으로써, 학생들이 교육서비스에 대한 현실적 기대를 설정할 수 있도록 도와야 한다. 또한, 정기적으로 학생 의견을 수렴하고 그 결과와 개선 사항을 공개하는 피드백 루프를 운영하면, 학생들은 자신의 평가가 실제로 반영되고 있음을 느끼게 되어 서비스 품질에 대한 불확실성을 줄일 수 있다. 이러한 투명한 소통은 교육 과정의 신뢰도를 높이고, 학생들이 서비스 품질을 보다 공정하게 평가하도록 유도하는 것이다.

학생 행동의도 변화는 교육성과와 기대치 일치에서 시작된다. 이를 위해서는 우선 학습 성과를 높일 수 있는 구체적인 전략을 수립해야 한다. 예를 들어, 개별 맞춤형 학습 계획과 지속적인 학습 지원을 통해 학생들의 학업 성취도를 높이는 것이 중요하다. 학업 성과가 실제 기대와 일치하거나 이를 초과하면, 학생들은 교육에 대한 만족도가 상승하고 재수강 의도나 긍정적 구전 활동과 같은 행동의도로 자연스럽게 이어진다.

세일즈에서 고객접점(MOT) 관리가 왜 중요한가?

- 저   자 : 안성범 박사 (asb1412@dju.kr)
- 소   속 : 대전대학교 교수
- 연구논문 : 카마스터의 지각된 핵심역량 수준이 고객만족에 미치는 영향(고객접점(MOT)품질의 매개효과를 중심으로)
- 자동차 제조, 생산, 물류, 서비스, 기반 사업을 하는 기아자동차(주)에서 영업 마케팅을 하였고 주)인스프라에서 창업 경영컨설팅 업무 등 현업 에서 약30년 동안 마케팅 및 창업경영 컨설팅 경험을 가지고 있는 마케팅 전략 전문가이다. 현재는 대전대학교 경영학과 /창업학부에서 교수로 재직하며 후학을 양성하고 있다

자동차 산업은 세계 경제에서 중요한 비중을 차지하며, 글로벌 시장에서의 경쟁과 기술 발전이 빠르게 진행되고 있다. 이러한 환경에서 자동차 구매 경험은 단순히 제품을 선택하는 것을 넘어, 서비스 품질과 고객 경험이 중요한 경쟁 요인으로 자리 잡고 있다. 특히, 자동차 판매 전문가인 카마스터는 고객과 직접적으로 소통하며 구매 결정을 돕는 중요한 역할을 담당한다.

카마스터의 전문성과 고객 대응 능력은 기업의 브랜드 이미지와 고객 만족도에 영향을 미치며, 궁극적으로는 재구매 의도와 기업의 매출 증대로 이어진다. 그러나 기존 연구에서는 카마스터의 핵심역량과 이들이 제공하는 고객접점(MOT) 품질이 고객 만족에 미치는 영향을 심층적으로 분석한 사례가 부족했다.

저자(안성범 박사)는 카마스터의 지각된 핵심역량이 고객만족에 미치는 영향을 실증적으로 분석하고, 고객접점(MOT) 품질이 이 관계에서 매개 역할을 하는지를 규명했다. 이를 통해 자동차 판매와 서비스의 효과적인 운영 방안을 제시하고, 고객 만족도를 향상시키기 위한 실질적인 시사점을 도출했다.

연구 결과 카마스터의 핵심역량 수준이 고객만족에 긍정적인 영향을 미친다는 것이 확인되었다. 자동차 판매는 단순한 제품 판매가 아니라, 고객의 신뢰를 얻고, 삶의 가치를 더하는 서비스를 제공하는 것이다.

> 고객접점(MOT) 관리가 필요한 이유는?

고객접점(MOT, Moment of Truth)이란

 판매 환경에서 고객접점(MOT, Moment of Truth)은 고객이 기업과 상호작용하는 결정적인 순간을 의미한다. MOT는 단순히 제품을 보여주고 설명하는 것을 넘어, 고객이 브랜드를 경험하고 신뢰를 형성하는 중요한 순간으로 자리 잡고 있다. 특히 자동차 판매에서는 구매 결정 과정 전반에 걸쳐 고객과 직접적으로 만나는 모든 순간이 MOT로 작용다.

 전통적으로 MOT는 대면 판매 상황, 즉 카마스터와 고객 사이의 상담, 시승 경험, 금융 상담 등에서 두드러졌다. 이 과정에서 카마스터는 전문 지식과 고객 대응 능력을 통해 신뢰를 형성하고, 고객이 자동차에 대해 긍정적인 인상을 받도록 돕는다. 고객은 이러한 경험을 바탕으로 구매 결정을 내리며, 이는 고객 만족도와 재구매 의도에 지대한 영향을 미친다.

그러나 최근 자동차 판매 환경은 빠르게 변화하고 있다. 온라인 쇼핑의 확산과 디지털 기술의 발전으로 고객이 직접 발로 뛰지 않고도 다양한 정보를 얻고 구매 과정의 일부를 온라인으로 진행할 수 있게 되었다. 이에 따라 MOT의 의미도 새롭게 정의되고 있다. 온라인 고객접점에서는 웹사이트의 사용자 경험, 가상 시승, 온라인 상담 서비스 등이 중요한 역할을 하며, 고객이 디지털 환경에서 브랜드와 소통하는 순간들이 MOT로 부상하고 있다.

이처럼 변화하는 판매 환경 속에서 고객접점은 오프라인과 온라인 모두에서 고객 경험의 핵심 요소로 자리 잡고 있다. 기업은 이러한 MOT를 면밀히 분석하고 개선함으로써 고객 만족을 높이고, 브랜드 신뢰를 구축하며, 나아가 매출 증대로 이어질 수 있는 전략을 마련해야 한다. 고객이 만나는 모든 순간에 최상의 경험을 제공하는 것이 세일즈 현장에서 경쟁력을 확보하는 열쇠가 되고 있다.

카마스터의 핵심역량과 고객접점 관리

자동차 판매 현장에서 카마스터의 역할은 단순한 제품 소개를 넘어, 고객과의 모든 접점에서 전문성과 신뢰를 전달하는 데 있다. 세일즈맨의 핵심역량은 고객접점(MOT)에서 어떻게 발휘되는지, 그리고 이러한 역량이 고객 경험의 질에 어떤 영향을 미치는지를 이해하는 것은 매우 중요하다.

먼저, 카마스터의 전문성은 고객접점에서 다양한 방식으로 나타난다. 고객이 매장을 방문하여 상담을 받을 때, 카마스터는 제품에 대한 깊이 있는 지식과 시장 동향, 금융 옵션 등 폭넓은 정보를 제공함으로써 고객의 신뢰를 얻는다. 이 과정에서 카마스터는 단순히 제품의 기능을 설명하는 것을 넘어, 고객의 라이프스타일과 필요에 맞는 최적의 솔루션을 제안한다. 이러한 맞춤형 상담은 고객에게 실질적인 가치를 전달하며, 긍정적인 구매 경험을 형성하는 데 결정적인 역할을 한다.

또한, 고객 대응 능력은 MOT 품질에 직접적인 영향을 미친다. 카마스터가 고객의 질문과 걱정에 신속하고 정확하게 대응할 수 있는 능력은 고객 만족도를 높이는 핵심 요소다. 예를 들어, 고객이 특정 옵션이나 서비스에 대해 우려를 표할 때, 카마스터는 이를 명확하게 설명하고 해결 방안을 제시한다면, 고객은 기업에 대한 신뢰감을 느끼고 긍정적인 감정을 갖게 된다. 반대로, 고객의 요구에 대한 부정확하거나 느린 대응은 불만족을 초래할 수 있으며, 이는 MOT의 질적 저하로 이어진다.

카마스터는 전문성과 뛰어난 고객 대응 능력을 바탕으로, 고객이 경험하는 모든 접점에서 최상의 서비스를 제공해야 한다. 이를 위해 지속적인 교육과 훈련을 통해 제품 지식뿐만 아니라 커뮤니케이션 스킬과 문제 해결 능력을 강화하는 것이 중요하다. 카마스터의 이러한 역량 강화는 고객과의 접점에서 발생하는 다양한 상황에 효과적으로 대응함으로써, 전반적인 MOT 품질을 향상시키고, 궁극적으로 고객 만족도와 재구매 의도에 긍정적인 영향을 미치게 된다.

오프라인 고객접점 관리 전략

오프라인 매장에서의 고객접점은 고객 경험의 핵심이다. 이를 최적화하기 위해서는 대면 판매 과정에서 고객이 느끼는 모든 순간을 세심하게 관리하는 것이 중요하다.

첫째로, 고객이 매장을 방문하여 제품 상담과 구매 결정을 하는 순간마다 긍정적이고 일관된 경험을 제공하는 것이 필요하다. 예를 들어, 매장 내 친절하고 전문적인 안내, 편안한 상담 공간 조성, 명확한 제품 정보 제공 등이 고객 만족도를 높이는 데 기여할 수 있다. 고객의 질문에 대한 신속하고 정확한 답변, 개인별 맞춤 상담을 통해 고객의 니즈를 정확히 파악하고 이에 적합한 솔루션을 제안하는 과정은 대면 판매 과정에서 고객 경험을 최적화하는 핵심 방안이다.

둘째로, 서비스 품질 향상을 위한 현장 교육 및 프로세스 개선이 필수적이다. 판매 직원들은 지속적인 교육을 통해 최신 제품 지식과 판매 기술, 고객 대응 전략 등을 습득해야 한다. 정기적인 워크숍이나 교육 프로그램을 통해 고객 서비스의 모범 사례를 공유하고, 실제 판매 현장에서 발생하는 문제 상황을 해결하는 방법을 학습함으로써 전문성을 강화할 수 있다. 또한, 현장의 피드백을 적극 수렴하여 프로세스를 개선하는 것도 중요하다. 고객 응대 절차, 상담 스크립트, 판매 후 서비스 등 각 단계별로 발생하는 문제점을 파악하고, 이를 기반으로 서비스 제공 방식을 수정 및 보완하면 고객 만족도를 더욱 높일 수 있다.

현장 교육과 프로세스 개선을 통해 직원들은 보다 능동적으로 고객의 요구에 대응할 수 있게 되며, 이는 자연스럽게 서비스 품질 향상으로 이어진다. 결과적으로, 이러한 전략들은 오프라인 고객접점에서 고객 경험을 극대화하고, 브랜드에 대한 긍정적인 인상을 심어줌으로써 재구매 의도와 고객 충성도를 높이는 데 중요한 역할을 한다.

온라인 판매와 고객접점: 디지털 전환

최근 자동차 업계는 디지털 전환을 적극 도입하며 온라인 판매 채널을 강화하고 있다. 특히 현대자동차는 캐스퍼 모델을 온라인으로 판매하며 새로운 디지털 고객접점을 구축하는 데 앞장서고 있다. 현대자동차 캐스퍼의 온라인 판매 사례를 보면, 고객은 매장을 방문하지 않고도 웹사이트나 모바일 앱을 통해 차량을 선택하고 주문할 수 있다. 이 과정에서는 고화질 이미지, 360도 뷰, 가상 투어 등 다양한 디지털 도구를 활용해 실제 매장 방문과 유사한 경험을 제공하고, 고객이 차량의 디자인과 기능을 꼼꼼히 살필 수 있도록 한다. 온라인 상담 서비스와 실시간 채팅 기능을 통해 고객의 질문에 즉각 대응하며, 맞춤형 금융 옵션과 구매 절차를 투명하게 안내해 고객 신뢰를 쌓고 있다. 이처럼 현대자동차 캐스퍼의 온라인 판매 전략은 디지털 기술을 통해 고객접점을 확대하고, 구매 과정을 편리하게 만드는 성공적인 사례라 할 수 있다.

또 다른 주목할 만한 사례로는 아마존을 통한 현대자동차 판매가 있다. 아마존은 자체적인 온라인 플랫폼과 방대한 고객 데이터, 강력한 물류 시스템을 활용해 디지털 고객접점을 구축하고 있다.

현대자동차가 아마존을 통해 차량을 판매하면서, 고객들은 익숙한 쇼핑 환경에서 차량 정보를 탐색하고 주문할 수 있게 되었다. 아마존의 사용자 친화적인 인터페이스와 추천 알고리즘은 고객에게 개인화된 차량 옵션을 제안하고, 구매 과정에서 발생할 수 있는 복잡한 절차를 간소화한다. 또한, 아마존은 고객 리뷰와 평점을 통해 차량 선택에 필요한 신뢰할 수 있는 정보를 제공하며, 판매 후에도 빠른 배송 및 설치 서비스를 통해 완성도 높은 고객 경험을 지속적으로 제공할 것이다.

현대 자동차의 사례는 디지털 전환이 자동차 판매에서 고객접점을 어떻게 혁신하고 있는지를 잘 보여준다. 현대자동차와 같이 전통적으로 오프라인 중심이었던 산업 분야에서도 온라인 채널을 적극 활용함으로써, 보다 광범위하고 개인화된 고객 경험을 제공하고 있다. 이러한 디지털 고객접점 구축은 고객의 편의성을 높일 뿐만 아니라, 브랜드에 대한 새로운 이미지를 형성하고, 판매량 증대와 고객 만족도 향상으로 이어질 수 있는 중요한 전략적 방향임을 시사한다.

오프라인과 온라인을 연결하는 통합 서비스

오프라인 매장과 온라인 플랫폼 간의 원활한 연결은 고객에게 일관되고 통합된 경험을 제공한다. 예를 들어, 고객이 온라인으로 차량 정보를 검색하고 견적을 요청하면, 해당 정보가 오프라인 매장과 연계되어 보다 상세한 상담이나 시승 예약으로 이어질 수 있다. 이를 위해 기업은 CRM 시스템과 통합된 디지털 플랫폼을 도입해 고객의 온라인 행동 데이터를 오프라인 판매팀과 공유해야 한다. 판매 전문가들은 온라인에서 수집된 고객 정보와 선호도를 바탕으로 맞춤 상담을 제공하고, 온라인 거래 후에도 애프터서비스 및 유지보수 예약 등 추가 서비스를 오프라인에서 원활히 처리할 수 있도록 지원해야 한다. 이와 같이 오프라인과 온라인 경험을 통합하면 고객은 언제 어디서나 끊김 없는 서비스를 경험하게 되어 만족도가 높아진다.

통합 고객접점 전략의 또 다른 핵심 요소는 고객 데이터 분석을 통한 개인화된 서비스 제공하는 것이다. 디지털 채널에서 축적된 고객 행동 데이터, 구매 이력, 선호도 등을 분석하여 고객 맞춤형 마케팅과 제품 추천, 서비스 안내를 제공할 수 있어야 한다. 예를 들어, 특정 모델에 관심을 보였던 고객에게 해당 차량의 최신 프로모션 정보나 맞춤형 금융 옵션을 제안하거나, 이전 구매 이력을 기반으로 정기 점검이나 업그레이드 안내를 보낼 수 있다. 또한, 온라인과 오프라인에서의 고객 상호작용 기록을 종합 분석함으로써 고객이 필요로 하는 순간에 적절한 정보를 제공하고, 문제 발생 시 신속하게 대응할 수 있는 체계를 구축해야 한다.

이러한 개인화된 경험 제공은 고객의 니즈를 정확히 반영하여 만족도를 높이고, 충성도와 재구매 의도를 증진시키는 효과가 있다. 또한, 데이터 분석을 통해 발견한 인사이트는 서비스 개선과 새로운 판매 전략 수립에 활용되어 지속 가능한 경쟁력을 확보하는 데 기여한다.

AI 및 디지털 기술이 접목된 미래 MOT는?

미래의 고객접점 관리에서는 AI와 디지털 기술의 융합이 중심이 될 것이다. 인공지능 기반의 챗봇, 음성 인식 시스템, 가상현실(VR), 증강현실(AR) 등의 기술은 고객과의 상호작용을 더욱 개인화되고 몰입감 있게 만들어 줄 것이다. 예를 들어, AI는 고객의 구매 이력과 선호도를 분석해 맞춤형 제품 추천과 상담을 제공하고, AR을 활용한 가상 시승 경험은 고객이 물리적으로 방문하지 않고도 현실감 있는 체험을 할 수 있도록 도와주는 것이다. 또한, 디지털 트윈 기술이나 IoT 센서를 활용해 실시간으로 고객 반응을 모니터링하고, 신속하게 대응하는 체계를 구축할 수 있다.

이와 함께, 데이터 분석과 머신러닝을 통해 고객 접점에서 발생하는 방대한 데이터를 실시간으로 처리하고, 이를 바탕으로 예측적 서비스를 제공하는 방향으로 나아갈 것이다. 이러한 기술들은 오프라인과 온라인의 경계를 허물며, 옴니채널 환경에서 일관되고 개인화된 고객 경험을 창출하는 데 기여할 것이다. 결과적으로, AI 및 디지털 기술이 접목된 미래 MOT 전략은 고객의 기대를 앞서고, 혁신적인 경험을 제공함으로써 브랜드 경쟁력을 강화하는 핵심 동력이 될 것이다.

서비스 품질이 마케팅 활동에 미치는 영향은?

- 저　　자 : 장광희 박사 (visionkh@mokwon.ac.kr)
- 소　　속 : 목원대학교 산학협력단 조교수
- 연구논문 : 에스테틱샵의 서비스품질이 가격공정성 지각과 고객만족 및 재방문의도, 구전의도에 미치는 영향
- 국제통상 학사, 창업학석사, 마케팅 박사학위를 취득해 목원대학교에서 산학협력단 교수, 기업협업센터장, 성과관리센터장, 가족기업종합지원센터장을 역임하고 있다. 프랜차이즈 본부장, 벤처창업 경험, 컨설팅 회사 운영 등 다양한 경험을 바탕으로 중소벤처기업부 창업지원 프로그램 운영위원, 평가위원으로 활동하고 있다. 대학에서 창업동아리 지도와 산학연 협력를 담당하고 있다. 창업전문가로 1,000회 이상의 창업, 경영 관련 강의를 진행하였다.

현대 사회에서 미용과 건강에 대한 관심이 증가함에 따라 에스테틱샵(피부관리실)은 고객의 아름다움과 웰빙을 위한 필수 서비스로 자리 잡았다. 이 산업은 지속적인 성장 가능성을 가지고 있지만, 치열한 시장 경쟁 속에서 서비스 품질과 고객 만족은 에스테틱샵의 차별화된 경쟁력을 결정짓는 핵심 요인으로 작용하고 있다.

특히, 고객은 단순히 서비스를 제공받는 것을 넘어, 그 가격이 공정하게 느껴지는지를 중요하게 생각한다. 가격 공정성 지각은 고객이 서비스 가치를 어떻게 평가하는지를 반영하며, 이는 고객 만족과 재방문의도, 그리고 긍정적 구전(입소문)에 큰 영향을 미친다. 그러나 에스테틱샵의 서비스 품질과 가격 공정성 지각이 고객 행동에 미치는 영향을 구체적으로 분석한 연구는 제한적이다.

저자(장광희 박사)는 에스테틱샵의 서비스 품질이 고객의 가격 공정성 지각, 고객 만족, 재방문의도, 그리고 구전의도에 미치는 영향을 실증적으로 분석하였다. 특히, 가격 공정성 지각이 서비스 품질과 고객 만족 간의 관계에서 매개 역할을 하는지를 규명하여, 에스테틱샵 운영자와 경영자들에게 실질적인 전략적 시사점을 제공했다.

연구를 통해 에스테틱샵의 서비스 품질이 높을수록 고객이 가격을 공정하다고 인식하는 경향이 강하게 나타났다. 이는 가격이 단순히 저렴하거나 비싼 문제를 넘어, 고객이 받은 서비스의 가치에 따라 달라진다는 점을 보여준다.

서비스품질과 가격공정성의 관계

서비스품질과 가격공정성의 중요성

에스테틱 시장은 고객들의 미용과 웰빙에 대한 관심이 높아지면서 빠르게 성장하고 있으며, 경쟁 또한 치열해지고 있다. 이러한 환경에서 각 에스테틱샵은 차별화된 서비스와 독특한 고객 경험을 제공함으로써 경쟁 우위를 확보하려 노력하고 있다. 최신 트렌드는 단순한 피부관리뿐만 아니라, 개인화된 상담, 첨단 기술의 도입, 친환경 제품 사용 등 다양한 요소를 통해 고객에게 특별한 가치를 전달하는 방향으로 발전하고 있다. 이러한 차별화 요소들은 고객이 특정 에스테틱샵을 선택하는 데 중요한 기준이 되며, 서비스의 품질은 물론 가격 정책 또한 고객의 선택에 영향을 미친다.

서비스품질과 가격공정성은 고객 경험에 결정적인 영향을 미치는 두 가지 핵심 요소다. 우수한 서비스품질은 고객이 받는 피부관리 경험을 더욱 만족스럽게 만들어 줄 뿐만 아니라, 에스테틱샵에 대한 신뢰와 애착을 형성하는 데 기여한다. 고객은 친절하고 전문적인 상담, 섬세한 시술 과정, 편안한 매장 환경 등을 통해 높은 품질의 서비스를 경험하면서 자신의 투자 가치가 정당하다고 느낀다. 이와 더불어 가격공정성은 서비스 가치를 평가하는 중요한 기준으로 작용한다. 비싼 가격이 항상 고품질 서비스를 의미하는 것은 아니지만, 합리적이고 공정한 가격 책정은 고객이 지불한 비용 대비 충분한 만족을 얻었다고 판단하게 만든다. 서비스품질이 높을수록 고객은 해당 가격이 적절하다고 인식하게 되고, 이는 고객만족도 향상과 재방문 의도, 긍정적 입소문 형성으로 이어진다.

결과적으로, 에스테틱샵 운영자들은 뛰어난 서비스품질 유지와 함께 투명하고 공정한 가격 정책을 구현함으로써, 고객의 기대를 충족시키고 장기적인 신뢰 관계를 구축할 수 있다. 이러한 노력이 쌓일수록 브랜드 이미지가 강화되며, 치열한 시장 환경에서도 지속 가능한 경쟁력을 확보할 수 있게 된다.

서비스품질과 가격공정성의 상관관계

고객이 에스테틱샵의 서비스를 평가할 때, 서비스품질은 단순히 제공되는 서비스의 수준을 넘어서, 고객이 느끼는 전체적인 가치와 경험을 포함한다. 서비스 가치는 고객이 받은 서비스의 질과 그에 따른 가격을 비교하여 형성된다. 예를 들어, 고급스러운 인테리어, 전문적인 상담, 최신 장비를 사용하는 시술 등은 고객에게 높은 서비스 가치를 제공하며, 이는 가격에 대한 공정성 인식에 긍정적인 영향을 미친다.

고객은 자신의 기대와 실제 경험을 바탕으로 서비스의 가치를 평가하고, 이를 통해 가격이 합리적이라고 느끼는지 여부를 판단한다. 높은 서비스 품질은 고객이 지불한 금액이 그만한 가치가 있다고 인식하게 만들어, 가격공정성을 긍정적으로 평가하게 한다. 반대로, 서비스 품질이 낮다면 동일한 가격이라도 고객은 과도하게 지불했다고 느낄 가능성이 높아진다.

예를 들어, 한 에스테틱샵이 최신 피부관리 기술과 친절한 고객 서비스를 제공한다면, 고객은 해당 서비스에 대해 높은 가치를 느끼게 된다. 이러한 긍정적인 서비스 경험은 고객이 지불한 가격이 타당하다고 생각하게 만들며, 이는 가격공정성에 대한 긍정적인 평가로 이어진다.

서비스품질을 향상시키는 것은 고객의 가격공정성 지각을 높이는 효과적인 방법이다. 높은 서비스품질은 고객이 받는 가치와 경험을 증대시켜, 동일한 가격이라도 더 높은 가치를 느끼게 만든다. 이는 고객이 지불한 가격이 공정하고 합리적이라고 인식하게 하여, 전반적인 만족도를 높이고 재방문 의도와 긍정적 구전에 긍정적인 영향을 미친다.

서비스 품질을 높이기 위한 방안들

서비스품질 향상을 위해서는 첫 번째, 직원 교육 및 전문성 강화가 필요하다. 직원들이 최신 미용 기술과 고객 응대 스킬을 숙달하도록 지속적인 교육 프로그램을 운영해야 한다. 전문적인 서비스 제공은 고객의 신뢰를 높이고, 서비스의 가치를 증대시킨다.

두 번째로 맞춤형 서비스 제공이 필요하다. 고객의 개별적인 요구와 선호를 반영한 맞춤형 서비스를 제공함으로써, 고객의 만족도를 높일 수 있다. 예를 들어, 피부 타입에 맞춘 개인화된 시술 계획을 수립하거나, 고객의 라이프스타일에 맞는 피부 관리 솔루션을 제안하는 것이 효과적이다.

세 번째는 최신 장비와 기술 도입이다. 장비와 기술은 매출과 함께 증가하는 변동비적인 성격을 갖는다. 무엇보다 최신 미용 장비와 기술을 도입하여 시술의 정확성과 효율성을 높일 수 있다. 서비스를 제공하는 사람에 대한 전문성 못지 않게 기술에 대한 투자가 필요하다. 이는 고객에게 고품질의 서비스를 제공하며, 서비스에 대한 만족도를 향상시킨다.

네 번째는 쾌적한 매장 환경 조성을 들 수 있다. 매장의 인테리어와 분위기를 개선하여 고객이 편안하고 만족스러운 경험을 할 수 있도록 해야 한다. 아늑하고 세련된 공간은 고객의 재방문 의도를 높이는 데 중요한 역할을 한다.

다섯 번재는 효과적인 피드백 시스템 구축이다. 고객의 피드백을 적극적으로 수렴하고, 이를 바탕으로 서비스 품질을 지속적으로 개선해야 한다. 블로그 리뷰나 지도정보의 고객 평가 등의 의견을 반영함으로써, 서비스의 질을 높이고 고객의 기대에 부응할 수 있어야 한다.

에스테틱샵에서 서비스품질과 가격공정성은 상호보완적인 관계를 맺고 있으며, 서비스품질 향상은 가격공정성 지각을 강화하여 고객 만족도와 재방문 의도를 높이는 중요한 전략적 요소다. 이러한 접근은 치열한 시장 경쟁 속에서도 에스테틱샵이 차별화된 경쟁력을 유지하고, 지속 가능한 성장을 이루는 데 필수적이다.

커지는 디지털 헬스케어 시장

디지털 헬스케어와 같은 기술적 요인이 에스테틱샵의 운영 및 서비스 제공 방식에 큰 변화를 가져오고 있다. 이러한 변화는 앞서 논의한 서비스품질 개선과 가격공정성 강화 전략과도 밀접하게 연관된다.

예를 들어, 최신 디지털 헬스케어 기술을 도입하면 고객의 피부 상태를 정밀하게 진단하고 맞춤형 솔루션을 제공하는 과정이 보다 과학적이고 체계적으로 변모할 수 있다. AI 기반 피부 분석 도구, IoT 센서, 가상 상담 및 원격 모니터링 등의 기술은 고객에게 개인화된 피부 관리 서비스를 제공하는 데 도움을 준다. 이를 통해 에스테틱샵은 전문성과 신뢰성을 한층 강화할 수 있으며, 이는 고객이 인식하는 서비스 품질을 높이는 데 직접적인 영향을 미친다.

이와 같은 기술적 도입은 가격공정성 지각에도 긍정적인 변화를 유도할 수 있다. 고객은 최신 기술을 활용한 정밀한 진단과 맞춤형 솔루션 제공을 경험하면서, 지불하는 가격에 대해 더욱 합리적이라고 느낄 가능성이 크다. 즉, 고도화된 서비스와 그에 따른 가치 상승은 고객으로 하여금 가격이 공정하다고 인식하도록 돕는다.

또한, 디지털 헬스케어 기술은 고객 피드백 수집과 서비스 개선 과정에서도 유용하게 활용될 수 있다. 예를 들어, 디지털 플랫폼을 통해 고객의 피부 변화 데이터를 지속적으로 모니터링하고, 그 결과를 바탕으로 서비스 품질을 개별 고객의 요구에 맞게 조정할 수 있다. 이러한 데이터 기반 접근은 고객 맞춤형 서비스 제공을 가능하게 하여, 고객 만족도와 재방문 의도 증대에 기여한다.

더 나아가, 직원 교육 측면에서도 디지털 헬스케어 기술 활용 능력을 강화하는 교육 프로그램이 중요해진다. 최신 기술의 이해와 활용 능력을 갖춘 직원은 고객에게 보다 전문적이고 신뢰할 수 있는 서비스를 제공할 수 있으며, 이는 서비스 품질 극대화와 가격 공정성 지각 강화로 이어진다.

디지털 헬스케어와 같은 기술적 요인은 에스테틱샵의 서비스 개선 전략과 가격공정성 강화에 새로운 기회를 제공할 것이다. 최신 기술 도입을 통해 서비스 품질을 높이고, 고객 맞춤형 경험을 강화하며, 공정한 가격 정책을 구현함으로써 에스테틱샵은 변화하는 시장 환경 속에서도 경쟁력을 유지하고 고객 만족을 극대화할 수 있다.

어떻게 대응하고 준비할 것인가?

디지털 헬스케어 기술은 서비스 품질을 크게 향상시킬 수 있지만, 인간적인 터치와 감성적 소통이 여전히 중요한 역할을 한다. AI 기반 피부 분석이나 가상 상담을 통해 정확하고 개인화된 정보를 제공하는 동시에, 전문 상담가의 따뜻한 응대와 공감 능력이 고객 경험을 완성시킨다. 따라서, 기술 도입 시 직원 교육 프로그램에 감성적 소통 능력 강화와 기술적 역량을 동시에 포함시키는 것이 효과적이다. 이는 고객이 기술적 분석 결과에 신뢰를 두면서도, 인간적인 케어를 받는다고 느끼게 해준다.

디지털 헬스케어 기술 도입은 고객의 민감한 건강 데이터와 피부 상태 정보를 다루게 된다. 이러한 데이터를 안전하게 관리하고 보호하는 것은 고객 신뢰 구축에 있어 필수적이다. 에스테틱샵은 투명한 개인정보 처리 방침을 고객에게 안내하여 데이터 보안에 대한 우려를 해소할 필요가 있다. 이는 서비스품질뿐 아니라 가격공정성과도 연결되는데, 고객이 자신의 정보가 안전하게 보호되고 있다고 느낄 때, 제공되는 서비스와 가격에 대해 더 큰 신뢰를 가지게 된다.

서비스 환경에 대한 관심도 필요하다. 환경 친화적 제품 사용과 쾌적한 매장 환경 조성은 현대 소비자에게 중요한 가치다. 고객은 해당 샵의 지속 가능성에 공감하고, 이는 브랜드 이미지와 가격공정성 지각에 긍정적 영향을 미치게 된다. 또한, 지속 가능한 비즈니스 모델은 장기적으로 비용 절감과 새로운 고객층 확보에 도움이 된다.

기술은 경쟁의 단계를 바꾸기 때문에 기술에 대한 투자도 필요하다. 물론 최신 장비와 기술 도입에는 상당한 초기 투자가 필요하다. 때문에 에스테틱샵 경영자들은 서비스품질 개선과 고객 만족도 향상을 위한 기술 투자에 있어, 구체적인 ROI 측정 방법을 마련해야 한다. 고객 피드백, 재방문율 변화, 신규 고객 유입 등을 통해 기술 도입의 효과를 분석하고, 이를 기반으로 점진적으로 투자 규모를 조절하는 전략이 필요하다. 또한, 파일럿 프로그램을 통해 소규모로 기술을 시도한 뒤 효과가 입증되면 확대하는 접근법도 리스크를 최소화하는 데 유용하다.

궁극적으로 서비스를 제공하는 주체는 고객 참여와 커뮤니티 형성할 수 있어야 한다. 디지털 플랫폼과 소셜 미디어를 활용하여 고객과 지속적으로 소통하고, 커뮤니티를 형성하는 것은 브랜드 충성도를 높이는 데 중요하다. 예를 들어, 피부관리 팁 공유, 사용 후기 영상 제작, 온라인 이벤트 개최 등을 통해 고객들이 적극적으로 참여할 수 있는 환경을 조성하면, 고객들은 자신이 소속된 커뮤니티에서 긍정적인 경험을 공유하며 자연스럽게 구전 효과를 만들어낸다. 이 과정에서 수집되는 다양한 의견은 서비스 개선과 가격 정책 수립에도 큰 도움이 된다.

블로그는 여전히 중요한 마케팅 수단인가?

- 저   자 : 은종성 박사 (eunjongseong@gmail.com)
- 소   속 : 대전대학교 바이오헬스혁신융합대학사업단 객원교수
- 연구논문 : 블로그 특성이 만족과 구전의도에 미치는 영향 연구(소비자 지식수준의 조절효과를 중심으로)
- (주)비즈웹코리아 대표와 이러닝 플랫폼 인터뷰어(interviewer.co.kr) 대표. 비즈니스모델, 마케팅, 트렌드, 커머스를 주제로 한 기업 강의와 컨설팅 누적 4,000회, 500여 개 기업과의 협업 경험을 바탕으로 현장과 이론을 잇는 실용적 전략가로 활약 중이다. 경영학 박사로서 비즈니스 실무자와 창업자에게 인사이트를 제공하는 데 집중해왔으며, 『AI 빅 웨이브, 기술을 넘어 전략으로』, 『AI를 활용한 경영전략 수립』, 『비즈니스 모델 사용설명서』, 『마케팅의 정석』, 『취향과 경험을 판매합니다』 등 총 21권의 도서를 집필했다. 기술을 전략으로, 전략을 실행으로 연결하는 전문가, 변화의 흐름 속에서도 본질을 통찰하는 콘텐츠로 기업과 개인의 지속 성장을 이끌고 있다.

블로그는 개인과 기업이 정보를 전달하고 소통하며 마케팅 활동을 하는 데 중요한 도구로 자리 잡았다. 소비자들이 제품이나 서비스에 대해 정보를 찾아보고, 이를 바탕으로 구매를 결정하는 과정에서도 블로그는 큰 역할을 한다. 블로그를 통해 소비자들은 단순히 정보를 얻는 것에 그치지 않고, 자신의 만족도를 바탕으로 다른 사람들에게 추천하고 싶은 마음도 생긴다.

그런데 블로그가 소비자에게 미치는 영향은 블로그 자체의 특징만으로 설명되지 않는다. 예를 들어, 소비자의 컴퓨터 활용 능력이나 제품에 대한 지식 수준이 블로그 사용 시 느끼는 만족감이나 추천 의도에 어떤 영향을 주는지는 아직 충분히 연구되지 않았다. 이런 부분은 블로그 마케팅 전략을 세우거나 효과적으로 활용하려는 기업과 개인에게 중요한 과제가 된다.

따라서 저자(은종성 박사)는 연구를 통해서 블로그가 소비자의 긍정적인 판단과 추천 의도에 미치는 영향을 분석했다. 특히 소비자의 지식 수준, 즉 컴퓨터 활용 능력이나 제품에 대한 지식이 이 과정에서 어떤 역할을 하는지 알아보는 데 중점을 두었다. 이를 통해 블로그 마케팅의 강점을 더 체계적으로 이해하고, 실제 마케팅 전략을 세울 때 유용한 시사점을 제공하고자 했다.

연구를 통해 블로그 마케팅의 잠재적 장점을 실증적으로 확인하고, 기업과 개인이 효과적으로 블로그를 운영하며 소비자와의 신뢰를 쌓고 만족도를 높일 수 있는 방법을 제시했다.

블로그 마케팅 활용방안

블로그 마케팅의 새로운 패러다임

　디지털 환경이 빠르게 변하면서 블로그의 역할도 조금씩 달라지고 있다. 한때 블로그는 정보 전달과 개인의 생각을 공유하는 주된 공간이었지만, 이제는 더 많은 사람들이 블로그를 통해 깊이 있는 콘텐츠와 진솔한 이야기를 찾고 있다. 블로그는 여전히 중요한 위치를 차지하고 있지만, SNS나 동영상 플랫폼과 함께 소비자들의 관심을 끌기 위해 새로운 방식으로 변모하고 있다.

　최근 소비자들은 단순한 정보 전달을 넘어, 자신에게 맞춤화된 콘텐츠를 기대하고 있다. 예를 들어, 특정 분야에 대한 실질적인 팁이나 경험담을 제공하는 글은 독자들에게 큰 도움이 된다. 이처럼 블로그 운영자들은 독자의 관심사와 필요에 맞춘 콘텐츠를 생산하려 노력하고 있다. 또한, 독자와의 소통을 통해 피드백을 받고, 이를 반영해 콘텐츠를 지속적으로 개선하는 것도 중요해졌다.

이러한 변화 속에서 블로그 마케팅은 단순히 제품이나 서비스를 홍보하는 것을 넘어, 신뢰할 수 있는 정보와 유용한 조언을 제공함으로써 독자와의 관계를 구축하는 데 초점을 맞추고 있다. 현실적인 접근 방식으로 독자들의 기대에 부응하는 콘텐츠를 제작하고, 그들의 의견을 경청하며 반영하는 과정이 블로그 마케팅의 새로운 패러다임이라 할 수 있다.

콘텐츠 개인화와 맞춤형 전략

블로그 운영자라면 먼저 자신의 글을 누가 읽을지 잘 파악해야 니다. 타겟 독자를 분석하는 방법에는 여러 가지가 있다. 예를 들어, 블로그 방문자들의 연령대, 관심사, 온라인 행동 패턴 등을 조사할 수 있다. 설문 조사나 피드백을 통해 독자들의 요구와 기대를 직접 물어보는 것도 좋은 방법이다. 이런 정보를 바탕으로 주요 독자층의 특징을 이해하면, 그들에게 맞춘 콘텐츠를 기획하기가 쉬워진다.

독자별 맞춤형 콘텐츠 기획과 제작은 수집한 정보를 바탕으로 이루어진다. 특정 독자 그룹이 관심 있어 하는 주제나 문제를 파악한 후, 그에 맞춘 글이나 자료를 만드는 것이 중요하다. 예를 들어, 초보자를 위한 쉬운 설명이나 전문가를 위한 심층 분석 등 서로 다른 수준의 독자를 위한 콘텐츠를 구분해 제공할 수 있다.

이 과정에서 중요한 것은 독자와 꾸준히 소통하며 피드백을 반영하는 일이다. 독자들이 남긴 댓글이나 의견을 참고해 콘텐츠 방향을 조정하고, 그들의 궁금증을 해소해 줄 수 있는 글을 추가하는 방식으로 맞춤형 전략을 지속적으로 발전시킬 수 있다. 이러한 개인화된 접근 방식은 독자들이 더 큰 관심과 신뢰를 보이게 만들며, 블로그의 충성도 높은 독자층을 형성하는 데 도움을 준다.

스토리텔링으로 브랜드 신뢰 쌓기

진솔한 이야기와 경험을 공유하는 것은 브랜드 신뢰를 쌓는 데 큰 역할을 한다. 제품이나 서비스를 소개할 때 단순한 정보 전달에 그치지 않고, 실제 경험과 이야기를 더하면 독자들이 더 쉽게 공감할 수 있다. 예를 들어, 제품을 사용하면서 겪은 실제 사례나 실수를 솔직하게 이야기하면 독자들은 브랜드를 더 인간적으로 느끼고 신뢰하게 된다. 이런 진솔함은 단순한 광고 문구보다 훨씬 더 강한 인상을 남긴다.

또한, 감성적 접근을 통해 독자와의 관계를 구축하는 방법도 중요하다. 무턱대고 제품의 장점만을 나열하는 대신, 독자가 공감할 수 있는 감정이나 상황을 함께 공유하면 더 큰 호응을 얻을 수 있다. 예를 들어, 특정 제품이 어려운 상황에서 어떻게 도움이 되었는지, 혹은 그 제품을 통해 경험한 기쁨과 같은 감정적 이야기를 들려준다면 독자들은 자연스럽게 브랜드에 대한 애착을 가지게 된다.

스토리텔링은 이렇게 브랜드와 독자 간의 거리를 좁히고, 신뢰를 쌓는 데 효과적이다. 진솔한 경험을 바탕으로 한 이야기와 감성을 담은 접근 방식을 통해 독자들과의 관계를 한층 더 깊게 만들 수 있다.

블로그 플랫폼 활용 최적화

블로그 플랫폼에는 다양한 도구와 기능이 포함되어 있다. 예를 들어, 콘텐츠 예약 게시, 자동 태그 추천, 손쉬운 멀티미디어 삽입 기능 등이 블로깅 과정을 훨씬 간편하게 만들어 준다. 이러한 도구를 활용하면 관리 시간을 줄이고, 더 많은 에너지를 질 좋은 콘텐츠 생산에 투자할 수 있다.

또한, SEO와 UI/UX 개선은 방문자 수와 사용자 경험 향상에 직접적인 영향을 준다. 먼저, 적절한 키워드 사용과 메타 태그 최적화는 검색 엔진에서 블로그의 가시성을 높이는 데 도움이 니다. 콘텐츠 구조를 명확하게 하고, 모바일 친화적인 디자인을 적용하는 것도 중요하다.

UI/UX 측면에서는 글의 가독성을 높이는 배치와 색상, 직관적인 메뉴 구성이 필수적이다. 페이지 로딩 속도를 빠르게 유지하고, 관련 콘텐츠를 쉽게 찾을 수 있도록 내부 링크를 잘 구성하면 방문자들이 더 오래 머물며 다양한 글을 읽을 확률이 높아진다. 이처럼 최신 플랫폼 도구를 잘 활용하고, SEO와 UI/UX를 지속적으로 개선하는 것은 효과적인 블로그 운영에 큰 도움이 된다.

인터랙티브 요소와 커뮤니티 조성

블로그의 성공적인 운영을 위해서는 단순히 글을 게시하는 것이상으로 독자와의 활발한 소통이 중요하다. 독자와의 소통을 강화하고 커뮤니티를 조성하는 다양한 방법들이 있는데, 이를 통해 블로그의 충성도 높은 독자층을 형성할 수 있다.

먼저, 독자와의 소통을 강화하기 위한 방안으로는 댓글 관리가 중요한 역할을 한다. 독자들이 남긴 댓글에 성실히 답변하고, 그들의 의견에 귀 기울이는 것은 신뢰를 쌓는 데 큰 도움이 된다. 또한, 댓글을 통해 독자들의 피드백을 받으면 블로그 콘텐츠의 질을 높이는 데 유용한 정보를 얻을 수 있다. 이를 통해 독자들이 자신이 중요하게 여겨진다는 느낌을 받을 수 있다.

이벤트는 독자의 참여를 적극적으로 유도하는 또 다른 방법이다. 예를 들어, 블로그 글에 대한 퀴즈나 경품 이벤트를 개최하면 독자들의 관심을 끌고, 블로그 방문을 촉진할 수 있다. 이러한 이벤트는 독자들이 블로그에 더 자주 방문하게 만들고, 자연스럽게 커뮤니티의 일원으로 느끼게 한다. 또한, 이벤트를 통해 새로운 독자를 유입시키는 효과도 기대할 수 있다.

이러한 노력을 통해 블로그는 단순한 정보 제공 공간을 넘어, 독자들이 함께 소통하고 성장할 수 있는 커뮤니티로 발전할 수 있다.

멀티미디어와 콘텐츠 다양화

텍스트 외에도 다양한 미디어를 활용하면 블로그의 매력을 한층 높일 수 있다. 글뿐만 아니라 이미지, 영상, 카드뉴스 등의 다양한 형태의 콘텐츠를 결합하면 독자들의 관심을 끌고 더 풍부한 정보를 전달할 수 있다. 예를 들어, 글을 읽는 동안 적절한 이미지를 삽입하거나, 관련 주제를 짧은 영상으로 소개하는 방식은 독자들의 이해를 돕고 콘텐츠의 재미를 더해준다.

영상, 이미지를 통합하는 전략은 콘텐츠의 목적과 독자층을 고려해 신중하게 계획해야 한다. 먼저, 주제와 관련된 짧은 영상을 제작해 글과 함께 제공하면 시각적 흥미를 높이고 내용을 보다 생생하게 전달할 수 있다. 이미지 역시 단순히 예시를 보여주는 것을 넘어, 인포그래픽이나 차트를 활용하여 복잡한 정보를 쉽게 이해할 수 있도록 도와준다.

다양한 미디어를 통합할 때는 일관된 스타일과 톤을 유지하는 것이 중요하다. 독자들이 어느 매체를 통해 콘텐츠를 접하더라도 브랜드나 블로그의 정체성을 느낄 수 있도록 통일감을 주는 것이 필요하다. 또한, 각 미디어의 최적 활용 방법을 지속적으로 연구하고, 독자들의 반응을 모니터링하면서 콘텐츠 전략을 조정하면 더 효과적인 멀티미디어 블로그 운영이 가능하다.

미래 전망과 블로그의 역할

앞으로 AI 기술의 발달로 동영상이나 이미지를 자동으로 생성하는 것이 더 쉬워지면서, 콘텐츠의 종류는 점점 더 다양해지고 많아질 것이다. 이런 변화 속에서도 텍스트를 중심으로 하면서 이미지나 동영상을 함께 담을 수 있는 블로그는 기업의 마케팅 활동에서 여전히 중요한 역할을 할 것이다.

블로그는 다양한 미디어를 통합할 수 있는 유연함 덕분에 변화하는 디지털 환경에 잘 적응할 수 있다. AI가 콘텐츠 제작을 돕더라도, 블로그는 여전히 텍스트를 기본으로 하면서 시각 자료나 영상 등을 함께 제공하여 풍부한 정보를 전달할 수 있는 플랫폼이다.

또한, 많은 마케팅 활동이 글쓰기와 밀접하게 연관되어 있다. 자신의 생각을 텍스트로 표현하고, 이를 통해 독자와 소통하는 방식은 앞으로도 유효할 것이다. 블로그는 그런 측면에서 기업과 개인이 자신의 이야기를 전달하고, 신뢰를 구축하며, 소비자와 깊이 있는 관계를 맺는 중요한 수단으로 남아 있을 것이다.

블로그는 여전히 중요한가?

연구를 통해 블로그가 소비자 만족과 추천 의도 형성에 긍정적인 영향을 미친다는 사실을 실증했으며, 동시에 소비자의 지식 수준과 같은 개인적 특성이 이 과정에서 중요한 조절 변수로 작용한다는 점을 밝혀냈다.

이를 통해 연구에서 제시한 콘텐츠 개인화, 진정성 있는 스토리텔링, 플랫폼 최적화 등의 전략들은 단순히 방법론을 넘어, 소비자와의 신뢰 구축 및 추천 의도 증대에 실질적으로 기여할 수 있을 것이다. 특히, 독자의 기대와 수준을 반영한 맞춤형 콘텐츠 제공은 연구에서 제시된 소비자의 지식 수준을 고려한 접근 방법과 직접 연결된다.

이처럼 블로그 운영자는 끊임없이 변화하는 디지털 환경 속에서도 연구를 바탕으로 한 전략적 접근을 통해 소비자와의 관계를 강화하고, 더 나아가 마케팅 목표를 효과적으로 달성할 수 있다.

연구 결과와 이 글에서 제시한 실질적인 팁들을 함께 고려한다면, 기업이나 개인은 블로그를 통해 신뢰를 쌓고, 소비자의 만족도를 높이며 지속 가능한 마케팅 성과를 거둘 수 있는 길을 모색할 수 있을 것이다.

전통시장 상인교육이 매출 향상에 미치는 영향은?

- 저　　자 : 최동규 박사 (cdg123@hanmail.net)
- 소　　속 : 지역상권육성사회적협동조합 이사장 /
　　　　　　유퍼스트경영전략연구소 대표
- 연구논문 : 전통시장 상인대학의 교육서비스 품질이 경영성과에 미치는 영향(상인의식과 판매전문성의 이중경로를 중심으로)
- 경영학 박사로 상권육성 전문가, 도시재생 총괄 코디네이터, 농어촌 소통지도사, 전통시장 및 상점가 활성화, 도시재생, 농어촌지역 역량 강화를 전문으로 하는 기업을 운영하고 있다.

1996년 유통시장 전면 개방 이후, 대형 할인점과 편의점, 홈쇼핑, 온라인 쇼핑몰, 특히 SNS를 활용한 쇼핑 트랜드등이 빠르게 성장하며 전통시장은 점차 경쟁력을 상실하고 매출이 감소해 왔다. 이에 대응하기 위해 정부는 전통시장 활성화를 위한 다양한 정책들을 시행했지만 그중 많은 예산이 시설 현대화에 집중되었다. 하지만, 전통시장이 경쟁력을 회복하기 위해서는 시설 개선뿐만 아니라 상인의 경영역량 강화와 기업가 정신과 같은 의식변화가 필수적이라는 인식이 확산되고 있다.

특히, 상인들이 급변하는 소비자 요구와 시장 환경에 적응하기 위해서는 고객 중심의 서비스 마인드와 전문성을 갖추는 것이 필요하다. 이를 위한 교육적 접근은 상인들의 경영성과를 향상시키는 데 핵심적인 역할을 할 수 있다.

저자(최동규 박사)는 연구를 통해 전통시장 상인대학의 교육서비스 품질이 상인들의 의식 변화와 판매전문성을 통해 점포의 경영성과에 어떤 영향을 미치는지를 분석하였다. 연구결과 전통시장 상인대학의 교육서비스 품질이 우수할수록 상인들의 고객 중심 마인드와 혁신적 태도가 강화되는 것으로 나타났다.

저자는 상인의 의식 변화와 전문성 강화를 통해 전통시장은 다시 한 번 소비자들에게 사랑받는 장소로 거듭날 수 있다고 보고 있다. 상인과 소비자, 그리고 정책 입안자가 함께 노력한다면, 전통시장의 미래는 밝다

유통시장 변화와 전통시장의 대응방안

축소되는 전통시장의 위상

1996년 유통시장 전면 개방 이후, 대형 할인점, 편의점, 홈쇼핑, 그리고 온라인 쇼핑몰, 특히 모바일을 통한 쇼핑 트랜드와 같은 새로운 유통 채널이 급속히 성장했다. 이러한 변화는 소비자에게 더 많은 선택권과 편리함을 제공 했지만, 동시에 전통시장의 입지는 점점 좁아지고 있다. 과거 지역사회와 깊이 연결되어 있던 전통시장은 빠른 서비스와 대량 구매를 제공하는 유통업체와의 경쟁에서 뒤처지기 시작했다.

특히, 젊은 소비자층은 가격과 편리함을 중시하는 경향이 강해지면서 전통시장을 방문할 기회를 줄이고, 온라인 쇼핑과 같은 디지털 채널을 선호하게 되었다. 또한, 전통시장 자체의 노후화된 시설과 고객 중심의 서비스 부족은 소비자 경험을 제한하는 주요 요인으로 작용했다.

결과적으로 전통시장은 매출 감소와 고객 이탈 이라는 위기에 직면하게 되었고, 이를 해결하기 위한 새로운 접근이 절실해졌다.

이러한 위기 상황에서 전통시장이 살아남고 경쟁력을 회복하기 위해서는 단순한 시설 현대화에 그쳐서는 안된다. 새로운 소비자 요구에 부응하기 위해 상인들의 역할과 역량을 재정의하고 강화하는 것이 필수적이다. 고객 중심의 사고를 바탕으로 더 나은 서비스를 제공하고, 변화하는 시장 환경에 적응하려는 노력이 필요하다.

상인 교육이 왜 필요한가?

전통시장이 직면한 경쟁 환경에서 교육의 중요성은 점점 더 강조되고 있다. 상인들이 단순히 상품을 판매하는 것을 넘어, 서비스 제공자이자 고객 경험을 창출하는 전문가로 변화해야 한다. 상인대학과 같은 상인교육 프로그램은 상인들에게 다음과 같은 새로운 역량을 제공하고 있다.

첫 번째는 고객 중심 사고다. 소비자의 필요와 기대를 이해하고 이를 충족시키는 서비스 제공 방식은 대형 유통업체와의 차별화 요소로 작용할 수 있다. 친절한 응대와 세심한 관심은 전통시장이 가진 인간적인 매력을 극대화할 수 있는 중요한 요소다.

두 번째는 판매 전문성 강화다. 상품 지식, 진열 및 마케팅 기술, 고객 응대 스킬 등은 단순한 판매를 넘어 고객 신뢰를 형성하고, 매출 증대로 이어질 수 있는 핵심 역량이다. 전문성을 갖춘 상인은 고객에게 더 나은 경험을 제공함으로써 장기적인 고객 관계를 형성할 수 있다.

세 번째는 디지털 역량 확보다. 코로나를 기점으로 전통시장 상인들도 네이버 스마트스토어 등에 상품을 팔기 시작했다. 이와 같은 온라인 플랫폼 활용, 소셜 미디어 마케팅 등의 기술은 전통시장이 디지털 시대의 경쟁에 뒤처지지 않도록 돕는다. 특히, 젊은 소비자층에게는 디지털 접근성이 중요한 요인이 된다.

교육은 전통시장을 변화와 도약의 길로 이끄는 중요한 도구다. 단순히 과거의 방식에 머무르지 않고, 상인 스스로가 변화의 중심에 서서 고객 중심의 사고를 바탕으로 새로운 서비스를 제공한다면, 전통시장은 단순한 구매 공간을 넘어 따뜻한 인간적 경험을 제공하는 장소로 다시 태어날 수 있다. 이는 전통시장과 고객, 그리고 지역사회 모두에게 지속 가능한 가치를 창출할 것이다.

상인대학 교육 프로그램의 특징

전통시장 상인교육은 급변하는 유통 환경 속에서 전통시장 상인들이 경쟁력을 회복하고 지속 가능한 성장을 도모할 수 있도록 지원하는 프로그램이다. 시장경영진흥원에서 시작된 상인대학은 소상공인시장진흥공단을 중심으로 지원 되어 왔다. 최근에는 지자체의 자체 프로그램으로 운영이 되고 있기도 하지만, 코로나 이후 없어지거나 실질적인 교육 지원 프로그램을 찾기 어려워 졌다. 이는 매우 심각한 문제라고 생각한다

상인교육의 주요 목표는 상인들에게 고객 중심의 사고방식과

전문적인 판매 기술을 습득하게 하여, 변화하는 소비자 요구에 효과적으로 대응할 수 있는 능력을 배양하는 데 있다.

상인교육은 다양한 교육 프로그램을 통해 고객 응대 스킬, 최신 마케팅 전략, 디지털 기술 활용법, 상품 지식 등 실무에 필요한 다방면의 지식을 제공함으로써 상인들의 경영역량을 강화하고 있다. 이러한 교육 프로그램은 실습 중심의 워크숍, 현장 사례 연구, 최신 트렌드 반영 강의 등을 포함하여, 이론과 실제를 균형 있게 배울 수 있는 환경을 조성하고 있다.

교육서비스 품질은 상인의식과 전문성 향상에 직결되는 중요한 요소이다. 양질의 교육서비스를 통해 상인들은 고객 중심의 서비스 마인드를 확립하고, 변화하는 시장에 맞춰 전문성을 지속적으로 강화할 수 있다.

예를 들어, 교육 프로그램이 체계적이고 실질적인 내용을 제공할수록 상인들은 고객의 요구를 정확히 이해하고 이에 맞는 서비스를 제공하는 능력을 기르게 된다. 또한, 첨단 디지털 기술 및 마케팅 전략에 대한 교육을 통해 상인들은 새로운 판매 도구와 방법을 익혀 실무에 적용할 수 있으며, 이는 고객 만족도와 매출 증대로 이어진다. 교육서비스 품질이 높을수록 상인들은 교육 과정에서 얻은 지식과 기술을 자신감 있게 활용하며, 혁신적이고 적극적인 태도로 고객 응대에 임하게 된다. 이와 같이 전통시장 상인교육의 높은 교육서비스 품질은 상인의식 변화와 전문성 강화를 촉진하여, 궁극적으로 전통시장의 경쟁력 향상과 경영 성과 개선에 기여한다.

상인의식 변화: 고객 중심 사고

전통시장에서의 경쟁력 확보를 위해서는 상인의식 변화가 필수적이다. 과거에는 단순히 상품을 판매하는 데 초점이 맞춰져 있었다면, 이제는 고객의 니즈와 경험을 최우선으로 고려하는 고객 중심 사고가 요구된다.

예를 들어, 한 전통시장 점포에서는 상인 교육 프로그램을 통해 고객의 불만 사항을 적극적으로 수용하고 해결 방안을 모색하는 방법을 배웠다. 이 교육을 받은 상인은 단순히 상품 정보를 전달하는 데 그치지 않고, 고객의 고민을 듣고 맞춤형 솔루션을 제안하는 방식으로 접근하면서 고객 만족도가 크게 향상되었다. 이러한 사례는 교육을 통해 상인들이 고객의 관점에서 사고하고, 진정한 서비스 마인드를 형성하는 데 큰 변화를 가져올 수 있음을 보여준다.

고객 중심 사고는 단순한 기술적 지식 전달을 넘어, 상인의 가치관과 태도에까지 영향을 미친다. 교육을 통해 고객의 관점에서 문제를 분석하고 해결책을 찾는 능력을 갖춘 상인은 고객과의 신뢰를 쌓아가며 장기적인 관계를 형성하게 된다. 이는 구체적인 판매 증대로 이어질 뿐만 아니라, 입소문을 통한 새로운 고객 유치에도 긍정적인 영향을 미친다.

전통시장의 디지털 전환

전통시장은 오랜 세월 동안 지역사회와 함께 성장해 왔지만, 최근 급격히 변화하는 유통 환경 속에서 새로운 도전에 직면해 있다.

대형 할인점과 온라인 쇼핑몰의 등장으로 전통시장은 경쟁력을 잃고 매출 감소의 위기를 맞이했으며, 이를 극복하기 위한 혁신적 전략이 요구되고 있다. 이러한 상황에서 전통시장 상인들은 디지털 전환을 통해 새로운 고객을 유치하고 지속 가능한 성장을 도모하고자 노력하고 있다.

전통시장 상인 교육 프로그램은 상인들이 디지털 환경에 적응할 수 있도록 돕는 중요한 역할을 하고 있다. 최근 교육을 받은 상인들은 네이버 지도정보인 '스마트플레이스'에 매장을 등록하고, '스마트스토어'를 개설해 온라인으로 상품을 판매하는 등 적극적으로 디지털 채널을 활용하고 있다.

이 과정에서 상인교육은 디지털 마케팅 기법, 온라인 플랫폼 활용법, 전자상거래 운영 방법 등을 체계적으로 교육하여 상인들이 새로운 판매 경로를 개척할 수 있는 역량을 갖추게 한다.

이러한 디지털 전환은 단순히 기존 고객의 재방문을 독려하는 것을 넘어서, 전통시장을 찾지 않았던 새로운 고객을 유입시키는 데 큰 역할을 하고 있다. 온라인에서의 매장 등록과 스마트스토어 운영은 전통시장의 노출을 극대화하고, 더 넓은 고객층에게 다가갈 수 있는 기회를 제공한다. 특히, 모바일 기기를 통해 언제 어디서나 매장 정보를 확인하고 상품을 구매할 수 있는 편리함은 현대 소비자들에게 큰 매력으로 다가가고 있다.

또한, 디지털 전환은 고객과의 소통을 강화하는 도구로도 활용된다. 상인들이 스마트플레이스나 스마트스토어를 통해 제공하는 최신 정보와 프로모션은 고객의 관심을 끌고, 온라인 리뷰와 피드백을 통해 서비스 품질을 지속적으로 개선할 수 있는 기반을 마련해 준다. 이를 통해 상인은 오프라인 매장 방문 전부터 고객과의 관계를 형성할 수 있으며, 이는 실제 매장 방문으로 이어져 전통시장 전체의 활성화에 기여한다.

전통시장의 디지털 전환은 상인교육을 통한 역량 강화와 맞물려 새로운 고객을 유치하고 시장 경쟁력을 높이는 중요한 전략이 되고 있다. 상인들이 온라인 플랫폼을 적극 활용함으로써 전통시장은 과거의 영광을 되찾을 뿐만 아니라, 변화하는 소비자 요구에 부응하는 미래 지향적인 시장으로 거듭날 수 있을 것이다.

정책적 지원과 협력의 필요성

전통시장의 디지털 전환과 상인 역량 강화는 단순히 개별 상인이나 교육기관의 노력만으로 이루어지기 어렵다. 이를 위해서는 정부와 지자체, 관련 기관, 지역사회가 함께 협력하는 구조가 필수적이다. 정책적 지원은 전통시장의 디지털 도입 비용 부담을 경감시키고, 교육 프로그램의 질을 높이기 위한 재정적 및 제도적 기반을 마련하는 데 큰 역할을 한다.

예를 들어, 정부는 전통시장 상인교육에 대한 재정 지원을 확대하고, 최신 디지털 헬스케어 기술이나 온라인 판매 플랫폼 도입을 위한 보조금이나 세제 혜택을 제공할 수 있다. 또한, 지자체와 협력해 지역 맞춤형 디지털 전환 프로젝트를 추진하고, 상인들이 디지털 기술을 익히고 활용할 수 있도록 체계적인 멘토링과 컨설팅 프로그램을 제공하는 것도 중요하다.

이러한 정책적 지원은 상인들의 부담을 줄이고, 디지털 전환을 원활하게 진행시킬 수 있는 환경을 조성한다.

더불어, 전통시장과 관련된 다양한 이해관계자 간의 협력도 중요하다. 지역 상인회, 소비자 단체, 기술 제공 업체 등이 유기적으로 협력하여, 상인 교육 내용의 현장 적용성 향상과 기술 도입을 위한 인프라 구축을 지원할 수 있다. 협력 네트워크 형성을 통해 정보 공유와 공동 문제 해결이 가능해지며, 이는 전통시장의 지속 가능성 강화에 크게 기여할 것이다.

지속 가능한 전통시장을 위한 제언

전통시장이 지속 가능한 성장을 이루기 위해서는 다각적인 전략이 필요하다. 우선, 상인교육을 통한 교육 서비스 품질 개선과 디지털 전환 노력은 장기적인 투자로 이어져야 한다. 상인들이 획득한 지식과 기술을 꾸준히 갱신하고, 변화하는 시장 트렌드에 민감하게 대응할 수 있도록 지속적인 교육 프로그램이 마련되어야 한다. 또한, 전통시장은 지역 고유의 문화와 정체성을 보존하면서도 현대 소비자들의 요구를 반영하는 방향으로 변화해야 한다. 지역 특산물이나 전통적인 서비스를 현대적으로 재해석하여 차별화된 가치를 제공하고, 이를 디지털 플랫폼과 연계하여 홍보하면 새로운 고객층을 유입할 수 있다.

고객 경험 개선을 위해서는 온·오프라인 통합 전략을 지속적으로 발전시켜야 한다. 디지털 기술을 활용한 고객 맞춤형 서비스 제공과 함께, 온·오프라인 연계 프로모션 및 이벤트를 통해 고객과의 지속적인 소통을 강화할 수 있다

기업의 사회적 책임 활동이 마케팅 성과에 미치는 영향은?

- 저   자 : 김종호 박사 (daddy114@naver.com)
- 소   속 : 대전상공회의소 비서실장
- 연구논문 : 기업의 사회적 책임 활동을 통한 기업이미지 및 고객가치 향상이 고객충성도에 미치는 영향
- 경영학(마케팅 전공) 박사학위 취득. 대전상공회의소에서 25년간 재직하고 있으며, 대전시 규제개혁실무협의회 위원, 검찰시민위원회 위원 등으로 활동하고 있다.

소비자들은 단순히 품질 좋은 제품이나 서비스를 넘어, 윤리적이고 사회적으로 책임감 있는 기업을 선호하는 경향이 있다. 기업의 사회적 책임(CSR) 활동은 이러한 소비자의 기대를 충족시키면서, 동시에 기업의 브랜드 이미지와 고객 충성도를 강화하는 데 중요한 전략으로 자리 잡고 있다. 특히 법적, 윤리적, 환경보전, 사회봉사 활동과 같은 다양한 CSR 활동이 고객 가치를 높이고, 재구매나 추천 의도와 같은 고객 충성도를 이끌어내는 데 영향을 미친다는 점에서 관심이 커지고 있다.

　이에 저자(김종호 박사)는 기업의 사회적 책임 활동이 기업이미지와 고객가치(감정적, 기능적, 사회적 가치)에 미치는 영향을 분석하고, 이러한 변화가 고객충성도(재구매 의도, 추천 의도)에 어떻게 연결되는지를 실증적으로 분석하였다. 이를 통해 기업들이 CSR 활동을 효과적으로 활용할 수 있는 전략적 시사점을 제시했다.

　기업은 이제 단순히 제품을 판매하는 곳이 아니라, 사회와 환경에 책임을 다하며 고객과 신뢰를 쌓는 파트너가 되어야 한다. 이 연구는 기업의 사회적 책임(CSR) 활동이 고객의 마음을 움직이고, 충성도를 높이는 데 얼마나 중요한지를 보여준다.

　CSR 활동은 단순히 사회에 기여하는 것을 넘어, 고객의 신뢰와 충성도를 구축하는 핵심 전략이다. 윤리적이고 책임감 있는 기업이 결국 고객의 선택을 받으며, 지속 가능한 성장을 이뤄낼 수 있다.

CSR에서 ESG로 확장되는 기업의 사회적책임

CSR의 부상과 마케팅 패러다임의 변화

기업의 사회적 책임(CSR)은 단순한 이윤 추구를 넘어, 기업이 사회와 환경에 긍정적인 영향을 미쳐야 한다는 요구에 부응하며 현대 경영의 핵심으로 자리 잡았다. 과거 CSR은 주로 자선활동이나 기부와 같은 단발적인 사회 공헌 활동으로 인식됐지만, 오늘날에는 이를 넘어서 기업의 지속 가능성과 직결된 전략적 활동으로 진화하고 있다. 소비자들은 단순히 품질 좋은 제품이나 서비스를 제공하는 기업이 아닌, 사회적 책임을 다하는 윤리적 기업을 선호하고 있다. 이는 소비자 행동이 단순한 경제적 가치보다 윤리적·사회적 가치를 고려하기 시작했음을 보여준다.

CSR이 마케팅 전략으로 활용되는 배경에는 두 가지 주요 요인이 있다. 첫째, 소비자들은 자신이 구매하는 제품이나 서비스를 통해 간접적으로라도 사회에 기여하고 싶어 한다. 예를 들어, 친환경 제품이나 공정무역 상품은 소비자들에게 단순히 구매 이상의 만족감을 제공한다. 둘째, CSR은 기업의 신뢰도를 높이고 브랜드 충성도를 강화하는 데 중요한 역할을 한다. 소비자들은 사회적 가치를 실현하는 기업에 대해 더 깊은 신뢰를 갖고, 이러한 신뢰는 재구매와 긍정적 구전으로 이어진다.

CSR은 이제 기업의 선택이 아닌 필수 요소로 여겨지고 있다. 기업이 CSR 활동을 전략적으로 설계하고 실행하면, 단기적인 마케팅 효과뿐 아니라 장기적인 브랜드 가치와 고객 충성도 강화로 이어질 수 있다. 이는 기업과 사회 모두에게 윈윈(win-win) 효과를 제공하는 마케팅의 새로운 흐름이 되었다.

CSR에서 ESG로 확장

기업의 사회적 책임(CSR)은 사회와 환경에 긍정적인 영향을 미치는 활동을 통해 기업의 이미지를 강화하고, 브랜드 충성도를 높이는 전략으로 자리 잡아왔다. 그러나 CSR은 주로 자선 활동이나 윤리적 책임 수행에 초점이 맞춰져 있었다는 한계를 지닌다. 이러한 접근은 기업의 본질적인 운영 방식보다는 외부 활동에 중점을 두는 경우가 많아, 지속 가능성과 전략적 통합 면에서 아쉬움을 남겼다.

이러한 한계를 극복하고자 등장한 개념이 바로 ESG(환경, 사회, 지배구조)다. ESG는 단순히 사회적 책임을 넘어, 기업의 운영 전반에 걸쳐 책임감 있는 경영을 실현하려는 통합적 접근이다. 환경(E)은 기업의 생산 과정에서 탄소 배출을 줄이고, 지속 가능한 자원을 활용하는 방식을 포함하며, 사회(S)는 노동 환경 개선, 지역사회 기여, 고객 가치 창출 등을 다룬다. 지배구조(G)는 투명하고 책임 있는 경영을 통해 이해관계자들과 신뢰를 구축하는 데 초점을 맞춘다.

CSR과 ESG는 상호 보완적인 관계를 형성한다. CSR이 기업의 외부 활동과 브랜드 이미지 강화에 집중한다면, ESG는 이러한 활동을 기업의 내부 경영 원칙과 전략으로 확장시킨다. 예를 들어, CSR이 환경보호 캠페인을 통해 기업의 책임감을 알리는 데 초점을 맞춘다면, ESG는 기업의 전반적인 생산 및 운영 방식을 친환경적으로 설계하는 데 중점을 둔다.

최근 기업들은 ESG를 단순한 규제 준수가 아닌, 경쟁 우위를 확보하는 전략적 도구로 활용하고 있다. 글로벌 패션 브랜드 파타고니아는 재활용 소재 사용과 지속 가능한 제조 과정으로 ESG의 본보기가 되고 있다. 국내에서도 SK그룹은 탄소 중립 목표와 ESG 경영 강화를 통해 글로벌 투자자들로부터 신뢰를 얻고 있다.

ESG는 CSR의 진화된 형태로, 단기적인 사회 공헌을 넘어 기업의 장기적인 지속 가능성과 수익성을 동시에 추구하는 경영 철학이다. 기업이 ESG를 내재화할수록 고객, 투자자, 직원 모두에게 신뢰를 얻으며, 이는 결국 경쟁력을 강화하고 지속 가능한 성장을 이끄는 원동력이 된다.

ESG와 브랜드 이미지의 상관관계

ESG(환경, 사회, 지배구조)는 기업이 단순히 이익을 추구하는 조직이 아닌, 사회적 책임을 다하고 지속 가능성을 추구하는 신뢰받는 주체로 자리 잡게 한다. 특히 ESG 활동은 브랜드 이미지 강화에 직접적으로 기여하며, 소비자들이 기업을 선택하고 신뢰하는 주요 기준이 되고 있다.

ESG 활동은 기업의 가치를 높이고 긍정적인 브랜드 이미지를 구축하는 데 핵심적인 역할을 한다. 환경(E) 측면에서는 탄소 배출을 줄이고 재생 가능한 에너지를 활용하는 노력이 소비자에게 지속 가능성과 책임감을 전달한다.

사회(S) 분야에서도 ESG는 직원 복지, 공정한 노동 조건, 지역사회 공헌 등을 통해 기업에 대한 신뢰를 높인다. 예를 들어, 글로벌 커피 브랜드 스타벅스는 공정 무역 원두를 사용하고 직원 복지 프로그램을 강화함으로써 소비자와 내부 구성원 모두의 지지를 얻었다. 이러한 활동은 단순히 사회 공헌의 차원을 넘어, 브랜드와 고객 간의 정서적 유대감을 형성하는 데 중요한 역할을 한다.

지배구조(G) 역시 ESG의 핵심 축으로, 투명한 경영과 책임 있는 의사결정은 기업의 신뢰도를 높이는 주요 요소다. 국내에서는 카카오가 플랫폼 독점 논란 이후 ESG 경영을 강조하며, 투명성과 공정성을 확보하기 위한 새로운 정책들을 내놓아 긍정적인 평가를 받고 있다. 이러한 지배구조 개선 노력은 소비자들뿐 아니라 투자자들의 신뢰를 강화하는 결과를 낳는다.

ESG 활동은 단순히 "좋은 일을 하는 기업"이라는 이미지를 넘어서, 소비자 신뢰와 지지를 기반으로 브랜드 충성도를 강화하고 시장 경쟁력을 높인다. ESG를 전략적으로 내재화한 기업은 장기적으로 소비자와 투자자 모두에게 사랑받는 브랜드로 자리 잡을 수 있다. 이는 기업의 지속 가능한 성장뿐 아니라, 사회적 책임을 다하는 기업이라는 이미지를 구축하는데 도움이 된다.

ESG를 통해 고객 가치를 재정의하다

ESG(환경, 사회, 지배구조)는 단순한 기업 운영의 원칙을 넘어, 고객 가치를 창출하고 강화하는 핵심 요소로 자리 잡았다. 현대 소비자는 단순히 제품이나 서비스를 구매하는 데 그치지 않고, 기업의 가치를 평가하고, 이에 공감할 때 더욱 충성도를 보인다. ESG 활동은 기업이 고객과의 정서적, 신뢰적 유대를 강화하는 강력한 도구로 활용된다.

환경적 책임은 지속 가능성과 직접적으로 연결된다. 탄소 배출 저감, 친환경 제품 개발, 재활용 가능한 포장재 사용 등은 기업이 지구에 기여하는 방식을 보여준다. 예를 들어, 파타고니아는 환경 보호를 최우선 가치로 내세우며, 제품 수리 서비스와 중고 거래 플랫폼을 운영해 소비자에게 "지속 가능한 선택"을 독려한다. 이는 단순히 제품을 판매하는 것을 넘어 고객의 가치관과 행동을 변화시키며 감정적 유대를 강화하는 사례다.

사회적 책임 역시 고객과의 유대감을 강화하는 중요한 축이다. 다양성, 포용성, 지역사회 참여는 소비자가 기업을 인간적인 조직으로 인식하게 만든다. 나이키는 "Equality" 캠페인을 통해 인종, 성별, 계층에 관계없이 평등의 가치를 강조하며 브랜드 충성도를 끌어올렸다. 소비자들은 단순히 나이키의 제품을 구매하는 것을 넘어, 그들의 메시지와 가치를 공유하며 감정적으로 브랜드에 연결된다.

지배구조 투명성은 신뢰 기반 마케팅의 핵심이다. 소비자는 기업의 윤리성과 책임 있는 의사결정을 요구하고 있다. 기업이 투명한 경영 방침을 유지하고 이해관계자들과 열린 소통을 이어간다면, 이는 고객 신뢰로 직결된다. 스타벅스는 지속 가능성과 공정무역 인증 커피 원두 사용뿐 아니라, 연례 보고서를 통해 ESG 성과를 투명하게 공개하면서 신뢰를 쌓았다. 이러한 접근은 소비자가 "책임 있는 소비"를 실천할 수 있도록 돕는 동시에, 기업 자체에 대한 신뢰도를 극대화한다.

ESG는 단순한 경영 전략이 아니라, 고객과의 관계를 재정의하는 새로운 가치 창출의 축이다. 이를 통해 기업은 소비자의 선택을 넘어 신뢰와 지지를 얻으며, 지속 가능한 성장을 실현할 수 있다.

디지털 시대, ESG 마케팅의 새로운 전환점

디지털 플랫폼은 ESG 활동을 홍보하고 소비자를 참여시키는 데 있어 강력한 도구로 자리 잡았다. 과거에는 기업이 주도적으로 활동을 알리는 데 그쳤다면, 이제는 소비자를 ESG 여정에 동참시키는 방식으로 전략이 변화하고 있다. 디지털 시대의 ESG 마케팅은 소셜미디어와 콘텐츠 마케팅을 통해 소비자와의 정서적 연결을 강화하는 데 초점을 맞추고 있다.

소셜미디어는 ESG 메시지를 전달하고 소비자와의 상호작용을 이끄는 핵심 플랫폼이다. 예를 들어, 라이프스타일 브랜드인 올버즈(Allbirds)는 탄소 배출 정보를 모든 제품에 표시하며, 이를 소셜 미디어 캠페인과 연계해 "지속 가능성을 선택하는 소비자"라는 내러티브를 구축했다. 이러한 접근은 소비자에게 책임감 있는 소비의 가치를 알리고, 동시에 브랜드 충성도를 높이는 데 기여했다.

또한, 콘텐츠 마케팅은 ESG 활동을 스토리텔링 형식으로 전달하며 소비자의 관심과 공감을 끌어낸다. 유니레버는 지속 가능한 팜유 사용을 주제로 한 다큐멘터리를 제작해, 소비자가 자사의 윤리적 가치를 이해하고 지지할 수 있도록 했다. 이러한 콘텐츠는 단순한 정보 전달을 넘어 소비자가 브랜드의 철학과 비전에 공감하도록 유도한다.

디지털 플랫폼은 소비자 참여를 활성화하는 데도 활용된다. 기업들은 친환경 캠페인을 통해 소비자 행동을 변화시키는 사례를 만들어낸다. 예를 들어, H&M의 "옷 수거 프로그램"은 소비자들이 사용하지 않는 의류를 매장에 기부하도록 유도하면서 환경 보호라는 공통의 목표를 공유한다.

디지털 시대의 ESG 마케팅은 기술과 소비자의 가치관을 연결하는 새로운 방식으로 발전하고 있다. 기업들은 ESG 내러티브를 디지털 플랫폼에 효과적으로 통합해 소비자와의 관계를 심화하고, 지속 가능한 성장을 위한 기반을 구축할 수 있다.

변화하는 소비자 트렌드에 대응하는 ESG 전략 제언

소비자들은 이제 제품이나 서비스를 구매할 때 단순히 품질과 가격만을 고려하지 않는다. 지속 가능성, 윤리적 가치, 그리고 사회적 책임이 기업 선택의 주요 기준으로 자리 잡았다. 이러한 변화는 특히 밀레니얼 세대와 Z세대에서 두드러지며, 이들은 ESG 활동이 브랜드의 정체성과 일치하는지 여부를 꼼꼼히 살핀다.

기업이 ESG 전략을 효과적으로 실행하려면 변화하는 소비자 기대에 발맞춰야 한다. 첫째, 투명성을 강화해야 한다. 소비자들은 기업의 ESG 활동이 단순한 이미지 메이킹에 그치지 않고 실질적인 영향을 미치는지 확인하려 한다. 예를 들어, 파타고니아는 자사의 공급망과 환경적 영향을 투명하게 공개하며 신뢰를 구축했다.

둘째, 소비자 참여를 촉진해야 한다. ESG 활동은 소비자가 기업의 가치에 동참할 수 있는 기회를 제공할 때 그 효과가 극대화된다. 스타벅스의 "Bring Your Own Cup" 캠페인은 소비자들이 친환경 활동에 직접 참여하도록 유도하면서 ESG 메시지를 효과적으로 전달한 사례다.

셋째, 지역사회와의 협력에 집중해야 한다. 기업은 단순히 글로벌 환경을 개선하려는 노력을 넘어 지역사회의 요구를 반영하는 ESG 활동을 통해 소비자와 깊은 유대감을 형성할 수 있다. 이는 장기적인 브랜드 충성도로 이어질 가능성이 높다.

변화하는 소비자 트렌드에 대응하려면 ESG 활동을 기업 전략의 중심에 두고, 투명성, 참여, 지역사회 협력을 핵심 요소로 삼아야 한다. 이를 통해 기업은 소비자 신뢰를 강화하고, 지속 가능한 성장을 이루는 기반을 마련할 수 있다.

선행디자인 전략이 기업 성과에 어떠한 영향을 미치는가?

- 저   자 : 김용욱 박사(wizporter7@gmail.com)
- 소   속 : 연구개발특구진흥재단
- 연구논문 : 선행디자인 혁신전략과 기업성과에 관한 연구 - 기술수준과 경영자특성의 조절역할을 중심으로
- 경영학 마케팅전공 박사 취득. 벤처캐피탈 경력 10년과 창업경험 5년 후 공공기관인 연구개발특구진흥재단에 20여년 근무중이다. 다양한 경력을 바탕으로 재단에서 펀드 조성 및 연구소기업 기획등 공공기술 활용하는 기업의 성과창출에 도움을 주고 있다.

글로벌 경쟁이 심화되면서 기술 중심의 혁신만으로는 시장에서의 차별화를 이루기 어려운 상황이 됐다. 현대 기업들은 디자인을 전략적으로 활용해 제품과 서비스에 새로운 가치를 부여하고, 소비자의 감성과 경험을 만족시키며 경쟁 우위를 확보하려 하고 있다. 특히, 디자인 혁신은 단순히 외형적인 차별화를 넘어서 기업성과에 긍정적인 영향을 미치는 전략적 도구로 자리 잡고 있다.
　이에 저자(김용욱 박사)는 기업의 선행디자인 혁신전략이 기업성과에 미치는 영향을 실증적으로 분석하고, 이 과정에서 기술 수준과 경영자의 혁신 태도가 어떤 조절 효과를 가지는지를 분석하였다. 이를 통해 기업들이 디자인 혁신을 효과적으로 활용할 수 있는 방향성을 제시하였다.
　선행디자인은 제품 개발 초기 단계부터 디자인을 전략적으로 통합해 소비자에게 새로운 경험과 가치를 제공하는 방식이다. 이는 단순히 제품의 외형을 아름답게 꾸미는 것이 아니라, 소비자의 니즈와 감성을 반영해 제품과 서비스의 경쟁력을 높이는 데 초점을 맞춘다.
　디자인 혁신은 기업에 여러 가지 긍정적인 효과를 준다. 먼저, 차별화된 디자인은 소비자에게 높은 가치를 제공하고, 제품에 더 높은 가격을 지불할 의향을 만들어 매출 증가로 이어진다. 또한, 디자인은 브랜드의 정체성을 강화하고 소비자에게 강렬한 이미지를 남겨 브랜드 가치를 높이는 데 중요한 역할을 한다.

선행디자인 전략이 기업 성과에 미치는 영향

디자인 혁신의 시대적 필요성

현대 기업 환경에서는 제품과 서비스의 단순한 기능성만으로는 경쟁 우위를 확보하기 어렵다. 대신, 선행디자인 혁신전략이 주목받고 있다. 선행디자인은 제품 개발 초기 단계부터 디자인을 전략적으로 통합해 소비자에게 새로운 경험과 가치를 제공하는 접근 방식이다. 이는 단순히 외형을 아름답게 꾸미는 것을 넘어, 기술과 시장 요구를 반영한 혁신적인 솔루션을 창출하는 데 중심을 둔다. 예를 들어, 애플은 사용자 경험을 최우선으로 고려한 디자인 혁신을 통해 경쟁사와 차별화된 제품을 지속적으로 선보이며 글로벌 시장에서 성공을 거두었다. 이러한 사례는 선행디자인 전략이 기업 성과에 미치는 긍정적 영향을 잘 보여준다.

기술 수준과 경영자 특성은 이러한 디자인 혁신 전략의 성공에 결정적 역할을 한다. 기술 기반 창업이나 제조 환경에서 높은 기술력을 보유한 기업은 디자인과 기술을 효과적으로 결합해 혁신을 극대화할 수 있다. 반면, 경영자는 디자인의 중요성을 인식하고 이를 비즈니스 전략에 적극 반영해야 한다. 실제로 삼성전자는 기술력과 디자인 혁신을 동시에 추구하며, 최고경영진의 비전과 리더십 아래 제품 경쟁력을 강화해왔다. 이러한 배경은 고도의 기술 수준과 혁신적인 경영 태도가 선행디자인 전략을 성공적으로 이끌어내는 데 필수적이라는 점을 강조한다.

　또한, 기술 발전과 함께 소비자의 기대치는 날로 높아지고 있다. 인공지능, 가상현실, 사물인터넷과 같은 최신 기술은 디자인 혁신 과정에서 소비자 맞춤형 경험 제공을 가능하게 한다. 기업은 이러한 기술적 도구를 활용해 제품을 설계하고, 소비자 피드백을 실시간으로 반영하며 지속적으로 개선해 나가야 한다. 결과적으로 선행디자인 혁신전략은 단순한 미학적 향상을 넘어, 기술과 경영자의 통합적 역량을 통해 시장 변화에 민첩하게 대응하고, 소비자에게 진정한 가치를 전달하는 중요한 수단이 된다.

선행디자인 전략과 기업 성과의 상관관계

　선행디자인 전략은 제품 개발 초기 단계부터 디자인을 전략적으로 통합해 제품의 가치를 극대화하고 브랜드 이미지를 강화하는 접근법이다. 이러한 디자인 혁신은 단순히 시각적 매력을 높이는 것을 넘어, 사용자 경험을 개선하고 제품의 기능과 사용성에 새로운 가치를 부여한다. 예를 들어, 애플은 제품 출시 초기부터 디자인과 기술을 긴밀히 결합해 사용자의 직관적 경험을 중시하는 제품을 선보여왔다. 이러한 접근은 애플 제품이 고가임에도 불구하고 소비자들로부터 높은 만족도와 충성도를 얻는 데 기여했다.

제품 가치와 브랜드 이미지에 미치는 영향은 구체적인 성과로 이어진다. 선행디자인을 통해 독창적이고 사용자 중심의 제품을 출시한 기업들은 소비자들에게 차별화된 가치를 제공하면서 시장에서 독보적인 위치를 확보할 수 있다. 예를 들어, 삼성전자는 갤럭시 스마트폰 시리즈를 통해 혁신적인 디자인과 사용자 인터페이스를 도입, 경쟁사 제품과 차별화된 이미지를 구축하며 높은 시장 점유율을 유지해왔다. 이러한 디자인 혁신은 소비자들에게 신뢰감을 주고 브랜드 충성도를 높여, 결과적으로 매출 증대와 시장 확대에 기여한다.

성공적인 선행디자인을 통한 성과 증대 분석에서는 디자인이 기업 성과에 어떻게 기여하는지를 확인할 수 있다. 기업이 소비자의 니즈를 반영한 디자인 혁신을 통해 제품의 품질과 사용 가치를 높이면, 이는 곧 긍정적인 소비자 경험으로 이어진다. 실제로, 디자인 혁신을 통해 시장에서 주목받은 제품들은 높은 프리미엄 가격을 유지하면서도 강력한 브랜드 이미지를 구축해 지속적인 성과를 기록한다. 이는 단순한 외형적 변화가 아닌, 소비자와의 정서적 연결과 신뢰 구축에 기반한 전략적 디자인이 기업의 성장 동력임을 시사한다.

결국 선행디자인 전략은 제품의 차별화와 브랜드 가치 향상을 통해 기업 성과를 높이는 핵심 요소다. 성공적인 사례를 통해 알 수 있듯이, 기술과 디자인의 통합은 소비자 만족도와 충성도를 강화하며, 시장에서의 경쟁력을 지속 가능하게 만든다. 이러한 접근은 앞으로도 기업들이 변화하는 소비자 기대와 기술 트렌드에 민첩하게 대응하는 데 중요한 전략적 지침이 될 것이다.

기술 수준과 디자인 혁신의 결합 효과

현대 비즈니스 환경에서 기술력 강화와 디자인 혁신은 별개의 요소처럼 보이지만, 실제로는 서로 보완하며 강력한 시너지를 창출한다. 기술이 발달하면 새로운 디자인의 가능성이 열리고, 혁신적인 디자인은 기술적 구현을 통해 현실화된다. 이러한 상호작용은 제품의 경쟁력을 극대화하고, 소비자 경험을 향상시키는 데 핵심적인 역할을 한다.

기술력 강화는 디자인 혁신에 직접적으로 기여한다. 고성능 재료, 정밀 제조 기술, 인공지능 기반 사용자 인터페이스 등이 결합되면, 단순히 미적으로 뛰어난 제품을 넘어 사용자의 편의와 기능성까지 충족시키는 혁신적인 결과물을 얻을 수 있다. 예를 들어, 애플의 아이폰은 뛰어난 디자인과 함께 최신 프로세서, 고해상도 디스플레이, 사용자 친화적 인터페이스를 결합해 시장을 선도해 왔다. 이러한 성공은 기술력과 디자인 혁신의 결합이 소비자에게 매력적인 가치를 제공할 수 있음을 보여준다.

최신 기술 도입과 선행디자인의 시너지는 제품 개발 초기 단계에서부터 나타난다. 인공지능과 빅데이터 분석을 통해 소비자 요구를 정확히 파악하고, 이를 바탕으로 제품 디자인에 반영하면 소비자의 기대에 부합하는 결과물을 만들어낼 수 있다. 예를 들어, 자동차 산업에서는 자율주행 기술과 사용자 경험 디자인을 결합해 안전하고 편리한 차량을 개발하고 있다. 이러한 차량은 단순한 이동 수단을 넘어서 사용자에게 새로운 경험을 제공하며, 브랜드 가치를 높인다.

또한, 가상현실(VR)과 증강현실(AR) 기술은 디자인 혁신을 더욱 가속화시키는 도구다. 디자이너들은 VR을 활용해 프로토타입을 시뮬레이션하고, 실제 사용자와의 인터랙션을 통해 피드백을 신속하게 반영할 수 있다. 이는 제품 출시 시간을 단축시키고, 소비자 요구에 더 빠르게 대응할 수 있게 한다.

결국, 기술 수준과 디자인 혁신의 결합은 단순한 외형 개선을 넘어, 소비자 경험의 근본적인 변화를 이끌어낸다. 기업은 최신 기술을 적극 도입해 디자인에 접목시키고, 이를 통해 소비자에게 차별화된 가치를 제공해야 한다. 이러한 전략적 접근은 경쟁이 치열한 시장에서 지속 가능한 성공을 거두는 데 필수적이다.

경영자의 혁신 태도와 전략 실행

경영자의 혁신 태도는 기업의 디자인 혁신 전략 실행에 결정적인 조절 효과를 가진다. 경영자가 혁신을 적극적으로 수용하고 디자인의 중요성을 인식하면, 조직 내에서 창의적이고 실험적인 문화가 형성된다. 예를 들어, 애플의 스티브 잡스는 혁신에 대한 강한 열정과 비전을 통해 디자인을 기업 전략의 중심에 두었으며, 이는 제품의 독창성뿐만 아니라 브랜드 이미지 강화로 이어졌다. 이러한 사례는 경영자의 리더십이 조직 내 디자인 문화 조성과 성과에 미치는 긍정적인 영향을 보여준다.

리더십은 단순히 전략 수립에 그치지 않고, 조직 구성원들에게 혁신적 사고를 독려하고 자율성을 부여하는 환경을 조성한다. 한 벤처기업의 CEO가 직원들에게 새로운 디자인 아이디어를 적극적으로 장려하며 실패를 두려워하지 않도록 지원한 결과, 직원들은 자유롭게 실험하고 창의적인 해결책을 제시하게 되었다. 이 과정에서 리더십은 디자인 혁신 프로세스를 촉진하고, 결과적으로 시장에서의 경쟁력을 높이는 데 기여한다.

또한, 경영자의 특성은 디자인 혁신 전략의 성공 여부를 크게 좌우한다. 경영자가 높은 기술 이해도와 미래 지향적 비전을 갖고 있을 때, 디자인과 기술을 통합한 혁신적인 제품 개발이 더욱 원활해진다. 이를 통해 조직은 변화하는 시장 요구에 빠르게 대응할 수 있고, 소비자들에게 일관되고 매력적인 브랜드 경험을 제공할 수 있다. 결국, 경영자의 혁신 태도와 리더십은 조직 내 디자인 문화 형성과 성과 개선에 필수적인 요소로 작용하며, 기업이 지속 가능한 경쟁우위를 확보하는 데 중요한 역할을 한다.

사용자 중심 접근과 시장 반응

소비자 니즈를 정확히 반영한 디자인 혁신은 제품 개발과 서비스 개선의 핵심 방향이다. 기업은 소비자의 의견과 행동 패턴을 수집, 분석해 디자인 과정에 반영함으로써 사용자 경험을 향상시킬 수 있다. 실제로 글로벌 자동차 회사들은 고객 피드백을 기반으로 인테리어와 사용자 인터페이스를 지속적으로 개선해 왔다. 이러한 변화는 고객 만족도를 높이고 브랜드에 대한 충성도로 이어졌다.

사용자 경험 중심의 디자인은 소비자의 구매 결정에 직접적인 영향을 미친다. 한 화장품 브랜드가 고객들의 피부 타입과 선호를 반영한 맞춤형 제품 라인을 개발하여 큰 호응을 얻은 사례가 있다. 이 브랜드는 소비자가 자신의 필요에 맞는 제품을 직접 체험할 수 있는 샘플 키트를 제공했고, 이를 통해 제품의 효능을 느낀 고객들은 재구매 의향을 높였다. 이러한 경험은 입소문을 통해 다른 소비자에게 긍정적으로 전달되어 매출 증대와 함께 브랜드 충성도 강화로 이어졌다.

사용자 중심 디자인은 단순히 제품의 외형을 바꾸는 것을 넘어서, 소비자가 제품을 사용하는 모든 과정에서 편리함과 즐거움을 느낄 수 있도록 설계된다. 이는 소비자로 하여금 브랜드와의 정서적 유대를 형성하게 하고, 지속적인 관계를 유지하게 만든다. 따라서 기업은 소비자 경험을 최우선으로 고려해 디자인 혁신을 추진함으로써 시장 반응을 극대화하고, 이를 통해 장기적인 매출 성장과 고객 충성도를 달성할 수 있다.

선행디자인을 통한 경쟁 우위 확보 전략

선행디자인은 제품 개발 초기 단계부터 디자인을 전략적으로 통합해 경쟁 우위를 확보하는 데 중요한 역할을 한다. 차별화된 디자인은 소비자에게 독특한 경험을 제공함으로써 시장에서 눈에 띄는 브랜드로 자리매김할 수 있게 한다. 예를 들어, 애플은 제품의 심플하면서도 고급스러운 디자인을 통해 기술적 기능뿐만 아니라 사용자 경험에서도 차별화를 이루어왔고, 이는 전 세계적으로 높은 브랜드 충성도와 시장 점유율로 이어졌다. 이런 사례는 선행디자인이 단순한 미학적 요소를 넘어 소비자 만족과 신뢰를 구축하며, 결과적으로 매출 증가와 시장 점유율 확대에 기여할 수 있음을 보여준다.

경쟁력 강화를 위해 기업은 지속 가능한 디자인 혁신을 위해 조직적, 기술적 조건을 마련해야 한다. 조직적으로는 창의적이고 개방적인 문화 조성이 필수적이다. 실패를 두려워하지 않고 새로운 아이디어를 실험할 수 있는 환경을 만들어야 디자인 혁신이 촉진된다. 또한, 다양한 전문가와 협업할 수 있는 팀 구조와 유연한 의사결정 프로세스가 필요하다. 기술적으로는 최신 디자인 도구와 시뮬레이션 기술, 인공지능을 활용해 소비자 데이터를 분석하고, 이를 통해 사용자 경험을 지속적으로 개선하는 노력이 요구된다. 예를 들어, 가상현실(VR) 기술을 활용해 제품 시연을 미리 체험해 볼 수 있는 환경을 제공하면, 소비자의 피드백을 즉각 반영해 디자인을 개선할 수 있다.

전략적 지향성은 기술창업에 어떠한 영향을 미치는가?

- 저　　자 : 장동관 박사 (crs1997@naver.com)
- 소　　속 : 동인비즈넷(주) 대표이사
- 연구논문 : 기술창업시 전략적 지향성이 창업성과에 미치는 영향
- 경영학/컴퓨터공학 학사, 창업학 석사, 경영학 박사, 경영지도사, 기술거래사 전문자격을 취득하고, 기술벤처기업에서 경영기획 이사(理事)로 재무관리 및 투자유치, R&DB 분야 업무를 담당함. 2006년부터 기술사업화 컨설팅회사를 창업하여 예비기술창업자의 창업과 경영전략, 사업계획 수립 분야에서 사업 중이고, 중소벤처기업부의 상담 및 평가위원으로 활동하고 있다.

기술 창업은 국가 경제의 지속 가능한 성장을 위해 중요한 역할을 한다. 특히 중소기업은 경제 구조를 안정적으로 유지하고 고용 창출에 기여하며, 기술력을 기반으로 글로벌 경쟁력을 강화할 수 있다. 하지만 기술 창업자가 창업에 성공하기 위해서는 시장, 기술, 네트워크와 같은 외부 요인을 적절히 활용할 필요가 있다. 또한, 제품의 가격 및 품질 관리 역량은 창업 성공에 직접적으로 영향을 미치는 중요한 요소로 간주된다.

　이어 저자(장동관 박사)는 기술 창업자의 전략적 지향성(시장, 기술, 기업가, 네트워크 지향성)이 창업 성과에 미치는 영향을 분석했다. 이를 통해 창업자의 성공을 위한 실무적 시사점을 제시했다.

　기술 창업에서 창업자의 전략적 지향성(시장, 기술, 기업가, 네트워크 지향성)은 창업 성과에 긍정적인 영향을 미쳤으며, 이 관계는 제품의 가격 관리 역량과 품질 관리 역량을 통해 매개 효과가 강화되었다. 특히 네트워크 지향성은 외부 자원을 활용해 비용 효율성과 품질 경쟁력을 높이는 데 중요한 역할을 했고, 가격 관리 역량은 초기 시장 진입과 매출 증가를, 품질 관리 역량은 고객 만족과 브랜드 신뢰 형성을 통해 장기적인 성과를 강화하는 데 기여했다.

　기술 창업자는 기술력뿐만 아니라 시장 요구를 파악하고, 네트워크를 활용해 자원을 확보하며, 가격과 품질을 효율적으로 관리할 수 있는 역량을 길러야 한다. 정부와 지원 기관은 창업자들이 네트워크를 확장하고 제품 관리 역량을 강화할 수 있는 교육과 지원 프로그램을 마련해 창업 성공을 위한 기반을 제공해야 한다.

기술창업과 전략적 지향성의 관계

기술창업과 전략적 지향성의 중요성

　기술창업 환경은 빠르게 변화하는 시장, 첨단 기술의 지속적인 혁신, 그리고 글로벌 경쟁 심화로 특징지어진다. 이러한 환경 속에서 전략적 지향성은 창업자가 성공적인 사업을 전개하는 데 필수적인 역할을 한다. 기술 기반 창업은 단순히 새로운 제품이나 서비스를 개발하는 것을 넘어서, 시장 요구를 정확히 파악하고, 기술력을 바탕으로 경쟁 우위를 확보하며, 강력한 네트워크를 통해 외부 자원을 효과적으로 활용해야 한다. 이는 창업자가 제품의 가격과 품질 관리 역량을 갖추는 것과 함께, 전략적 목표를 명확히 세우고 이를 달성하기 위한 체계적인 계획 수립이 필수적임을 시사한다.

　전략적 지향성은 여러 측면에서 창업 성공에 기여한다.

첫째, 시장 지향성은 소비자 니즈와 시장 동향을 면밀히 분석해 제품 개발 및 마케팅 전략에 반영하는 능력이다. 이를 통해 창업자는 경쟁사와 차별화된 제품을 개발하고, 효과적인 시장 진입 전략을 수립할 수 있다. 예를 들어, 특정 기술 스타트업이 글로벌 소비자 트렌드를 분석하여 맞춤형 솔루션을 제공함으로써 빠르게 시장 점유율을 확대한 사례는 시장 지향성의 중요성을 보여준다.

둘째, 기술 지향성은 최신 기술의 도입과 응용을 통해 혁신적인 제품을 개발하는 역량을 의미한다. 높은 기술 수준을 보유한 창업자는 제품의 질을 향상시키고, 비용 효율성을 극대화할 수 있다. 이는 고객 만족으로 이어지며, 장기적으로 브랜드 충성도와 재구매 의도를 높인다.

셋째, 네트워크 지향성은 창업자가 외부 자원을 확보하고, 중요한 파트너와 협력 관계를 구축하는 능력을 강화한다. 강력한 네트워크는 자금 조달, 기술 협력, 시장 진입 등 다양한 측면에서 창업 활동을 지원하며, 이는 기업 성과 개선에 직접적인 영향을 미친다. 실제로, 성공적인 벤처기업들은 넓은 인적 네트워크를 통해 초기 투자 유치와 시장 진입에 성공했으며, 이는 전략적 지향성이 가져다주는 구체적인 효과를 입증한다.

전략적 지향성의 정의와 구성요소

기술창업에서 전략적 지향성은 시장 변화에 효과적으로 대응하고 지속 가능한 성장을 이끄는 데 필수적인 방향성을 제공한다. 여기에는 시장 지향성, 기술 지향성, 기업가 지향성, 네트워크 지향성 등 네 가지 주요 구성요소가 있다.

시장 지향성은 소비자 요구와 시장 동향을 면밀히 분석해 제품 개발과 마케팅 전략에 반영하는 능력을 말한다. 기술창업 초기에는 제품이 혁신적이어야 할 뿐만 아니라, 시장의 실제 요구에 맞아야 성공 확률이 높다. 예를 들어, 한 스타트업이 고객 피드백을 통해 시장에서 원하는 기능을 파악하고, 이를 제품에 반영해 빠르게 출시한 사례는 시장 지향성이 기술창업에 얼마나 중요한지를 보여준다. 시장 지향성은 소비자의 기대를 충족시키고 경쟁사와 차별화된 가치를 창출하는 데 필요한 역량을 강화한다.

기술 지향성은 최신 기술 트렌드를 수용하고, 이를 제품이나 서비스에 효과적으로 통합하는 능력이다. 기술창업 기업은 혁신적인 기술을 개발하는 것뿐만 아니라, 이를 안정적이고 효율적으로 구현하는 데 집중해야 한다. 삼성전자와 애플 같은 글로벌 기업들은 강력한 기술 역량과 디자인 혁신을 결합해 시장을 선도해왔으며, 이는 기술 지향성이 기업 성공에 결정적인 역할을 한다는 사실을 입증한다. 기술 지향성은 제품의 차별화와 성능 향상을 통해 소비자 만족을 높이고, 브랜드 신뢰를 구축하는 데 기여한다.

기업가 지향성은 창업자가 위험을 감수하고, 혁신적인 아이디어를 실험하며, 변화에 유연하게 대응하는 태도를 의미한다. 기업가정신은 기술창업에서 가장 중요한 요소 중 하나로, 창업자가 불확실한 시장 상황에서도 결단력 있게 의사결정을 내리고 자원을 효율적으로 배분할 수 있게 한다. 에드워드 케네디와 같은 성공한 기업가들이 보여준 혁신적 리더십은 기업가 지향성의 중요성을 잘 나타낸다. 이는 조직 내 창의적 문화 조성과 지속적인 혁신 추진에 기반을 둔다.

네트워크 지향성은 기업이 외부의 자원과 정보를 효과적으로 활용하기 위해 강력한 인적, 정보적, 평판 네트워크를 구축하는 능력을 말한다. 기술창업 과정에서는 자금 조달, 기술 협력, 시장 진입 등 다양한 분야에서 네트워크가 중요한 역할을 한다. 예를 들어, 실리콘밸리의 많은 스타트업들이 넓은 네트워크를 통해 초기 투자 유치와 기술 지원을 받으며 빠르게 성장한 사례는 네트워크 지향성의 실질적 가치를 보여준다. 네트워크 지향성은 외부 자원 확보와 시장 진입 전략 실행을 가속화하며, 기업의 지속 가능한 경쟁 우위를 형성하는 데 필수적이다.

이러한 네 가지 전략적 지향성은 각기 다른 역량과 연결되지만, 상호 보완적으로 작용해 기술창업 기업이 복잡한 시장 환경 속에서 성공할 수 있는 기반을 제공한다. 시장 지향성은 소비자 요구를 이해하고 제품 개발에 반영하며, 기술 지향성은 혁신적인 기술 구현을 통해 제품 경쟁력을 높인다. 기업가 지향성은 리스크를 감수하고 창의적인 도전을 가능하게 하며, 네트워크 지향성은 외부 자원과 협력을 통해 성장 동력을 확보한다.

시장 지향성과 창업 성과

시장 지향성은 소비자의 요구를 정확히 파악하고 이를 제품 개발과 판매 전략에 반영하는 접근법으로, 창업 기업의 성공에 중요한 영향을 미친다. 기술창업 초기에는 자원과 시간이 제한되어 있어 시장의 실제 요구를 빠르게 이해하고 그에 맞는 제품을 개발하는 것이 필수적이다. 소비자 요구 파악을 위해 기업들은 시장 조사, 설문 조사, 소셜미디어 분석 등 다양한 방법을 활용해 고객의 선호와 트렌드를 수집한다. 이렇게 수집된 정보는 제품 개발 과정에 반영되어 시장 적합성을 확보하는 데 도움을 준다.

예를 들어, 한 스타트업이 모바일 애플리케이션을 개발할 때 초기 사용자들의 피드백을 적극 수렴해 기능을 개선하고, 사용자 인터페이스를 직관적으로 수정함으로써 제품의 시장 적합도를 높인 사례가 있다. 이는 시장 지향적 전략이 제품 개발 및 판매에 미치는 긍정적인 영향을 잘 보여준다. 소비자 요구를 반영한 제품은 고객 만족도를 높이고, 이는 자연스럽게 판매 증대로 이어진다. 시장 지향성은 단기적 매출 향상뿐만 아니라, 브랜드 이미지 강화와 충성 고객 확보로 연결되어 장기적인 창업 성과에 기여한다.

또한, 시장 지향적 전략은 기업이 변화하는 소비자 트렌드에 유연하게 대응할 수 있는 기반을 마련해준다. 예를 들어, 건강과 웰빙에 관심이 높은 액티브 시니어 시장을 타겟으로 한 코스메슈티컬 브랜드는 고객의 니즈를 반영해 제품 효능을 강화하고, 맞춤형 서비스를 제공함으로써 높은 고객 만족도를 달성했다. 이처럼 소비자 요구에 초점을 맞춘 접근은 제품 개발부터 마케팅, 서비스 제공 전 과정에서 일관되게 적용되어 기업 성과를 극대화하는 데 중요한 역할을 한다.

기술 지향성과 혁신적 성장

기술 지향성은 기업이 최신 기술을 적극 도입하고 연구개발

(R&D)에 집중함으로써 혁신적 성장을 이루는 중요한 경영 전략이다. 현대 시장에서 기술 혁신은 단순한 제품 개선을 넘어, 기업 경쟁력 확보와 새로운 시장 창출의 핵심 동력으로 작용한다. 기술을 중심으로 한 혁신은 제품 개발 주기를 단축시키고, 고객의 변화하는 요구에 민첩하게 대응할 수 있는 능력을 키워준다.

연구개발에 대한 집중은 기술 지향성의 또 다른 핵심 요소다. 기업이 R&D에 꾸준히 투자하면, 신제품이나 혁신적 서비스 개발에 필요한 창의적 아이디어와 전문 지식을 축적할 수 있다. 이를 통해 제품의 품질이 향상되고, 새로운 기술 적용으로 시장 경쟁력이 강화된다. 예를 들어, 5G 네트워크 관련 연구를 지속적으로 수행한 여러 기업들은 빠르게 변화하는 통신 시장에서 선도적인 위치를 확보하며 새로운 비즈니스 모델을 창출하고 있다.

기술 중심 혁신은 또한 효율성 개선과 비용 절감에도 기여한다. 자동화와 데이터 분석 기술을 활용해 생산 프로세스를 최적화하면, 제품의 품질을 유지하면서도 생산 비용을 낮출 수 있다. 이는 결과적으로 소비자에게 더 나은 가격과 품질을 제공하며, 기업의 수익성 향상으로 이어진다.

이처럼 기술 지향성은 기업이 경쟁력 있는 제품과 서비스를 개발하고, 시장 변화에 유연하게 대응할 수 있는 능력을 키우는 데 필수적이다. 최신 기술과 연구개발에 대한 지속적인 투자는 단기적인 성과뿐만 아니라, 장기적인 혁신과 성장의 기반을 마련해준다. 기업은 이러한 기술 중심 혁신 전략을 통해 경쟁력을 강화하고, 글로벌 시장에서 지속 가능한 성장을 이루어낼 수 있다.

기업가 정신과 네트워크 지향성의 역할

기술창업 환경에서 기업가 정신과 네트워크 지향성은 기업 성공의 핵심 동력으로 작용한다. 특히, 리스크를 감수하고 창의적으로 문제를 해결하는 기업가 정신은 불확실한 시장 상황 속에서 혁신을 이끌어낼 수 있는 원동력이다. 예를 들어, 초기 단계의 스타트업들이 제한된 자원 속에서 독창적인 비즈니스 모델을 개발하고, 시장의 변화에 유연하게 대응한 사례는 이러한 기업가 정신의 중요성을 잘 보여준다. 이러한 창의적 문제 해결은 종종 새로운 제품이나 서비스를 통해 나타나며, 실패를 두려워하지 않고 도전하는 자세가 시장에서 차별화된 경쟁력을 확보하는 데 기여한다.

네트워크 지향성은 외부 자원을 확보하고 시장 진입을 가속화하는 데 결정적인 역할을 한다. 강력한 네트워크는 투자자, 파트너, 고객과의 신뢰 구축과 더불어 필요한 정보를 신속하게 얻을 수 있는 통로를 제공한다. 실리콘밸리의 많은 스타트업들은 넓은 네트워크를 통해 초기 투자금을 확보하고, 기술 협력 및 시장 진입에 필요한 다양한 자원을 얻어 성공적인 사업 확장을 이뤄냈다. 예를 들어, 한 스타트업이 주요 산업 행사와 네트워킹 이벤트에 적극 참여하며 다양한 파트너십을 맺고, 이를 통해 제품 개발 및 마케팅 지원을 받으며 빠르게 시장에 진입한 사례가 있다.

이러한 네트워크를 통한 자원 확보와 시장 진입 가속화는 단순히 인적 연결을 넘어서, 신뢰와 평판을 기반으로 한 깊이 있는 관계 형성으로 이어진다. 기업가가 자신의 네트워크를 활용해 멘토링을 받고, 산업 트렌드와 기술 정보를 공유하는 과정은 창업자가 새로운 도전에 대응하고 혁신적 솔루션을 모색하는 데 실질적인 도움을 준다.

전략적 지향성이 기술창업 성과에 미치는 영향

기술창업자들이 창업에서 성공하려면 전략적 지향성으로 창업자 개인의 특성에 해당하는 내부적 측면의 기술지향성, 기업가 지향성과 환경 특성에 해당하는 외부적 측면의 시장지향성, 네트워크지향성이 필요하다. 특히, 신제품의 개발기획 과정에서 신제품의 가격과 품질간의 상충관계(trade-off)에 있어서 합리적인 균형점을 찾기 위해서는 품질관리 역량보다는 기술지향성, 시장지향성, 네트워크지향성이 가격관리역량에 더 많은 영향을 미치게 되므로 창업성과를 결정하는 직접적 요인이다.

내부 마케팅이 기술혁신과 품질에 미치는 영향은?

- 저   자 : 정갑진 박사 (jung0313@empal.com)
- 소   속 : (주)우진엔지니어링 대표이사
- 연구논문 : 내부마케팅 요인이 조직의 기술혁신과 지각된 서비스 품질에 미치는 영향
- 전기, 통신, 소방 관련 업체를 30년간 운영중이며, 중소기업기술개발평가위원, 산학협력 자문위원으로 활동하고 있다.

기업들은 고객 만족과 충성도를 높이기 위해 내부 구성원의 역량 강화에 주목하고 있다. 고객이 경험하는 서비스 품질은 직원들의 태도, 전문성, 그리고 행동에 의해 결정되며, 이를 지원하는 내부 시스템과 정책의 중요성이 강조된다. 이러한 배경에서 등장한 내부마케팅은 직원들을 내부 고객으로 간주하여 그들의 만족과 동기부여를 높이고, 이를 통해 고객에게 전달되는 서비스 품질을 향상시키는 접근이다.

한편, 급변하는 시장 환경에서는 기술혁신이 기업 경쟁력의 핵심 요소로 떠오르고 있다. 기술혁신은 제품과 공정을 개선하여 효율성과 품질을 높이고, 이를 통해 고객 만족을 극대화할 수 있다. 그러나 기술혁신의 성공은 조직 내 구성원들의 협력과 창의성을 기반으로 하며, 내부마케팅이 이러한 혁신을 촉진할 수 있는 중요한 도구로 작용한다.

저자(정갑진 백사)는 내부마케팅 요인(교육 훈련, 권한 위임, 경영층 지원, 보상 시스템, 커뮤니케이션)이 기업의 기술혁신(제품 혁신, 공정 혁신)과 지각된 서비스 품질에 미치는 영향을 분석하고, 기술혁신이 내부마케팅과 서비스 품질 간의 관계에서 매개 역할을 하는지를 실증적으로 검증했다. 기업이 내부마케팅과 기술혁신에 투자하면, 고객은 더 나은 서비스와 가치를 경험하게 된다. "직원이 행복해야 고객도 행복하다"는 단순한 구호가 아니라, 지속 가능한 성공을 위한 핵심 전략이다.

내부 마케팅과 기술혁신의 연관성

내부마케팅과 기술혁신

현대 기업 환경에서는 내부마케팅의 중요성이 날로 커지고 있다. 내부마케팅은 직원들을 고객으로 여기고 그들의 만족과 동기부여를 통해 더 나은 서비스와 제품을 만들어내는 접근 방식이다. 직원들이 행복하고 잘 교육받으며 권한이 부여될 때, 그들은 자신의 역할에 자부심을 느끼고 적극적으로 고객에게 가치를 전달하려고 노력한다. 이러한 분위기는 기업 문화 전반에 긍정적인 영향을 미치고, 결과적으로 고객 만족과 충성도로 이어진다.

내부마케팅은 단순히 직원 복지나 교육을 넘어서, 기술혁신과도 깊게 연관된다. 기술혁신은 제품과 공정 개선을 통해 서비스 품질을 높이는 중요한 요소인데, 내부마케팅을 통해 직원들이 새로운 기술을 배우고 적용할 준비가 되어 있을 때 그 효과는 배가된다. 예를 들어, 직원들이 새로운 디지털 도구나 AI 기반 솔루션을 활용할 수 있는 교육을 받으면, 혁신적인 아이디어를 더 잘 내고 실제 업무에 적용할 수 있다. 이는 자연스럽게 제품 혁신과 공정 혁신으로 이어져, 고객이 느끼는 서비스 품질을 향상시킨다.

또한, 기술혁신은 내부마케팅의 가치를 더욱 강화하는 역할을 한다. 최신 기술을 도입하면 직원들의 업무 효율성이 높아지고, 반복적이고 시간이 많이 소요되는 작업들이 자동화된다. 이로써 직원들은 더 창의적이고 고객 중심적인 업무에 집중할 수 있게 된다. 예를 들어, AI를 활용한 고객 응대 시스템을 도입하면 직원들은 고객 상담 과정에서 더 복잡한 문제 해결에 집중할 수 있고, 이는 고객에게 더 높은 수준의 서비스를 제공하는 결과로 이어진다.

결국 내부마케팅과 기술혁신은 서로를 보완하며 기업 경쟁력을 강화하는 시너지를 창출한다. 내부마케팅을 통해 직원들의 역량과 만족도를 높이고, 이를 바탕으로 기술혁신을 추진하면, 고객에게 전달되는 서비스 품질이 자연스럽게 향상된다. 이러한 접근은 단기적인 비용 절감이나 매출 증대뿐만 아니라, 장기적으로 기업 문화와 브랜드 신뢰도를 높여 지속 가능한 성공을 이끄는 핵심 전략이 된다.

내부마케팅의 핵심 요소와 역할

내부마케팅의 핵심 요소는 교육·훈련, 권한 위임, 경영층의 지원, 보상 시스템, 그리고 원활한 커뮤니케이션이다. 이 요소들은 서로 긴밀하게 연결되어 직원들의 역량을 강화하고, 조직 전반의 분위기를 개선하는 데 중요한 역할을 한다.

교육과 훈련 프로그램은 직원들이 자신의 역할을 넘어 더 넓은 시야를 갖고 업무에 접근할 수 있도록 도와준다. 새로운 기술과 업무 지식을 습득함으로써 직원들은 자신감을 얻고, 더 나은 서비스 제공에 기여한다. 권한 위임은 직원들이 의사결정 과정에 참여하도록 장려한다. 이는 그들이 책임감을 느끼고 창의적으로 문제를 해결하는 데 도움이 된다. 교육과 권한 위임은 직원들이 스스로 성장할 수 있는 환경을 만들어, 결과적으로 서비스 품질을 높이는 원동력이 된다.

경영층의 적극적인 지원은 직원들이 변화와 도전에 유연하게 대응할 수 있는 기반을 마련한다. 리더가 모범을 보이고 지속적으로 격려하면, 직원들은 자신의 역할을 보다 가치 있게 여길 뿐 아니라 조직에 대한 충성도가 높아진다. 이에 더해 공정하고 투명한 보상 시스템은 직원들의 노고를 인정하고, 동기부여를 촉진한다. 보상은 단순히 금전적 보상에 국한되지 않고, 승진 기회, 인정 프로그램 등을 통해 직원들의 성취감을 높일 수 있다.

효과적인 커뮤니케이션은 정보의 흐름을 원활하게 하고, 직원 간의 협력과 이해를 증진시킨다. 열린 대화와 피드백 문화는 문제를 신속하게 발견하고 해결하는 데 도움이 된다. 또한, 직원들이 의견을 자유롭게 표현할 수 있는 환경은 혁신적인 아이디어와 개선점을 도출하는 데 크게 기여한다.

이 모든 내부마케팅 요소들은 직원 만족과 동기부여로 이어진다. 만족하고 동기부여된 직원은 자신의 역할에 자부심을 갖고, 더 높은 수준의 서비스 제공에 열정을 쏟게 된다. 이는 자연스럽게 고객에게 전달되는 서비스 품질로 연결된다. 예를 들어, 직원이 충분한 교육을 받고 권한이 위임되면 고객 문의에 신속하고 정확하게 대응할 수 있으며, 친절한 서비스로 고객 경험을 개선하게 된다. 또한, 경영진의 지원과 공정한 보상은 직원들이 장기적으로 조직에 머무르게 하여, 일관된 서비스 제공과 깊은 고객 신뢰를 구축하는 데 기여하는 것이다.

기술혁신 촉진을 위한 내부마케팅 전략

내부마케팅은 단순히 고객 서비스를 개선하는 것을 넘어, 제품 및 공정 혁신을 촉진하는 강력한 도구로 활용될 수 있다. 예를 들어, 조직은 교육과 권한 위임을 통해 직원들이 최신 기술 트렌드를 빠르게 습득하도록 장려할 수 있다. 이를 통해 직원들은 생산 과정이나 서비스 제공 방식에서 새로운 아이디어를 제안하고, 이를 실제로 적용해 볼 수 있는 환경을 마련하게 된다. 이러한 혁신적인 접근은 제품 개발 주기를 단축시키거나 공정의 효율성을 높이는 데 기여하며, 궁극적으로 시장 경쟁력 강화로 이어진다.

조직 내 협력과 창의성을 증대시키기 위해서는 구체적인 사례를 통해 내부마케팅이 어떻게 실현되는지 이해하는 것이 중요하다. 한 기업에서는 부서 간 협업을 장려하기 위해 혁신 워크숍을 정기적으로 개최하고, 다양한 아이디어를 자유롭게 제안할 수 있는 플랫폼을 구축했다. 이 자리에서 직원들은 실제 문제를 해결하기 위한 창의적인 솔루션을 모색하며, 서로 다른 관점과 전문 지식을 결합해 새로운 제품이나 서비스를 개발했다. 이러한 사례는 내부마케팅 전략이 조직 문화에 뿌리내려 협력과 창의성을 자연스럽게 높이고, 이를 통해 기술혁신이 가속화되는 선순환 구조를 만들어낼 수 있음을 보여준다.

디지털 시대의 내부마케팅과 혁신

디지털 전환은 내부마케팅 전략에 깊은 영향을 미치고 있다. 과거와 달리 현대 기업들은 디지털 도구와 플랫폼을 활용해 직원과의 소통을 강화하고, 교육 및 역량 개발을 보다 효율적으로 진행할 수 있는 환경을 마련하고 있다. 예를 들어, 클라우드 기반 협업 툴과 온라인 교육 프로그램은 지리적 제약 없이 모든 직원이 동일한 정보와 교육 자원에 접근할 수 있게 해준다. 이는 내부 커뮤니케이션의 투명성을 높이고, 직원들이 변화하는 시장 환경에 신속하게 대응할 수 있는 능력을 배양하는 데 기여한다.

또한, 디지털 전환은 데이터 분석 및 자동화 기술을 통해 내부 운영의 효율성을 극대화한다. 이러한 기술을 통해 조직은 직원들의 성과와 고객 피드백을 실시간으로 분석하여, 맞춤형 교육 콘텐츠를 제공하거나 프로세스를 개선할 수 있다. 이 과정에서 내부마케팅 전략은 단순히 감성적인 소통을 넘어, 데이터 기반의 의사결정과 혁신적인 프로세스 설계로 진화하게 된다.

기술을 논할 때 우리는 단순히 인공지능(AI)만을 떠올려서는 안 된다. 디지털 시대의 기술에는 클라우드 컴퓨팅, 사물인터넷(IoT), 빅데이터 분석, 가상현실(VR), 증강현실(AR) 등 다양한 도구와 시스템을 포함된다. 이러한 기술들은 조직 내 협업을 촉진하고, 생산성 향상과 혁신을 이끌어내는 기반이 된다. 예를 들어, IoT 기기를 활용해 매장 내 고객 행동을 실시간으로 모니터링하고, 이를 바탕으로 맞춤형 서비스를 제공할 수 있는 인사이트를 얻을 수 있다. 이는 고객 경험을 개선함과 동시에 직원들이 더 창의적이고 효과적인 방식으로 업무를 수행하도록 돕는 사례가 될 수 있다.

디지털 시대의 내부마케팅은 기술을 통한 혁신과 사람 중심의 관리 전략이 조화를 이루며 발전해야 한다. 기술 도입이 직원 교육과 고객 서비스 개선에 어떤 구체적인 혜택을 가져오는지 이해하고, 이를 바탕으로 내부마케팅 전략을 재정비하는 것은 기업이 지속 가능한 경쟁력을 확보하는 데 필수적이다.

조직 문화와 지속 가능한 변화

조직 문화는 지속 가능한 변화를 이끌어내는 중요한 요소다. 특히 직원 행복과 고객 만족 간의 선순환 구조를 구축하는 것은 기업 경쟁력의 핵심이다. 이를 위해서는 단순한 복지 혜택을 넘어, 직원들이 일에서 의미를 찾고 성장할 수 있는 환경을 조성해야 한다. 직원들이 자부심을 느끼며 일할 때 자연스럽게 고객에게도 긍정적인 에너지를 전달하게 되고, 이는 고객 만족으로 이어진다. 예를 들어, 직원들의 창의성을 존중하고 자유롭게 아이디어를 제안할 수 있는 조직 분위기를 조성하면, 직원들은 자신의 역할에 대해 더 높은 몰입감을 가지게 된다. 이로 인해 더 나은 서비스와 제품이 탄생하며, 결국 고객 만족도 상승으로 연결되어 기업 전체의 성과가 향상된다.

　이러한 선순환 구조를 만들기 위해서는 직원 복지뿐만 아니라, 직원들이 회사 내에서 성장하고 발전할 수 있는 기회를 지속적으로 제공해야 한다. 교육 프로그램, 경력 개발 기회, 피드백 문화 등이 잘 구축되면 직원들은 자신의 역량이 인정받고 있으며, 이는 곧 행복으로 이어진다. 행복한 직원들은 고객 응대에 있어서도 긍정적이며, 고객과의 상호작용에서 진심이 담긴 서비스를 제공하게 된다. 이러한 경험은 고객에게 깊은 인상을 남기고, 충성 고객으로 이어질 수 있다.

　내부마케팅과 기술혁신을 통한 장기적 경쟁력 확보 전략은 조직 문화와도 밀접하게 연결된다. 내부마케팅을 통해 직원들의 욕구와 필요에 세심하게 대응하고, 그 과정에서 신뢰와 존중을 쌓아가는 것은 조직 문화를 긍정적으로 변화시키는 데 중요한 역할을 한다. 여기에 디지털 기술과 혁신을 결합하면, 직원들이 보다 효율적으로 작업할 수 있는 환경을 조성할 뿐만 아니라, 새로운 아이디어를 실현할 수 있는 도구와 자원을 제공하게 된다. 예를 들어, 최신 소프트웨어와 데이터 분석 도구를 활용해 직원들이 고객 데이터를 더 정확히 이해하고, 이를 기반으로 맞춤형 서비스를 개발하도록 지원할 수 있다.

　또한, 기술혁신은 내부 프로세스의 투명성을 높이고, 의사소통을 강화하는 데 기여한다. 이를 통해 조직 구성원들은 자신의 의견이 존중받고 있다는 느낌을 받으며, 이는 곧 조직에 대한 충성심으로 이어진다. 이러한 신뢰와 협력의 문화는 기술 도입과 혁신이 더욱 원활하게 이루어지도록 돕고, 장기적으로는 기업의 경쟁력 강화에 큰 역할을 한다.

결론적으로, 조직 문화와 지속 가능한 변화를 위해 직원 행복과 고객 만족을 연결하는 선순환 구조를 구축하는 것은 필수적이다. 내부마케팅과 기술혁신을 통해 직원들의 역량을 강화하고, 창의적인 아이디어가 자유롭게 공유되는 문화를 조성한다면, 기업은 변화하는 시장 환경 속에서도 유연하게 대응하며 지속 가능한 경쟁력을 확보할 수 있을 것이다.

사회적 자본이 자금조달과 마케팅 성과에 미치는 영향은?

- 저   자 : 김제금 박사 (jane0616@hanmail.net)
- 소   속 : (주)퓨림 대표
- 연구논문 : 최고경영진의 인적 및 사회적 자본이 외부자금 활용과 초기 마케팅 성과에 미치는 영향(대덕연구개발특구 소재 벤처기업을 중심으로)
- 벤처기업 창업 후 기업의 생존을 위해 공부를 시작했다. 재무학 석사, 창업학 석사, 마케팅 박사 학위를 취득 후 대학과 여러기관에서 국제경제정책, 트렌드, 창업 관련 강의를 하고 있다. 그 외에도 소상공인 컨설턴트로도 활동 중이며 창업진흥원 평가위원으로도 활동 중이다.

벤처기업은 신기술을 기반으로 새로운 시장을 개척하며 경제 성장의 주요 동력으로 주목받고 있다. 하지만 초기 자금 부족과 자원 관리의 한계로 인해 많은 벤처기업이 성장 과정에서 어려움을 겪고 있다. 특히, 초기 성과를 높이기 위해서는 최고경영진의 자질과 네트워크 활용 능력이 중요하다. 최고경영진의 학력, 경력 같은 인적 자본과 대인 관계, 평판 등으로 구성된 사회적 자본은 기업 외부 자금 활용과 성과 창출에 결정적인 역할을 한다.

　이에 저자(김제금 박사)는 최고경영진이 보유한 인적 자본(학력, 경력 등)과 사회적 자본(네트워크, 신뢰 등)이 벤처기업의 외부자금 활용과 초기 마케팅 성과에 미치는 영향을 실증적으로 분석했다. 이를 통해 벤처기업이 성공적인 초기 성과를 달성하기 위한 전략적 방향을 제시했다.

　연구결과 학력과 경력이 우수한 최고경영진은 벤처캐피탈이나 정부 R&D 자금을 보다 효과적으로 확보하며, 이를 통해 기업의 초기 자금 부족 문제를 해결할 수 있었다. 또한, 네트워크와 신뢰는 외부 자금 접근성을 높이고, 자금 활용 효율성을 강화하는 데 긍정적인 영향을 미치는 것으로 나타났다.

　벤처기업의 성공은 기술력뿐 아니라 최고경영진의 역량과 네트워크 활용에 크게 좌우된다. 효과적인 외부 자금 활용과 전략적 마케팅은 초기 성과를 극대화하는 중요한 열쇠다. 벤처기업의 최고경영진은 사람과 자금을 연결하는 능력이 필요하다.

사회적 자본이 기술창업에 미치는 영향

사회적 자본과 기술기반 창업

사회적 자본은 개인이나 조직이 소속된 네트워크, 신뢰, 상호 협력적 관계를 통해 얻는 자원을 의미한다. 벤처기업의 성공에 있어 사회적 자본은 단순한 금전적 자원이나 기술력 못지않게 중요한 요소로 떠오르고 있다. 강력한 네트워크와 신뢰는 투자자, 파트너, 고객과의 긍정적 관계를 형성해 외부 자금 조달과 시장 진입을 용이하게 하며, 기업의 성장을 촉진한다. 예를 들어, 신생 벤처가 유명 투자자나 업계 리더와의 긴밀한 관계를 통해 초기 자금을 확보하고, 시장 정보와 조언을 얻는 사례는 사회적 자본의 가치를 극명하게 보여준다.

대덕연구개발특구는 한국의 주요 기술혁신 허브로, 수많은 기술기반 벤처기업이 모여 있다. 이 지역의 벤처기업들은 뛰어난 연구개발 능력과 기술력을 보유하고 있지만, 초기 자원 부족과 시장 불확실성이라는 도전에 직면해 있다. 이러한 맥락에서 사회적 자본은 특히 중요한 역할을 한다. 대덕특구 내 기업들은 인근 대학, 연구소, 산업체와의 협력 네트워크를 통해 최신 연구 결과를 공유받고, 공동 연구를 진행하며, 전문 인력을 교류할 수 있는 환경을 갖추고 있다. 이는 기술 개발뿐 아니라 자금 조달, 마케팅, 경영 전략 수립에도 긍정적인 영향을 미친다.

특히, 대덕연구개발특구 소재 벤처기업들은 지역 특유의 밀접한 인적 네트워크와 정보 교류 시스템을 활용해 시장 진입 장벽을 낮추고, 경쟁력을 강화할 수 있다. 정부와 민간이 지원하는 다양한 네트워킹 프로그램과 멘토링 제도는 기업가정신을 고취시키고, 사회적 자본을 강화하는 데 기여한다. 이러한 지원은 벤처기업이 생존하고 성장하는 데 필수적이며, 경쟁력 확보를 위한 전략적 자원으로 작용한다.

저자(김제금 박사)는 사회적 자본이 특히 기술기반 창업 기업에게 어떻게 중요한 영향을 미치는지를 밝히는 데 중점을 두었다. 지역사회와의 강력한 네트워크, 신뢰 기반의 협력 관계는 초기 단계의 자원 부족 문제를 해결하고, 지속 가능한 성장을 위한 밑거름이 된다.

사회적 자본이 외부 자금 조달에 미치는 영향

벤처기업이 초기 자금을 확보하는 과정에서 사회적 자본은 단순한 네트워크 이상의 역할을 한다. 강력한 네트워크와 신뢰는 투자자와의 관계를 강화하고, 자금 조달 성공률을 높이는 핵심 요인으로 작용한다. 특히 벤처캐피탈이나 정부 지원금을 유치하는 과정에서, 창업자의 사회적 자본은 기업의 신뢰도와 안정성을 평가받는 기준이 된다. 신뢰할 만한 네트워크를 보유한 창업자는 투자자와의 긍정적인 상호작용을 통해 자금 유치를 원활히 할 수 있다.

실제 사례로, 테슬라 창업자 일론 머스크는 자신의 경력과 평판을 바탕으로 초기 투자 유치에 성공했다. 그는 자신의 신뢰성과 네트워크를 활용해 투자자들에게 테슬라의 비전을 설득했고, 이는 기업의 성장으로 이어졌다. 또 다른 예로, 실리콘밸리의 스타트업들은 알렉사나 링크드인 같은 네트워크를 통해 투자자를 만나고, 자금 조달뿐만 아니라 전문 지식을 교류하며 성과를 극대화하고 있다. 이러한 네트워크는 단순히 금전적 지원을 넘어, 멘토링, 기술 자문, 시장 정보 제공까지 포괄하는 폭넓은 지원 체계를 형성한다.

사회적 자본은 벤처기업의 대외적 신뢰도를 강화하는 데도 중요한 역할을 한다. 예를 들어, 투자자들은 기업의 재무 안정성뿐 아니라 창업자의 인적 네트워크와 평판을 평가한다. 창업자가 업계 내에서 신뢰받는 인물로 평가되면, 그 기업은 자금 조달 과정에서 유리한 조건을 제안받거나 투자 우선순위에 오를 가능성이 높다. 이는 단순히 네트워크의 크기가 아니라, 그 질적 측면이 더 중요하다는 점을 보여준다.

네트워크와 신뢰는 벤처기업이 외부 자금을 조달하는 데 있어 필수적인 자산이다. 이를 통해 창업자는 단순히 필요한 자금을 확보하는 데 그치지 않고, 기업의 전략적 방향성을 설정하고 장기적인 성과를 도모할 수 있다. 벤처기업이 생존과 성장을 위해 활용할 수 있는 가장 강력한 무기 중 하나가 바로 이 사회적 자본이라는 점을 간과해서는 안 된다.

사회적 자본이 초기 마케팅 성과에 미치는 영향

초기 마케팅 성과를 달성하기 위해 벤처기업은 제한된 자원과 불확실한 시장 환경 속에서 창의적이고 전략적인 접근이 필요하다. 이 과정에서 사회적 자본은 중요한 촉진제가 된다. 신뢰와 평판 같은 사회적 자본은 마케팅 활동의 신뢰성을 높이고, 네트워크를 통해 효율적으로 자원을 활용하며, 초기 성과를 극대화하는 데 기여한다.

먼저, 신뢰와 평판은 브랜드 이미지와 직접적으로 연결된다. 예를 들어, 창업자가 업계에서 쌓아온 신뢰는 그가 런칭하는 제품이나 서비스에 대한 초기 시장의 신뢰를 이끌어낼 수 있다. 소비자들은 브랜드 자체를 경험하기 전에, 브랜드를 만든 사람이나 조직의 신뢰도를 통해 초기 인상을 형성한다. 테슬라의 초기 성공 사례는 이를 잘 보여준다. 일론 머스크의 기술적 역량과 비전은 단순한 광고 이상의 신뢰를 제공하며, 초기 테슬라 차량에 대한 높은 기대감과 구매로 이어졌다.

네트워크는 마케팅 메시지가 더 많은 사람에게 빠르게 전달되도록 돕는다. 초기 마케팅에서는 대규모 예산을 투입하기 어렵기 때문에, 네트워크를 활용한 효과적인 접근이 필요하다. 특히 소셜

미디어와 같은 디지털 플랫폼은 개인적인 신뢰를 기반으로 정보를 공유하는 공간으로, 벤처기업이 초기 사용자와 연결되고 바이럴 효과를 얻는 데 중요한 역할을 한다. 드롭박스는 초기 사용자들이 추천을 통해 새로운 사용자를 유입시키는 전략을 활용해 네트워크 효과를 극대화한 대표적 사례다.

또한, 사회적 자본은 파트너십과 협업을 통해 초기 마케팅 비용을 절감하는 데도 기여한다. 예를 들어, 신뢰를 바탕으로 한 협력 관계를 통해, 다른 브랜드나 기업과 공동 캠페인을 진행하거나 유통 채널을 공유할 수 있다. 이는 자원 부족 문제를 해결하고, 브랜드 가시성을 확대하는 효율적인 방법이다.

결국, 사회적 자본은 초기 마케팅 활동의 기반이자 촉진제다. 신뢰와 평판은 브랜드에 대한 긍정적인 이미지를 구축하며, 네트워크는 마케팅 메시지를 효과적으로 전달할 수 있는 채널을 제공한다. 벤처기업이 초기 성과를 극대화하기 위해서는, 단순히 기술력과 제품의 질에만 의존할 것이 아니라, 이와 같은 사회적 자본을 전략적으로 활용하는 방안을 고려해야 한다.

디지털 시대, 사회적 자본의 새로운 가능성

디지털 시대의 도래는 사회적 자본을 활용하는 방식에 혁신을 가져왔다. 이제 기업은 전통적인 대면 네트워크를 넘어 디지털 플랫폼을 통해 신뢰를 구축하고 네트워크를 확장하며, 이를 자금 조달과 마케팅에 전략적으로 활용할 수 있다.

먼저, 디지털 플랫폼은 네트워킹의 효율성을 극대화한다. 과거에는 대면 모임이나 컨퍼런스를 통해 관계를 형성했다면, 이제는 링크드인(LinkedIn), 슬랙(Slack) 같은 비즈니스 중심 플랫폼을 활용해 짧은 시간 안에 글로벌 네트워크를 구축할 수 있다. 특히 링크드인은 투자자와 창업자, 협력 파트너를 연결하는 중요한 채널로 자리 잡았다. 예를 들어, 링크드인을 통해 관계를 맺은 스타트업이 초기 투자자와 연결되어 시드 자금을 확보한 사례는 이제 흔하다.

신뢰 구축에서도 디지털 플랫폼은 강력한 도구로 작용한다. 기업이 소셜미디어를 통해 고객과 직접 소통하고 투명한 이미지를 구축하면 신뢰는 자연스럽게 형성된다. 예를 들어, 크라우드펀딩 플랫폼인 킥스타터(Kickstarter)는 프로젝트의 창립자가 플랫폼 내에서 진정성 있는 소통과 진행 상황 업데이트를 제공할 때, 더 많은 후원자를 유치하는 결과를 보여준다. 이는 단순히 프로젝트에 대한 관심을 넘어, 창립자 개인에 대한 신뢰로 이어지기 때문이다.

디지털 네트워크는 자금 조달뿐 아니라 마케팅에도 큰 영향을 미친다. 기업은 디지털 채널을 통해 잠재 고객과 직접 연결되며, 이를 통해 마케팅 비용을 절감하고 효율성을 극대화할 수 있다. 페이스북 광고나 인스타그램 캠페인을 활용한 정밀 타겟팅은 기업이 특정 관심사를 가진 잠재 고객에게 직접적으로 메시지를 전달할 수 있는 기회를 제공한다. 실제로, 스타트업 브랜드 글로시에(Glossier)는 인스타그램을 통해 초기 고객 기반을 구축하고, 사용자 리뷰와 경험을 중심으로 브랜드 충성도를 높이는 데 성공했다.

결국 디지털 시대의 사회적 자본 활용 전략은 신뢰 구축과 네트워크 확장의 경계를 허물고, 이를 글로벌 규모로 확장할 수 있는 가능성을 제공한다. 기업은 디지털 플랫폼에서의 활동을 단순한 존재감을 넘어 전략적 자원으로 활용해야 한다. 디지털 네트워크를 통해 얻어진 사회적 자본은 자금 조달과 마케팅에서의 성공 가능성을 크게 높이는 열쇠가 될 것이다.

벤처기업의 사회적 자본 강화 방안

벤처기업이 지속 가능한 성장을 이루기 위해서는 사회적 자본을 전략적으로 활용하고 강화하는 노력이 필수적이다. 신뢰 기반의 네트워크를 구축하고 이를 실질적으로 활용하기 위해 벤처기업은 교육, 멘토링, 협업 플랫폼과 같은 구체적인 방법을 적극 도입해야 한다.

먼저, 교육은 사회적 자본 강화를 위한 핵심 도구다. 벤처기업의 경영진과 팀원은 네트워킹 기술과 관계 관리의 중요성을 이해하고, 이를 실천할 수 있는 훈련을 받아야 한다. 이를 위해 지역 창업 지원센터나 글로벌 창업 프로그램이 제공하는 네트워킹 워크숍에 참여하는 것이 효과적이다. 예를 들어, 글로벌 액셀러레이터인 Y-Combinator는 창업가들에게 단순한 자금 지원을 넘어 네트워킹과 관계 구축 교육을 제공하며, 이를 통해 투자자와 창업자 간의 신뢰를 강화하고 있다.

멘토링은 벤처기업이 신뢰 기반 네트워크를 확장하는 또 다른 중요한 방법이다. 경험 많은 기업가나 산업 전문가와의 멘토링 관계는 신뢰를 바탕으로 실질적인 조언과 연결 기회를 제공한다. 특히 초기 단계의 벤처기업은 투자자와의 관계를 구축하기 위해 멘토링 네트워크를 활용할 수 있다. 예를 들어, 멘토링 네트워크를 통해 초기 투자자와 연결된 많은 스타트업이 시드 투자를 성공적으로 유치한 사례가 있다.

협업 플랫폼의 활용도 사회적 자본을 강화하는 데 효과적이다. Slack이나 Microsoft Teams와 같은 디지털 협업 도구는 기업 내부뿐 아니라 외부 파트너와의 협업을 효율적으로 관리할 수 있도록 돕는다. 또한 링크드인 같은 비즈니스 중심 소셜 네트워크는 신뢰할 수 있는 네트워크를 확장하는 데 강력한 도구로 작용한다. 링크드인을 통해 투자자, 협력업체, 고객과의 관계를 맺고 강화하는 기업들은 글로벌 시장에서도 경쟁력을 발휘하고 있다.

벤처기업이 사회적 자본을 강화하기 위해서는 신뢰를 중심으로 한 관계 구축이 필요하다. 교육과 멘토링은 이러한 신뢰를 구축하는 데 기반이 되며, 협업 플랫폼은 이를 효과적으로 관리하고 확장할 수 있는 도구다. 벤처기업이 이와 같은 전략을 실행에 옮긴다면, 단기적인 성과를 넘어 장기적인 성장 가능성을 높일 수 있을 것이다. 사회적 자본은 단순히 관계를 유지하는 것을 넘어, 기업의 성장 엔진으로 작용할 수 있다는 점을 인식해야 한다.

브랜드 신뢰는 마케팅 활동에 어떠한 영향을 미치는가?

- 저   자 : 박흥재 박사(song6400@naver.com)
- 소   속 : 송가네식품(주) 대표이사
- 연구논문 : 외식 프랜차이즈 산업에서의 브랜드 진정성, 브랜드신뢰, 재계약 의도의 관계에 관한 연구(브랜드 신뢰의 매개효과를 중심으로)
- 프랜차이즈 가맹본사(송가네족발보쌈, 홈덕스)를 30여 년간 운영하였으며, (사)한국중소프랜차이즈협회 회장, (사)한국프랜차이즈협회 부회장을 역임하였다. 또한, 대학교와 소상공인시장진흥공단 등 다양한 기관에서 프랜차이즈 창업과 경영 강사로 활동하고 있는 현장 전문가이다.

현대 마케팅 환경에서는 브랜드의 영향력이 점차 약화되고 있다. 과장된 광고, 일관성 없는 태도, 신뢰를 저해하는 기업 행동으로 인해 소비자와 기업 간의 신뢰가 크게 흔들리고 있다. 이는 프랜차이즈 산업에서도 동일하게 나타나며, 프랜차이즈 본사와 가맹점주 간의 관계에서도 신뢰와 진정성 문제가 대두되고 있다. 특히 프랜차이즈 본사에서 약속한 사항이 제대로 이행되지 않는 경우, 가맹점주들은 본사에 대한 불신을 가지게 되고, 이는 장기적인 관계 단절로 이어질 위험이 있다.

이와 같은 맥락에서 브랜드 진정성은 기업이 소비자와 가맹점주에게 신뢰를 구축하기 위해 반드시 확보해야 할 가치로 떠오르고 있다. 진정성은 단순히 진실되고 진심이라는 의미를 넘어, 소통, 성과, 공익성과 같은 다차원적 요소를 포함하며, 프랜차이즈 본사와 가맹점 간의 성공적인 협력 관계 형성에 핵심적인 역할을 한다.

저자(박흥재 박사)는 연구를 통해 외식 프랜차이즈 산업에서의 브랜드 진정성이 가맹점주의 브랜드 신뢰와 재계약 의도에 미치는 영향을 분석하고, 브랜드 신뢰가 이 관계에서 어떤 매개 역할을 하는지 실증적으로 검증했다. 이를 통해 프랜차이즈 본사와 가맹점주가 상생할 수 있는 방향성을 제시하고자 했다.

연구 결과 프랜차이즈 산업뿐만 아니라 모든 비즈니스 관계에서 신뢰와 진정성이 성공의 핵심 요인임을 보여준다. 이러한 가치는 개인과 기업 모두에게 지속 가능한 성장을 위한 지침이 될 것이다.

> 브랜드 진정성이란 무엇인가?

브랜드 진정성이 중요한 이유

프랜차이즈 산업에서는 브랜드 본사와 가맹점주 간의 신뢰가 핵심이다. 본사가 제시하는 가치와 약속이 실제로 이행되지 않으면, 가맹점주는 불신을 가지게 되고 이는 장기적 관계 단절로 이어질 수 있다. 따라서 브랜드 진정성은 프랜차이즈 산업에서 특히 중요하다. 본사가 진심으로 소비자와 가맹점주를 대하고, 투명하게 소통하며 약속을 지킴으로써 신뢰를 쌓는 것은 성공적인 프랜차이즈 운영의 필수 요소가 된다.

진정성 있는 브랜드는 가맹점주와의 관계에서 여러 긍정적인 영향을 가져온다. 첫째, 본사의 약속을 성실히 이행하면 가맹점주는 본사에 대한 신뢰감을 갖게 된다. 이는 일상적인 운영에서 발생하는 문제 해결과 지원 과정에서 중요한 역할을 한다. 둘째, 진정성은 가맹점주와의 소통을 촉진시켜 상호 협력과 피드백 문화가 자리잡게 한다. 가맹점주들은 자신이 존중받고 있다고 느끼며, 브랜드의 발전에 적극적으로 참여하게 된다. 이러한 신뢰와 협력은 결국 재계약 의도 상승, 브랜드 이미지 강화, 장기적인 성공으로 이어진다.

진정성 있는 브랜드 구축을 위한 실천 방안

진정성 있는 브랜드를 구축하기 위해 가장 중요한 것은 한 번 약속한 사항을 꾸준히 이행하는 것이다. 프랜차이즈 본사는 가맹점주와 소비자에게 내세운 약속을 실제 행동으로 옮겨야 한다. 예를 들어, 정기적인 교육 프로그램 운영이나 제품 품질 보증 등을 약속했다면, 이를 성실히 지켜 신뢰를 쌓아야 한다. 또한, 문제가 발생했을 때는 이를 숨기지 않고 솔직하게 알리고, 해결 과정을 투명하게 공유하는 것이 중요하다. 이런 투명한 소통 방식은 불필요한 오해를 줄이고, 가맹점주와의 신뢰를 강화하는 데 큰 도움이 된다.

브랜드 진정성은 브랜드 가치와 철학을 가맹점주와 공유하는 과정이기도 하다. 진정성 있는 브랜드는 단순히 제품이나 서비스 제공을 넘어, 그 뒤에 있는 가치와 철학을 가맹점주와 함께 공유하며 살아간다. 본사는 브랜드가 추구하는 핵심 가치를 명확히 하고, 이를 구체적인 사례나 스토리텔링을 통해 가맹점주에게 전달할 수 있어야 한다. 이를 위해 정기적인 워크숍이나 세미나를 통해 브랜드의 비전과 철학을 논의하고, 가맹점주의 의견을 듣는 과정을 거치는 것도 좋은 방법이다. 이런 과정을 통해 가맹점주들은 단순한 계약 관계를 넘어서 브랜드의 일원이 되는 느낌을 받게 되며, 브랜드에 대한 소속감과 자부심을 키울 수 있다. 결과적으로 이는 본사와 가맹점주 간의 더욱 깊은 신뢰와 협력을 이끌어내는 기반이 된다.

브랜드 신뢰 형성의 핵심 전략

프랜차이즈 본사는 브랜드 신뢰 형성의 중심에 서 있어야 한다. 본사는 명확한 비전과 목표를 가지고, 이를 가맹점주와 공유하며 지속적으로 실천해 나가야 한다. 구체적으로는 약속한 서비스와 지원을 꾸준히 제공하고, 문제 발생 시 신속하게 대응하는 자세가 중요하다. 또한, 본사는 정기적인 소통 채널을 통해 가맹점주들에게 회사의 결정 과정이나 변화에 대해 투명하게 알리는 것이 필요하다. 투명성과 일관성을 유지하면서 가맹점주들이 본사를 신뢰할 수 있는 기반을 마련하는 것이 핵심 역할이다. 본사가 먼저 솔선수범하여 신뢰를 쌓는다면, 이는 가맹점주들과의 관계에서도 긍정적인 영향을 미치고, 브랜드 전체의 신뢰도를 높이는 결과로 이어진다.

신뢰를 구축하기 위해서는 단방향 소통을 넘어 상호 피드백 문화가 필수적이다. 본사는 가맹점주들의 의견을 적극적으로 경청하고, 그들의 피드백을 실제 정책과 운영 개선에 반영하는 과정을 통해 상호 신뢰를 쌓아갈 수 있다. 이를 위해 정기적인 회의, 설문 조사, 온라인 포럼 등의 채널을 마련해 가맹점주들이 자유롭게 의견을 나눌 수 있는 환경을 조성하는 것이 중요하다. 가맹점주들이 제안한 아이디어나 문제점을 본사가 진지하게 검토하고 개선해 나가는 모습을 보이면, 가맹점주들은 자신들의 의견이 존중받고 있다고 느끼며 더욱 적극적으로 협력하게 된다. 이러한 피드백 순환 구조는 시간이 지남에 따라 본사와 가맹점주 간의 신뢰와 협력을 공고히 하는 데 큰 도움이 된다.

브랜드 진정성과 신뢰 형성 사례

㈜송가네식품은 매장 개설 전후로 정기 교육을 실시하고, 제품 품질과 서비스 표준을 명확하게 설정하여 가맹점주들에게 전달하고 있다. 시간이 지나면서 가맹점주들은 이러한 노력과 약속 이행을 직접 체감하게 되었고, 본사에 대한 신뢰가 점차 쌓였다. 또한, 본사가 문제 발생 시 적극적으로 해결 방안을 모색하고 투명하게 정보를 공개하는 모습은 가맹점주들이 브랜드를 진정성 있는 파트너로 인식하게 만드는 데 중요한 역할을 했다. 이런 사례는 브랜드 진정성이 어떻게 신뢰 형성으로 이어지는지 보여준다.

저자의 연구 결과에 따르면 브랜드 신뢰는 가맹점주의 재계약 의도에 직접적인 영향을 미치는 중요한 요인으로 나타났다. 신뢰를 쌓은 본사는 가맹점주들에게 안정감과 지원을 제공하며, 이는 장기적인 협력 관계로 이어질 가능성을 높인다. 예를 들어, 신뢰할 수 있는 본사와의 협업 경험을 통해 가맹점주들은 기존 계약 갱신에 긍정적인 태도를 보이며, 새로운 계약 조건에 대해서도 열린 자세를 취하게 된다. 반면, 신뢰가 부족한 상황에서는 불확실성과 불안감이 증폭되어 재계약 의도가 낮아질 수 있다. 따라서 브랜드 진정성을 바탕으로 구축된 신뢰는 재계약 의도 형성에 있어 매개 역할을 하며, 이는 궁극적으로 프랜차이즈 사업의 지속 가능한 성장과 성공에 기여한다.

비즈니스는 재구매가 중요하다

외식 프랜차이즈 본사가 가맹점주의 재계약 의도를 높이기 위해서는 체계적이고 구체적인 전략이 필요하다. 이를 위해 먼저 가맹점주의 요구를 파악하고, 그에 맞춘 맞춤형 지원을 제공하는 것이 중요하다. 정기적인 설문 조사와 개별 상담을 통해 가맹점주의 필요와 불만 사항을 면밀히 조사하고, 이를 바탕으로 교육, 운영 지원, 마케팅 전략 등 다양한 맞춤형 솔루션을 제안해야 한다.

다음으로, 신뢰와 소속감을 강화하는 단계가 필요하다. 투명한 소통을 통해 가맹점 운영 관련 정보와 의사 결정 과정을 공유하며 신뢰를 쌓아가야 한다. 또한, 정기적인 워크숍이나 네트워킹 이벤트를 통해 가맹점주들 간의 교류를 촉진하고, 본사와 가맹점주 간의 유대감을 강화하여 공동체 의식을 형성해야 한다.

성과 기반 인센티브와 보상 시스템 구축도 중요한 역할을 한다. 우수 가맹점을 인정하고 포상하는 프로그램을 운영하여 성과를 장려하고, 본사와 가맹점주가 함께 목표를 설정하며 성과를 공유하는 공동 성장 전략을 마련해야 한다. 이런 제도는 가맹점주의 동기 부여와 책임감을 높여준다.

지속적인 개선과 피드백 순환 구조를 구축하는 과정에서는 정기적으로 가맹점주로부터 운영상의 어려움과 개선점을 수집할 필요도 있다. 수집된 피드백을 바탕으로 운영 프로세스나 지원 정책을 개선하여 실질적인 변화를 보여줌으로써 가맹점주의 만족도를 높이고, 본사의 진정성을 입증하는 것이다.

또한, 재계약 프로세스 자체를 간소화하고 혜택을 제공하는 것도 중요하다. 재계약 절차를 디지털화하고 서류 작업을 최소화하여 가맹점주가 부담 없이 절차를 진행할 수 있도록 도울 수 있다. 더불어, 장기 계약 시 할인 혜택이나 추가 지원 등을 제공하여 재계약에 대한 유인을 마련해야 한다.

마지막으로, 장기적인 협력 관계를 구축하기 위해 정기적으로 성과를 검토하고 전략을 조정하며, 시장 변화에 유연하게 대응해야 한다. 브랜드의 미래 비전과 목표를 가맹점주와 공유하고 함께 성장해 나가겠다는 의지를 지속적으로 전달함으로써, 가맹점주와 본사 간의 신뢰와 협력은 한층 강화된다. 이러한 일련의 과정을 통해 재계약 의도는 자연스럽게 높아지며, 지속 가능한 협력 관계가 형성되는 것이다.

프랜차이즈 비즈니스모델의 미래는?

인공지능시대에도 프랜차이즈는 여전히 유효한 비즈니스모델이다. 그러나 빠르게 변화하는 시대에 프랜차이즈 본사는 브랜드 진정성을 유지하고 강화하기 위한 새로운 전략을 마련해야 한다.

시장은 디지털화와 글로벌화로 인해 급변하고 있으며, 소비자들의 기대 또한 높아지고 있다. 이러한 환경 속에서 프랜차이즈 본사는 소비자와 가맹점주 모두에게 진정성 있는 모습을 지속적으로 보여줘야 한다. 이를 위해 본사는 다음과 같은 방법을 고려할 수 있다.

첫째, 투명한 정보 공개와 소통 채널 확장을 통해 브랜드의 가치와 운영 철학을 명확하게 전달해야 한다. 정기적인 온라인 포럼, SNS 소통, 뉴스레터 등을 활용해 브랜드의 움직임과 결정 배경을 공유하면 신뢰를 유지하는 데 큰 도움이 된다.

둘째, 시장 변화에 민감하게 반응하여 소비자의 요구와 트렌드를 빠르게 파악하고, 그에 맞는 개선 조치를 취하는 것이 중요하다. 이를 통해 소비자와 가맹점주에게 항상 최신의, 관련성 높은 서비스를 제공함으로써 브랜드 진정성을 지킬 수 있다.

셋째, 지속적인 교육과 훈련 프로그램을 통해 가맹점주와 직원들이 브랜드 가치를 체화하도록 지원해야 한다. 브랜드의 핵심 가치와 철학을 실제 운영에 반영할 수 있도록 돕는다면, 내부에서부터 진정성이 깃든 문화를 구축할 수 있다.

혁신과 전통의 조화로 지속 가능한 성장 도모

프랜차이즈 본사는 전통적인 운영 방식과 최신 기술 및 혁신을 균형 있게 조화시켜야 한다. 이는 브랜드의 진정성을 유지하면서도 미래 지향적인 성장을 가능하게 한다.

첫째, 전통적인 서비스와 품질 기준을 유지하되, 이를 혁신 기술과 접목시킬 필요가 있다. 예를 들어, 매장 운영의 효율성을 높이기 위해 AI 기반의 재고 관리 시스템이나 고객 맞춤형 서비스 솔루션을 도입할 수 있다. 이렇게 하면 전통적인 브랜드 가치와 현대적 편의성을 동시에 제공할 수 있다.

둘째, 브랜드의 유산과 스토리를 보존하면서도 새로운 아이디어를 받아들이는 개방적인 태도를 유지해야 한다. 역사와 전통을 존중하며, 이를 바탕으로 한 새로운 메뉴 개발이나 서비스 혁신은 소비자와 가맹점주에게 신뢰와 기대를 동시에 충족시킬 수 있다.

셋째, 지속 가능한 성장을 위해 사회적 책임과 공익 활동에도 적극적으로 참여해야 한다. 환경 보호, 지역 사회 지원 등의 활동을 통해 브랜드의 진정성과 사회적 가치를 실현한다면, 이는 소비자와 가맹점주 모두에게 긍정적인 이미지를 심어줄 수 있다.

이와 같은 전략을 통해 프랜차이즈 본사는 변화하는 시대 속에서도 브랜드 진정성을 강화하고, 혁신과 전통의 조화를 이루며 지속 가능한 성장을 도모할 수 있다. 이는 결국 소비자와 가맹점주와의 신뢰를 깊게 하고, 프랜차이즈 비즈니스의 장기적인 성공을 견인하는 원동력이 될 것이다.

관계 특성과 콘텐츠 품질은 어떠한 영향을 미치는가?

- 저　　자 : 곽현수 박사 (storyit7@gmail.com)
- 소　　속 : 스토리아이티 대표
- 연구논문 : SNS의 관계특성과 콘텐츠 요인이 신뢰와 정보확산에 미치는 영향(페이스북 이용자를 중심으로)
- 컴퓨터공학 석사, 창업학 석사, 마케팅 박사 학위를 취득하였으며, 이를 바탕으로 융복합적 사고와 다양한 경험으로, IT, 창업, 마케팅 분야에서 20년 이상의 실무 경험과 4,000회 이상의 실무중심 강의를 하였다. 이 외에도 다수의 기업 컨설팅을 수행하였고, 여러 기관에서 평가위원으로 활동하고 있다.

소셜 네트워크 서비스(SNS)는 현대인의 일상에서 중요한 소통과 정보 전달 수단으로 자리 잡았다. 특히, 페이스북은 이용자들이 개인적인 관계를 유지하고 정보를 공유하는 데 핵심적인 플랫폼으로 활용되고 있다. 하지만 단순한 정보 전달이 아닌, 신뢰를 기반으로 한 정보 확산이 이루어지려면 관계의 특성과 콘텐츠의 품질이 중요하다.

이전 연구에서는 정보의 확산 과정에서 SNS의 기술적 특성이나 사용자 행동을 중점적으로 다뤘지만, 관계 특성과 콘텐츠 요인이 신뢰와 정보 확산에 미치는 영향에 대한 심층적인 분석은 부족한 실정이었다.

이에 저자(곽현수 박사)는 페이스북을 이용한 관계특성(친밀도, 동질감, 인기도)과 콘텐츠 요인(가치성, 흥미성, 명확성)이 이용자의 신뢰와 정보 확산에 어떤 영향을 미치는지 실증적으로 검증하였다.

SNS에서 관계의 친밀도, 동질감, 인기도와 같은 관계특성은 신뢰 형성에 긍정적인 영향을 미치며, 콘텐츠의 가치성, 흥미성, 명확성 또한 신뢰를 강화하여 정보 확산을 촉진한다. 또한, 신뢰는 단순한 정보 전달을 넘어 사용자들이 자발적으로 정보를 공유하고 확산시키는 행동을 유도하는 중요한 매개 요인으로 작용하는 것을 규명하였다.

> SNS에서 관계와 콘텐츠의 역할은?

신뢰와 정보 확산을 위한 관계와 콘텐츠의 역할

SNS, 특히 페이스북은 단순한 소셜 네트워킹을 넘어 신뢰 구축과 정보 확산의 강력한 도구로 자리잡았다. 사용자들은 친구 및 지인과의 친밀한 관계를 통해 전달되는 정보에 더 큰 신뢰를 부여하며, 이런 관계가 정보 확산에 결정적인 영향을 미친다. 예를 들어, 가족이나 오랜 친구가 추천하는 제품이나 서비스는 광고보다 더 설득력 있게 받아들여지며, 자연스럽게 긍정적인 구전으로 이어진다.

이와 더불어 관계 특성과 콘텐츠 품질은 서로 긴밀하게 연결되어 있다. 페이스북에서 친구 사이에 형성된 높은 친밀도와 동질감, 그리고 사용자 인기도와 같은 요소는 콘텐츠에 대한 신뢰를 증대시키는 데 기여한다. 예를 들어, 특정 커뮤니티 내에서 활발히 활동하며 유익한 정보를 공유하는 사용자가 올린 게시물은 그 내용의 가치와 명확성 덕분에 더 넓은 범위로 빠르게 확산된다. 이는 관계의 특성이 콘텐츠의 영향력을 극대화하는 좋은 사례다.

콘텐츠 자체의 품질도 매우 중요하다. 정보의 가치성, 흥미성, 명확성이 높을수록 사용자는 이를 신뢰하고 다른 사람들과 공유할 가능성이 커진다. 실질적인 사례로, 사용자들이 실제로 경험한 제품 리뷰나 사용 팁이 담긴 콘텐츠는 높은 정확성과 흥미를 제공하며, 다른 사용자들에게 긍정적인 영향을 주어 정보가 빠르게 확산되는 경향을 보인다.

기업 입장에서는 이러한 관계 특성과 콘텐츠 품질을 이해하고 활용하는 것이 핵심 전략이 된다. 페이스북과 같은 플랫폼에서 고객과의 진정성 있는 소통을 통해 관계를 형성하고, 신뢰할 수 있는 정보를 제공함으로써 브랜드 이미지를 강화할 수 있다. 또한, 사용자의 피드백을 반영해 콘텐츠를 지속적으로 개선하고, 커뮤니티 내에서 영향력 있는 인플루언서와 협력하면 정보 확산 효과를 더욱 높일 수 있다.

결국, SNS에서 신뢰와 정보 확산을 촉진하기 위해서는 단순히 기술적 기능에만 의존할 것이 아니라, 관계의 깊이와 콘텐츠의 질을 높이는 노력이 중요하다. 사용자 간의 진정한 유대감과 가치 있는 정보 공유가 이루어질 때, 자연스럽게 신뢰가 쌓이고 이는 정보 확산의 선순환 구조를 만들어낸다. 이러한 통찰은 기업과 마케터에게 SNS 전략을 수립하는 데 있어 관계 중심적 접근과 고품질 콘텐츠 제공의 중요성을 강조해준다.

친밀도, 동질감, 인기도의 역할

소셜 네트워크 서비스, 특히 페이스북은 사용자 간의 관계를 통해 신뢰를 형성하고 이를 바탕으로 정보가 확산되는 생태계를 만든다. 친밀도, 동질감, 인기도와 같은 관계 특성은 이러한 신뢰 구축에 핵심적인 역할을 한다. 이 요소들은 사용자들이 제공하는 콘텐츠를 어떻게 받아들이고, 이를 주변에 어떻게 전달하는지에 큰 영향을 미친다.

먼저, 친밀도는 개인 간의 밀접한 관계에서 비롯된다. 페이스북에서 가족, 가까운 친구, 오래된 지인과 같은 친밀한 네트워크를 형성한 사용자들은 서로의 게시물이나 추천을 더 신뢰하는 경향이 있다. 이러한 신뢰는 단순히 정보의 진위 여부뿐만 아니라, 제품이나 서비스 추천에서도 중요한 역할을 한다. 예를 들어, 친구가 강력히 추천한 제품은 익숙하지 않은 브랜드라도 신뢰감 있게 느껴져 구매로 이어질 가능성이 높다.

둘째, 동질감은 같은 관심사나 가치관을 공유하는 사람들 사이에서 형성된다. 페이스북 그룹이나 페이지에서 비슷한 관심을 가진 사람들이 모여 활발히 소통할 때, 이들은 서로의 의견을 더 신뢰하고 이를 자신의 판단 기준으로 삼는다. 예를 들어, 환경 보호에 관심 있는 소비자들이 모인 페이스북 그룹에서 특정 친환경 제품에 대해 토론하고 긍정적인 후기를 공유하면, 그 그룹 내 다른 구성원들도 그 제품을 신뢰하게 되고 구매로 이어질 수 있다. 이러한 동질감은 신뢰 형성을 촉진하고, 정보 확산의 속도와 범위를 넓힌다.

셋째, 인기도는 특정 개인이나 페이지가 많은 사람들로부터 관심과 지지를 받는 정도를 의미한다. 페이스북에서 '좋아요' 수, 팔로워 수, 댓글 등의 지표는 사용자가 해당 콘텐츠나 개인, 브랜드를 신뢰하는 데 영향을 준다. 예를 들어, 많은 사람이 좋아하는 게시물이나 팔로워 수가 많은 페이지의 콘텐츠는 그렇지 않은 경우보다 더 신뢰성이 있다고 인식된다. 이는 사람들이 다수의 의견을 신뢰하는 사회적 증거 효과와 연결된다.

실제 사례로, 한 지역 기반의 중소 화장품 브랜드가 페이스북에서 활발히 커뮤니티를 운영하며 친밀한 고객 관계를 형성한 사례를 들 수 있다. 이 브랜드는 고객들의 후기와 사용 경험을 적극적으로 공유하고, 고객 질문에 빠르게 응답하며 친근감을 유지했다. 시간이 지나면서 고객들은 브랜드를 단순한 상업적 존재가 아닌, 자신과 비슷한 가치와 취향을 공유하는 친구 같은 존재로 여기게 되었다. 결과적으로 이 브랜드는 높은 신뢰도를 기반으로 자연스러운 추천을 이끌어내고, 판매 증대로 이어졌다.

이처럼 친밀도, 동질감, 인기도와 같은 관계 특성은 페이스북에서 신뢰를 쌓고 정보를 확산시키는 데 결정적이다. 기업이나 개인이 이러한 특성을 강화하려면, 단순한 정보 제공을 넘어서 사용자와의 진정성 있는 소통과 공감대를 형성해야 한다. 이는 장기적으로 강력한 신뢰 네트워크를 구축하게 하며, 브랜드 충성도와 시장 성공으로 이어진다.

신뢰를 강화하는 콘텐츠 품질의 힘

SNS나 웹사이트에서 제공되는 콘텐츠는 단순한 정보 전달을 넘어 소비자의 신뢰를 형성하는 중요한 수단이다. 콘텐츠가 가지는 가치성은 소비자에게 실질적인 도움이나 유용한 정보를 제공함으로써 그들의 기대를 충족시킨다. 예를 들어, 기술 제품에 대한 상세한 사용법 가이드나 시장 분석 보고서와 같은 콘텐츠는 독자에게 실질적인 가치를 전달해 신뢰를 쌓는 데 기여한다. 또한, 흥미성은 독자의 관심을 끌고, 지속적인 관심을 유지하게 만든다. 흥미롭고 매력적인 콘텐츠는 사용자에게 긍정적인 경험을 제공하며, 이는 콘텐츠를 제공하는 브랜드나 개인에 대한 신뢰로 이어진다.

명확성도 중요한 역할을 한다. 복잡한 정보를 쉽게 이해할 수 있도록 명료하게 전달하는 콘텐츠는 소비자가 혼란 없이 올바른 판단을 내릴 수 있게 도와준다. 불명확하거나 모호한 정보는 오히려 불신을 야기할 수 있기 때문에, 콘텐츠 제작자는 항상 명확하고 일관된 메시지를 유지해야 한다.

이러한 가치성, 흥미성, 명확성을 갖춘 콘텐츠는 소비자들에게 신뢰를 제공하고, 이들이 콘텐츠를 통해 얻는 긍정적인 경험은 장기적인 브랜드 충성도로 이어진다. 예를 들어, 한 전자제품 리뷰 사이트는 독창적이면서도 객관적인 리뷰를 제공해 사용자들 사이에서 신뢰를 얻었고, 이는 사이트 방문자 수와 재방문률 상승으로 연결되었다.

신뢰 기반 콘텐츠를 제작하기 위한 실무적 방법으로는 먼저 철저한 리서치를 통해 정확한 정보를 수집하는 것이 중요하다. 정보의 출처를 명확히 하고, 이해하기 쉬운 언어와 시각적 요소를 활용해 복잡한 내용을 쉽게 풀어내는 것이 효과적이다. 또한, 다양한 미디어 포맷(텍스트, 이미지, 동영상 등)을 활용해 콘텐츠를 다채롭게 제공하면 독자의 흥미를 끌 수 있다.

마지막으로, 독자와의 상호작용을 통해 피드백을 적극적으로 수용하고, 콘텐츠를 지속적으로 개선하는 문화가 필요하다. 댓글, 설문조사, 소셜 미디어 반응 등을 모니터링하여 독자의 요구와 선호를 반영하는 것이 중요하다. 이러한 과정은 콘텐츠 품질을 높여 신뢰를 더욱 강화하고, 독자와 브랜드 간의 깊은 유대감을 형성하는 데 기여한다.

SNS에서 신뢰 기반 정보의 확산

SNS에서 신뢰는 정보 공유와 확산을 유도하는 핵심적 요인이다. 사용자는 신뢰하는 사람이나 브랜드가 제공하는 정보를 더 적극적으로 공유하며, 이러한 공유 행위는 네트워크를 통해 빠르게 확산된다. 예를 들어, 페이스북에서 긴밀한 관계에 있는 친구가 추천하는 안전한 제품 정보는 단순 광고보다 더 많은 사람들에게 신뢰를 바탕으로 전파된다. 이는 정보의 출처가 친밀하고 신뢰할 수 있을수록 사용자들이 검증 없이 전달하려는 경향이 강해지기 때문이다.

신뢰가 정보 확산에 미치는 영향은 콘텐츠의 질과 관계망의 구조에도 크게 좌우된다. 가치 있고 명확한 정보는 신뢰를 강화하며, 그 결과 더 많은 사용자가 이를 공유하게 된다. 이러한 메커니즘을 최대한 활용하기 위해 기업이나 기관은 SNS에서 투명하고 일관된 메시지를 전달하며, 사용자와의 상호작용을 강화해야 한다. 예컨대, 교통안전공단이 사고 예방 관련 정보를 신뢰할 수 있는 전문가와 협력해 제공하고, 사용자들의 질문에 적극적으로 답변하는 방식은 신뢰 기반의 정보 확산을 촉진한다.

효과적인 정보 확산 전략으로는 인플루언서와의 협업, 커뮤니티 구축, 사용자 제작 콘텐츠 활용 등이 있다. 신뢰받는 인플루언서를 통해 전달되는 메시지는 그들의 팔로워에게 강력한 영향력을 행사하며, 커뮤니티 내에서 활발한 논의와 공유를 촉진한다. 또한, 사용자 제작 콘텐츠는 실질적인 경험을 바탕으로 한 정보로 신뢰도를 높이며, 자연스러운 구전 효과를 만들어낸다. 이러한 전략은 단순히 많은 사람에게 도달하는 것을 넘어서, 정보의 질과 신뢰성을 보장하며 지속적인 확산과 긍정적 여파를 이끌어낸다.

관계 특성과 콘텐츠 품질의 미래 전망

SNS와 디지털 환경의 지속적 발전은 관계 특성과 콘텐츠 품질의 중요성을 점점 더 부각시키고 있다. 미래에는 인공지능, 빅데이터 분석, 가상현실 등의 기술이 관계 망 구축과 콘텐츠 생산에 혁신을 가져올 것으로 예상된다. 이러한 기술들은 기존의 친밀도, 동질감, 인기도 같은 관계 특성을 정교하게 분석하고 강화하는 데 도움을 줄 뿐만 아니라, 소비자에게 보다 개인화되고 흥미로운 콘텐츠를 제공하는 데 크게 기여할 것이다.

예를 들어, 인공지능은 사용자의 행동 패턴과 사회적 연결을 분석해 관계망 내에서 신뢰할 수 있는 정보 전달자를 식별할 수 있다. 이는 신뢰 기반의 정보 확산을 더욱 촉진시킬 수 있으며, 기업이나 개인이 보다 효과적으로 타깃층과 소통할 수 있는 기반을 제공한다. 또한, AI를 활용한 콘텐츠 제작 도구는 더 높은 가치성과 명확성을 갖춘 콘텐츠를 자동으로 생성하거나 보완해 준다. 이를 통해 정보의 품질이 지속적으로 개선되고, 소비자는 더욱 신뢰할 만한 정보를 접하게 된다.

미래의 관계 특성은 더욱 다층적이고 동적인 형태로 발전할 것이다. SNS 플랫폼들은 사용자 간 상호작용을 강화하기 위해 가상 현실 공간을 도입하거나, 증강 현실을 통해 실시간으로 감정과 상황을 공유하게 하는 새로운 기능을 제공할 가능성이 크다. 이런 환경에서는 관계 특성들이 단순한 친밀도나 동질감을 넘어, 공동체 내에서의 역할, 영향력, 기여도 등 다면적인 요소로 확장될 것이다. 기업들은 이러한 복합적인 관계 특성을 이해하고, 이를 기반으로 한 맞춤형 마케팅 전략을 개발해야 한다.

콘텐츠 품질 측면에서도 미래 전망은 밝다. 디지털 기술의 발전은 콘텐츠 생산 비용을 낮추고, 다양한 포맷과 채널을 통해 소비자에게 전달할 수 있는 능력을 강화한다. 그러나 중요한 것은 단순히 기술을 도입하는 것이 아니라, 기술을 통해 생산되는 콘텐츠가 진정성 있고, 소비자에게 실제 가치를 제공해야 한다는 점이다. 예를 들어, 한 글로벌 브랜드가 증강 현실을 활용해 제품 체험 콘텐츠를 제공하면서 소비자에게 실제 사용감을 전달한다면, 소비자는 제품에 대한 이해를 높이고 신뢰감을 느낄 수 있다.

모바일 쇼핑은 AI 시대에 어떻게 변화되는가?

- 저   자 : 박진우 박사 (ceo@edunvalue.com)
- 소   속 : (주)교육과가치 대표이사
- 연구논문 : 모바일 쇼핑에서 쇼핑 특성과 소비자 특성이 충동구매 및 만족에 미치는 영향
- 마케팅의 아버지 '필립 코틀러(Philip Kotler)'의 마케팅 전략 수립 프로세스 이론을 웹사이트로 구현한 '마케팅라잇나우(www.mrn.tools)'의 개발자로서 중소기업 및 스타트업을 대상으로 마케팅 전략에 대한 교육과 컨설팅을 제공하고 있다. 주요 저서로는『창업마케팅 실무』,『부자되는 창업』,『스타트업 비즈니스 매너』가 있다.

모바일 쇼핑 시장은 스마트폰의 대중화와 무선 인터넷의 보편화로 급격히 성장하며 기존 PC 기반의 쇼핑을 대체하고 있다. 모바일 쇼핑은 접근성과 편리성을 제공하는 동시에 소비자에게 즉흥적인 구매를 유도할 수 있는 환경을 조성한다. 특히, 소셜커머스와 같은 쇼핑 형태는 충동구매를 촉진하며 이에 대한 소비자 반응은 후회나 만족으로 나뉘게 된다.

  저자(박진우 박사)는 모바일 쇼핑 특성(편재성, 즉시접속성, 보안성)과 소비자 특성(외로움, 자기감시성)이 충동구매와 만족에 미치는 영향을 실증적으로 분석했다. 연구를 통해 모바일 쇼핑의 개인화, 접근성, 보안성을 강화하면 소비자 경험을 개선하고 충동구매와 만족을 유도할 수 있음을 검증하였다. 또한 외로움을 자극하는 마케팅 전략이 효과적일 수 있지만, 과도한 충동구매 유도는 장기적으로 기업 이미지에 부정적 영향을 미칠 가능성이 있으므로 균형 잡힌 접근이 필요하다는 점을 밝혀냈다.

  디지털 기술과 인공지능(AI)은 모바일 쇼핑에서 소비자에게 더 개인화되고 효율적인 경험을 제공할 것이다. 기업들은 AI 기반의 추천 시스템을 활용하여 소비자에게 필요한 제품과 서비스를 제안할 수 있어야 한다. 모바일 쇼핑은 과거와 현재를 넘어 미래까지 우리의 소비 방식을 변화시킬 것이다. 기업들은 기술을 활용하여 원가를 절감하고 고객만족을 높일 수 있어야 한다.

개인화되는 모바일 쇼핑

개인화된 쇼핑 경험의 중요성

디지털 시대에 접어들면서 소비자들의 기대는 크게 변화하고 있다. 과거에는 단순히 제품을 구매하는 과정 자체가 중요했다면, 이제는 구매 과정에서의 경험이 소비 결정에 큰 영향을 미친다. 소비자들은 자신의 취향과 필요에 맞춘 맞춤형 서비스와 제품 추천을 기대하며, 이는 구매 만족도를 높이는 핵심 요소로 자리잡았다. 예를 들어, 온라인 쇼핑몰에서 개인의 구매 이력과 검색 기록을 분석해 추천 제품을 제안받으면, 소비자는 자신에게 꼭 맞는 제품을 손쉽게 찾아낼 수 있어 시간과 노력을 절약할 수 있다.

이러한 개인화된 경험은 단순한 편의성을 넘어 고객 만족에 직접적인 영향을 미친다. 맞춤형 추천 시스템을 통해 소비자는 보다 적합한 제품을 선택하게 되고, 이는 구매 후 후회 가능성을 줄이며 만족도를 높인다. 실제로 아마존이나 넷플릭스와 같은 기업은 정교한 알고리즘을 활용해 소비자 개개인의 선호에 맞춘 추천을 제공하고, 이는 높은 재구매율과 충성도로 이어진다.

또한, 모바일 쇼핑 환경에서는 위치 기반 서비스와 실시간 알림을 통해 소비자의 현재 상황에 맞는 제안을 할 수 있다. 예를 들어, 특정 지역에 있는 고객에게 그 지역에서 인기 있는 제품이나 특별 할인 정보를 제공하는 것은 소비자의 즉흥적인 구매를 촉진하고, 긍정적인 쇼핑 경험으로 연결된다.

개인화 전략은 소비자에게 단순히 편리함을 제공할 뿐만 아니라, 브랜드와의 정서적 연결고리를 강화하는 데에도 기여한다. 소비자는 자신을 이해해주는 브랜드에 더 큰 충성도를 보이며, 이는 장기적인 고객 관계 구축으로 이어진다. 따라서 기업은 빅데이터와 AI 기술을 활용해 소비자 개개인의 욕구를 세밀하게 파악하고, 이를 기반으로 개인 맞춤형 쇼핑 경험을 제공하는 것이 경쟁력 확보에 필수적이다.

모바일 쇼핑 개인화의 핵심 요소

모바일 쇼핑은 편재성, 즉시접속성, 보안성과 같은 특성 덕분에 소비자 경험을 획기적으로 변화시키고 있다.

먼저, 편재성은 언제 어디서나 제품과 서비스를 쉽게 탐색하고 구매할 수 있는 환경을 제공한다. 스마트폰과 무선 인터넷의 보편화로 소비자들은 시간과 장소에 구애받지 않고 쇼핑할 수 있다. 예를 들어, 출퇴근길 지하철 안에서도 모바일 앱을 통해 필요한 제품을 바로 구매할 수 있는 점은 편재성의 대표적인 효과다.

두 번째로, 즉시접속성은 소비자가 실시간으로 정보에 접근하고 구매 결정을 내릴 수 있도록 돕는다. 빠른 응답 속도와 실시간 업데이트는 구매 과정에서 불필요한 대기 시간을 줄여준다. 예를 들어, 한 소비자가 특정 제품에 대한 정보를 찾을 때 곧바로 가격 비교와 재고 여부를 확인하고 구매할 수 있는 경험은 즉시접속성의 이점이다. 이러한 즉각적인 접근성은 소비자의 충동구매를 촉진하는 동시에, 만족도를 높이는 데 기여한다.

또한, 보안성은 모바일 쇼핑에서 소비자가 안심하고 결제할 수 있는 기반을 마련한다. 개인정보와 금융 정보 보호는 신뢰 구축의 핵심 요소다. 보안성이 강화된 앱이나 플랫폼은 사용자에게 안전한 쇼핑 환경을 제공하며, 이는 재구매로 이어질 수 있다. 예를 들어, 최신 암호화 기술과 이중 인증 절차를 도입한 쇼핑 앱은 소비자로 하여금 자신의 정보가 안전하다고 믿게 만들어, 적극적인 구매 행동을 유도한다.

이와 함께, SNS와 소셜커머스는 개인 맞춤형 쇼핑 환경을 조성하는 데 중요한 역할을 한다. SNS는 소비자 데이터와 행동 패턴을 분석해 개인화된 제품 추천을 제공하고, 소셜커머스 플랫폼은 사용자 리뷰와 소셜 네트워크를 통해 신뢰할 수 있는 정보를 공유한다. 예를 들어, 인스타그램에서 유명 인플루언서가 특정 제품을 사용하고 리뷰를 등록하면, 그 팔로워들은 해당 제품에 대한 관심을 갖고 구매를 고려하게 된다. 이런 과정에서 소비자들은 자신과 유사한 취향을 가진 사람들의 경험을 통해 보다 자신에게 맞는 제품을 선택할 수 있다.

이처럼 편재성, 즉시접속성, 보안성은 모바일 쇼핑의 근간을 이루며, SNS와 소셜커머스는 이를 보완해 소비자에게 더욱 개인화된 경험을 제공한다. 기업들은 이러한 핵심 요소를 바탕으로 소비자의 니즈에 맞춘 맞춤형 서비스와 안전한 쇼핑 환경을 구축함으로써, 고객 만족도와 충성도를 높일 수 있다.

AI 기반 추천 시스템과 기술 활용

인공지능은 사용자 데이터를 분석해 개인화된 추천을 제공함으로써 고객 경험을 크게 향상시키고 있다. AI 기반 추천 시스템은 과거 구매 이력, 검색 패턴, 선호도 등을 종합적으로 분석해 소비자가 필요로 하는 제품이나 서비스를 정확하게 예측한다. 예를 들어, 전자상거래 플랫폼에서는 고객이 관심을 가질 만한 상품을 자동으로 추천해 줌으로써 구매 전환율을 높이고, 소비자가 탐색하는 시간을 줄여준다. 이러한 개인화 추천은 고객 만족도를 높이는 동시에 브랜드 충성도를 강화하는 데 중요한 역할을 한다.

또한, 기술을 활용한 비용 절감과 고객 서비스 개선 전략은 기업 운영의 효율성을 극대화한다. 인공지능은 고객 문의에 신속하게 대응하는 챗봇으로 구현되어, 24시간 고객 지원을 제공하면서 인건비를 절감한다. 챗봇은 반복적인 질문에 대해 자동으로 답변해주고, 복잡한 문제는 인간 상담원에게 전달하는 방식으로 운영되어 고객 서비스의 질을 유지하면서도 비용을 줄인다.

더불어, AI 기반의 데이터 분석과 예측 모델은 재고 관리, 가격 전략, 마케팅 캠페인 최적화 등 다양한 분야에 적용돼 비용을 절감하고 효율성을 높이고 있다. 예를 들어, 특정 제품의 수요를 예측해 재고 과잉을 방지하거나, 고객 반응을 기반으로 한 맞춤형 프로모션을 실행해 마케팅 비용 대비 효과를 극대화하는 사례가 있다.

이처럼 AI 기반 추천 시스템과 기술 활용은 단순한 판매 도구를 넘어, 기업이 고객 개개인에게 맞춤형 경험을 제공하고, 운영 효율성을 높여 비용을 절감하며, 서비스 품질을 개선하는 데 핵심적인 역할을 한다. 기업들은 최신 AI 기술을 적극 도입해 고객 요구에 민감하게 대응하고, 이를 통해 지속 가능한 성장을 도모할 수 있다.

개인화가 고객만족으로 이어지는 메커니즘

개인화된 쇼핑 경험은 소비자에게 적합한 제품이나 서비스를 제안함으로써 충동구매를 촉진하고, 이로 인한 후회를 줄이는 데 기여한다. 예를 들어, AI 기반 추천 시스템이 소비자의 과거 구매 이력과 선호도를 분석해 관련 제품을 제안하면, 소비자는 자신의 필요와 취향에 맞는 상품을 발견할 확률이 높아진다. 이는 불필요한 탐색 시간을 줄여주고, 제품 선택에 대한 불확실성을 낮춰준다. 결과적으로 소비자가 충동적으로 구매하더라도 선택한 제품이 자신에게 잘 맞을 가능성이 커져 후회의 여지가 감소하게 된다.

또한, 개인화된 경험은 고객 충성도와 재구매로 직결된다. 소비자가 반복적으로 자신의 관심사와 라이프스타일에 맞는 제품을 추천받고, 그 경험이 만족스럽다면, 브랜드에 대한 신뢰와 애착이 쌓인다. 실제 사례로, 한 온라인 쇼핑몰은 고객 맞춤형 이메일 캠페인을 통해 고객이 선호하는 스타일과 가격대의 상품을 주기적으로 추천하면서 높은 재구매율을 기록했다. 소비자는 자신에게 딱 맞는 제품을 제안받았다는 느낌을 받으며 브랜드에 대한 충성심을 키워 나간다.

이 과정에서 개인화는 단순한 판매 촉진을 넘어, 소비자와 브랜드 간의 정서적 유대감을 강화한다. 소비자는 자신이 이해받고 존중받는다는 느낌을 받으며, 이는 긍정적인 구매 경험으로 이어진다. 이러한 경험은 장기적으로 브랜드에 대한 충성도로 연결되며, 이는 지속적인 구매 행동과 구전 효과를 통해 더 많은 잠재 고객에게 영향을 미친다.

결국, 개인화된 쇼핑 경험은 소비자가 충동적으로 구매할 때도 만족감을 느끼게 하고, 반복적인 긍정적 경험을 통해 브랜드 충성도를 높여 지속 가능한 고객 관계를 구축하는 데 핵심적인 역할을 한다.

기업은 어떻게 활용할 것인가?

스타트업이나 중소기업은 제한된 자원 속에서도 개인화 전략을 통해 시장에서 차별화된 경쟁력을 확보할 수 있다. 예를 들어, 한 중소 화장품 브랜드는 고객 데이터 분석을 통해 각 소비자의 피부 타입과 선호도를 파악하고, 이를 바탕으로 개인화된 제품 추천과 맞춤형 스킨케어 루틴을 제안했다. 이러한 접근은 고객에게 자신에게 꼭 맞는 제품을 제공한다는 느낌을 주어 만족도와 충성도를 높이는 데 큰 도움이 된다. 개인화 전략은 고객의 니즈를 보다 세밀하게 반영할 수 있기 때문에, 고객 경험을 향상시키고 장기적인 관계를 구축하는 데 효과적이다.

하지만, 균형 잡힌 마케팅 전략도 매우 중요하다. 과도한 충동구매 유도는 단기적으로 판매 증가를 가져올 수 있지만, 장기적으로는 고객의 후회와 브랜드 신뢰 하락으로 이어질 수 있다. 예를 들어, SNS를 통해 지나치게 과장된 프로모션이나 한정판 판매 촉구 메시지를 반복적으로 보내는 경우, 일부 소비자는 이러한 전략에 반감을 느끼고 브랜드를 멀리할 수 있다. 따라서 중소기업은 개인화된 추천과 맞춤형 서비스 제공을 통해 자연스럽게 구매를 유도하는 동시에, 고객이 불필요한 충동구매를 하지 않도록 책임감 있는 마케팅을 펼쳐야 한다.

이러한 균형 잡힌 전략은 소비자의 장기적 만족도를 높이고 재구매로 이어진다. 기술을 활용한 개인화와 동시에 투명하고 솔직한 커뮤니케이션을 유지하면, 고객은 브랜드에 대한 신뢰를 쌓게 되고 이는 브랜드 충성도로 연결된다. 결과적으로 중소기업은 고객의 심리와 행동을 깊이 이해하고 이를 바탕으로 한 윤리적이며 지속 가능한 마케팅 전략을 통해 안정적인 성장 기반을 마련할 수 있다.

지속 가능한 개인화와 고객만족 전략

디지털 기술의 발전은 쇼핑 경험을 개인화하는 데 큰 변화를 가져올 것으로 보인다. 인공지능(AI)과 빅데이터 분석 기술은 소비자 개개인의 구매 패턴, 선호도, 그리고 행동을 실시간으로 분석해 더욱 정교한 맞춤형 추천을 제공한다. 예를 들어, 한 글로벌 전자상거래 기업은 AI 알고리즘을 통해 고객이 이전에 구매한 상품과 검색 기록을 기반으로 새로운 제품을 추천하며, 이를 통해 구매 전환율을 크게 높였다. 이러한 기술 발전은 단순히 개인화 수준을 높이는 것을 넘어, 소비자가 쇼핑 과정에서 느끼는 만족감을 지속적으로 향상시킬 수 있는 토대를 마련한다.

기업이 나아가야 할 방향은 개인화된 쇼핑 경험을 지속 가능하게 만드는 것이다. 이는 기술 도입에 그치지 않고, 윤리적이고 투명한 데이터 활용 방식을 채택함으로써 소비자의 신뢰를 유지하는데 집중해야 한다. 또한, 고객 피드백을 체계적으로 수집하고 이를 서비스 개선에 반영하는 과정이 중요하다. 지속 가능한 성장 방안으로는, 기업이 환경 친화적 제품을 추천하거나, 사회적 책임을 강조하는 마케팅 캠페인을 통해 가치 중심의 소비를 유도하는 전략을 꼽을 수 있다.

또한, 디지털 기술을 활용해 고객과의 장기적인 관계를 구축하는 것이 필수적이다. 예를 들어, 맞춤형 이메일 마케팅이나 앱 내 개인화된 알림 서비스는 소비자가 브랜드와 지속적으로 연결되어 있다고 느끼게 해준다. 이러한 연결은 단순한 일회성 구매를 넘어서, 브랜드 충성도로 이어지며 재구매와 긍정적 입소문으로 발전한다.

외식업에서 효과적인 마케팅 및 서비스 방안은?

- 저   자 : 유민형 박사 (suki489@hanmail.net)
- 소   속 : 와이엠블레시드 대표이사
- 연구논문 : 외식산업의 다층적 서비스품질이 소비자 행동의도에 미치는 영향(외·내향의 성격유형 조절효과 중심으로)
- CS(고객만족), 리더십, 커뮤니케이션, 퍼스널 브랜딩 등 전문 강사이자 경영 컨설턴트로 활동하며, 기업과 개인의 성장을 지원하는 전문가다. 소상공인시장진흥공단 경영컨설턴트로서 다수의 기업과 창업가들에게 맞춤형 경영 전략과 실질적인 솔루션을 제공하고 있다. 창업학 석사 및 마케팅 박사로, 현재 와이엠블레시드 대표로서 기업 경영, 마케팅 전략, 조직 리더십 개발에 대한 컨설팅과 교육을 수행하고 있다.

외식산업은 현대인의 라이프스타일과 밀접하게 연결된 주요 서비스 산업으로, 단순히 음식을 제공하는 것을 넘어 고객에게 특별한 경험과 가치를 제공하는 방향으로 발전하고 있다. 그러나 경쟁이 심화되고 고객의 요구가 다양해지면서 외식업체는 차별화된 서비스 품질로 고객 만족과 충성도를 확보해야 하는 과제에 직면하고 있다. 특히, 고객의 성격 유형(외향적/내향적)이 서비스 평가와 행동의도에 미치는 영향을 이해하는 것은 외식업체가 고객 맞춤형 전략을 수립하는 데 중요한 단서를 제공할 수 있다.

이에 저자(유민형 박사)는 외식산업에서 다층적 서비스 품질(기술적, 기능적, 결과적 품질)이 소비자 행동의도(재방문 의도, 추천 의도)에 미치는 영향을 분석하고, 고객의 성격 유형(외향적/내향적)이 이 관계에서 조절 역할을 하는지를 검증했다. 이를 통해 외식업체가 고객 성향에 따라 효과적인 마케팅 및 서비스 전략을 개발할 수 있는 근거를 제공하고자 했다.

고객은 단순히 맛있는 음식뿐만 아니라, 매장 환경, 직원의 친절, 서비스의 세심함까지 평가한다. 이에 외식기업은 고객이 느끼는 감정적 만족과 신뢰를 강화할 수 있어야 한다.

외식업체가 경쟁에서 살아남으려면, 고객의 성격과 행동 패턴을 이해하고 이에 맞는 차별화된 서비스를 제공해야 한다. 단순히 맛있는 음식을 넘어, 고객의 감성과 가치를 충족시키는 외식업체가 결국 성공할 것이다.

고객 성향을 고려한 마케팅 활동

외식산업의 변화와 고객 성향 이해

외식산업은 단순히 음식을 제공하던 전통적인 역할에서 벗어나, 고객에게 특별한 경험과 가치를 전달하는 방향으로 진화하고 있다. 현대 고객은 맛뿐만 아니라 매장 환경, 서비스의 세심함, 직원의 태도까지 총체적으로 평가한다. 이는 외식업체가 경쟁에서 살아남기 위해 단순한 제품 품질을 넘어선 다층적인 서비스 품질에 주력해야 한다는 것을 의미한다. 고객은 외식업체가 자신만의 가치를 제공할 것을 기대하며, 이는 외식 경험의 핵심이 되고 있다.

외향적 고객과 내향적 고객은 이러한 기대에 서로 다른 방식으로 반응한다. 외향적 고객은 주로 사회적 활동과 상호작용을 중요시하며, 친구와의 모임, 활발한 대화가 가능한 분위기를 선호한다.

이들은 이벤트나 매장에서의 즉각적인 상호작용을 통해 긍정적인 경험을 얻는 경향이 크다. 예를 들어, 한 외식 브랜드가 소셜미디어를 통해 실시간 소통하거나 매장 내 체험형 이벤트를 제공한다면, 외향적 고객의 관심을 끌고 충성도를 높이는 데 효과적이다.

반면, 내향적 고객은 조용하고 편안한 환경에서 혼자 또는 소수의 사람들과 식사하는 것을 선호한다. 이들은 디지털 예약 시스템이나 비대면 주문 서비스에 긍정적으로 반응하며, 과도한 상호작용보다는 개인화된 서비스를 더 중시한다. 매장에서 제공하는 개인 공간이나 프라이버시를 강화한 좌석 배치가 내향적 고객에게는 만족도를 높이는 요소가 될 수 있다.

외식업체가 경쟁에서 우위를 점하려면, 이러한 고객 성향의 차이를 이해하고 이를 전략적으로 반영해야 한다. 외향적 고객과 내향적 고객 모두에게 어필할 수 있는 다층적인 접근법을 통해, 외식업체는 더 많은 고객층의 요구를 충족시키고 관계를 강화할 수 있을 것이다. 특히, 고객 데이터를 분석하고 이를 바탕으로 개인화된 서비스를 제공하는 것이 점점 중요해지는 추세다. 외식산업은 앞으로도 고객 성향을 반영한 맞춤형 서비스를 통해 새로운 가치를 창출할 수 있을 것이다.

다층적 서비스 품질이 외식산업의 경쟁력

외식산업에서 고객이 느끼는 만족감은 단순히 맛있는 음식만으로 완성되지 않는다. 서비스 품질은 고객 경험을 구성하는 중요한 축으로, 기술적, 기능적, 결과적 품질이라는 다층적 요소가 조화를 이루며 고객의 기대를 충족시킨다. 이 세 가지 품질 요소는 외식업체가 경쟁력을 강화하고 고객 충성도를 높이는 데 필수적인 역할을 한다.

기술적 품질은 고객이 직접적으로 경험하는 음식의 맛, 신선도, 조리 수준을 말한다. 이는 외식산업의 기본적인 성공 요소로, 기대를 충족하지 못할 경우 고객 만족은 불가능하다. 예를 들어, 지속적으로 맛과 품질을 유지하는 프랜차이즈 브랜드는 고객이 언제 어디서든 동일한 경험을 기대할 수 있어 신뢰를 형성한다.

기능적 품질은 고객이 서비스를 받는 과정에서 느끼는 경험을 의미한다. 여기에는 직원의 친절한 태도, 효율적인 응대, 주문의 정확성 등이 포함된다. 한 외식업체가 디지털 키오스크를 도입해 주문 프로세스를 단순화했다면, 이는 기능적 품질을 강화해 고객의 만족도를 높이는 전략이라 볼 수 있다. 특히 기능적 품질은 고객과의 정서적 연결을 강화하는 데 중요한 역할을 한다.

결과적 품질은 고객이 서비스를 이용한 후 느끼는 종합적인 만족감으로, 기대와 실제 경험 간의 차이를 평가하는 요소다. 예를 들어, 고급 레스토랑에서 맛있는 음식뿐 아니라 세심한 배려와 특별한 경험을 제공한다면, 고객은 자신이 투자한 시간과 비용이 충분히 보상받았다고 느낄 것이다.

고객이 기대하는 서비스 품질은 이러한 다층적 요소의 균형과 일관성에 달려 있다. 고객은 단순히 음식을 구매하는 것이 아니라, 전반적인 경험을 소비하기 위해 외식업체를 방문한다. 이를 고려해 외식업체는 매장 환경, 기술적 혁신, 그리고 고객 서비스 훈련에 지속적으로 투자해야 한다. 다층적 서비스 품질이 충족될 때, 고객은 외식 경험에 높은 가치를 부여하며, 이는 재방문과 긍정적 구전으로 이어질 가능성이 크다.

고객 성향 맞춤형 마케팅과 서비스 전략

외식산업에서 고객 성향을 고려한 마케팅과 서비스 전략은 고객 만족도를 높이고, 충성도를 강화하는 데 핵심적인 역할을 한다. 특히 외향적 고객과 내향적 고객은 상반된 특성을 지니기 때문에, 각각의 니즈를 충족하는 맞춤형 접근이 필요하다.

외향적 고객을 위한 전략은 상호작용과 활발한 경험 제공에 중점을 둔다. 외향적 고객은 사람들과의 교류와 역동적인 분위기를 선호하기 때문에, 외식업체는 대화와 연결을 촉진하는 환경을 조성해야 한다. 예를 들어, 음악 공연이나 테마 이벤트를 정기적으로 개최하거나, 소셜미디어에서 사용자 참여 캠페인을 운영하면 외향적 고객의 흥미를 끌 수 있다. 또한, 직원들이 적극적이고 친근한 태도로 고객과 소통한다면, 외향적 고객은 매장 방문 경험을 긍정적으로 기억할 가능성이 높아진다.

반면, 내향적 고객을 위한 전략은 조용하고 편안한 환경을 제공하는 데 초점을 맞춰야 한다. 내향적 고객은 혼자만의 시간을 즐기거나 소규모 그룹 활동을 선호하는 경향이 있다. 이를 위해 외식업체는 매장 내에 프라이버시를 보장하는 공간을 마련하거나, 조용한 분위기를 조성할 수 있다. 예를 들어, 개별 테이블 간 간격을 넓히고 차분한 배경 음악을 선택하면 내향적 고객의 편안함을 높일 수 있다. 더불어, 모바일 주문 시스템이나 비대면 결제 시스템을 도입하면 내향적 고객이 불필요한 상호작용을 피하면서도 서비스를 쉽게 이용할 수 있다.

외식업체가 성공하기 위해서는 단일화된 서비스 접근에서 벗어나, 고객의 다양한 성향을 반영한 세분화된 전략을 수립해야 한다. 외향적 고객과 내향적 고객 모두에게 최적의 경험을 제공함으로써, 외식업체는 넓은 고객층을 확보하고 지속 가능한 성장을 도모할 수 있다.

고객 성향을 반영한 매장 디자인과 운영 전략

외식업체가 고객 만족도를 극대화하기 위해서는 매장 디자인과 운영 방식을 고객 성향에 맞게 최적화해야 한다. 특히 외향적 고객과 내향적 고객의 특성을 동시에 고려한 공간 구성은 다양한 고객층을 만족시키는 핵심 요소다.

외향적 고객을 위한 공간 구성은 활기차고 사교적인 분위기를 강조해야 한다. 이를 위해 매장 내 오픈 테이블 배치를 활용하고, 중앙에는 공동 테이블이나 라운지 스타일의 공간을 배치하면 외향적 고객이 자연스럽게 교류할 기회를 얻을 수 있다. 또한, 밝은 조명과 활기찬 음악을 통해 매장의 에너지를 높이고, 테마 이벤트나 오프라인 커뮤니티 모임을 정기적으로 개최하는 것도 효과적이다. 이러한 공간은 외향적 고객에게 긍정적인 경험을 제공하며, 매장의 활기를 높인다.

반대로, 내향적 고객을 위한 공간 구성은 조용하고 프라이버시를 강조하는 데 중점을 둬야 한다. 개인 테이블과 칸막이를 활용해 독립적인 공간을 제공하거나, 창가나 구석진 자리에 소규모 테이블을 배치하는 방식이 유효하다. 더불어, 차분한 조명과 부드러운 배경음악은 내향적 고객이 편안하게 시간을 보낼 수 있는 환경을 조성한다. 이러한 세심한 배려는 내향적 고객의 재방문 의도를 높이는 데 기여할 수 있다.

매장 운영에서는 고객 피드백 시스템을 구축해 공간 구성과 운영 방식을 지속적으로 개선할 필요가 있다. 설문조사, 모바일 앱 리뷰, 고객 의견 박스를 활용해 고객들의 경험과 선호도를 수집하면, 외향적 고객과 내향적 고객의 요구사항을 세부적으로 이해할 수 있다. 또한, 데이터 분석을 통해 방문 패턴, 선호 공간, 인기 메뉴 등의 통찰을 얻으면, 매장 운영을 고객 중심으로 더욱 정교화할 수 있다.

외식업체가 고객 성향을 반영한 공간 구성과 운영 전략을 실행하면, 고객 경험을 한층 개인화하고 충성도를 높일 수 있다. 외향적 고객과 내향적 고객의 니즈를 균형 있게 충족시키는 매장은 다양한 고객층을 확보하며, 장기적인 성공을 이루는 기반이 될 것이다.

성공적인 고객 중심 외식업체의 조건

고객 중심의 외식업체가 성공하기 위해서는 단순히 맛있는 음식을 제공하는 것을 넘어, 고객의 기대와 성향에 부합하는 통합적 접근이 필요하다. 이는 고객 만족도를 높이고, 장기적으로 브랜드 충성도를 강화하는 핵심 전략으로 작용한다.

첫째, 고객 만족도를 높이기 위한 통합적 접근이 필요하다. 외식업체는 매장 환경, 서비스 품질, 메뉴 다양성, 그리고 가격 정책까지 고객 경험 전반을 고려해야 한다. 예를 들어, 스타벅스는 매장 인테리어와 음악, 직원 서비스, 모바일 앱 주문 시스템까지 모든 접점을 고객 중심으로 설계해 전 세계적으로 충성 고객층을 확보했다. 이러한 통합적 접근은 고객에게 일관된 가치를 제공하고, 브랜드 이미지 강화에도 긍정적인 영향을 미친다.

둘째, 고객 성향 기반 차별화 전략은 장기적 효과를 발휘한다. 외향적 고객은 활기차고 사교적인 환경을 선호하지만, 내향적 고객은 조용하고 편안한 공간에서 혼자만의 시간을 보내고 싶어 한다. 이러한 성향을 고려해 매장을 설계하면 서로 다른 고객층의 요구를 균형 있게 충족할 수 있다. 예를 들어, 한 외식업체는 매장 내에 공동 테이블과 독립된 개인 공간을 동시에 배치하여 다양한 고객층을 유치하고, 고객 충성도를 높이는 데 성공했다.

셋째, 데이터 기반 의사결정이 필수적이다. 고객 피드백과 데이터를 분석해 방문 패턴, 선호 메뉴, 서비스 평가 등을 파악하면, 고객 니즈에 맞춘 맞춤형 서비스를 제공할 수 있다. 맥도날드는 모바일 앱 데이터를 활용해 지역별 선호 메뉴와 주문 패턴을 분석하고, 이를 기반으로 메뉴를 조정하거나 지역화된 프로모션을 실행해 고객 만족도를 높였다.

마지막으로, 지속적인 개선과 혁신이 중요하다. 고객의 기대는 시간이 지남에 따라 변화하므로, 외식업체는 시장 트렌드와 고객 요구를 끊임없이 모니터링하고 이에 대응하는 유연성을 가져야 한다. 이는 고객과의 장기적 관계를 구축하는 데 필수적인 조건이다.

성공적인 외식업체는 단순히 음식을 판매하는 곳이 아니라, 고객에게 특별한 경험과 가치를 제공하는 공간으로 자리 잡는다. 통합적 접근과 차별화 전략, 그리고 지속적인 개선을 통해 고객 만족과 충성도를 동시에 확보할 수 있다면, 외식업체는 치열한 경쟁 속에서도 지속 가능한 성장을 이룰 수 있을 것이다.

명품 브랜드 소비 심리와 브랜드의 마케팅 전략은?

- 저　　자 : Yingji Li(李英吉), lyj.123@163.com
- 소　　속 : School of Humanities and Management, Yunnan University of Chinese Medicine
- 연구논문 : The impact of self-gifting and lifestyle on the luxury brand identity to purchase intention
- Yingji Li was born in Qiqihaer, Heilongjiang, P.R. China, in 1985. He received his doctoral degree from Daejeon University, South Korea. He now works in the School of Humanities and Management, Yunnan University of Chinese Medicine. His research interests include behavior analysis and information system management.

명품 브랜드는 단순한 고급 제품을 넘어 소비자의 정체성과 감성을 반영하는 중요한 요소로 작용한다. 소비자는 단순히 제품의 품질이나 기능 때문이 아니라, 브랜드가 제공하는 가치와 아이덴티티를 경험하기 위해 명품을 구매한다. 특히, 스스로에게 선물을 주는 셀프기프팅(Self-Gifting) 동기는 명품 브랜드 소비에서 중요한 요인으로 작용한다.

이에 저자(Li Yingji 박사)는 소비자의 셀프기프팅 동기(보상, 기념, 치료)가 명품 브랜드 아이덴티티와 구매의도에 미치는 영향을 분석하였다. 또한, 자아지향적 라이프스타일과 패션지향적 라이프스타일이 브랜드 아이덴티티 형성에 어떤 역할을 하는지도 탐구했다. 이를 통해 명품 브랜드가 소비자의 감성적 동기를 효과적으로 활용할 수 있는 전략을 제시하였다.

연구 결과, 소비자는 자신을 위한 선물로 명품을 구매할 때, 브랜드가 가진 가치와 정체성을 더욱 중요하게 인식하는 것으로 나타났다. 또한, 자아지향적 라이프스타일과 패션지향적 라이프스타일을 가진 소비자일수록 브랜드 아이덴티티에 대한 긍정적인 태도를 보이며, 이는 구매의도로 연결된다. 즉, 명품 브랜드는 단순한 소비재가 아니라, 소비자의 라이프스타일과 정체성을 반영하는 매개체가 된다는 것을 규명했다.

명품 소비는 단순한 사치가 아니라, 자기 자신을 위한 투자이자 표현 방식이 될 수 있다. 브랜드는 이러한 소비자의 심리를 이해하고, 보다 개인적인 경험을 제공하는 방향으로 마케팅 전략을 발전시켜야 한다.

명품 브랜드 소비심리와 마케팅 전략

명품 브랜드 소비 심리의 변화

명품 브랜드 소비 심리는 과거의 단순 사치 소비를 넘어, 소비자가 자신의 정체성과 감성을 표현하기 위한 수단으로 진화하고 있다. 과거 명품은 고가의 제품으로 인식되어 구매 자체가 일종의 사회적 지위 표상이었으나, 현재 소비자들은 명품을 통해 자기 자신을 위한 보상과 치유, 그리고 개성 표현의 욕구를 충족시키고자 한다. 셀프기프팅(Self-Gifting) 동기가 중요한 역할을 하면서, 소비자는 단순한 물질적 가치를 넘어서 브랜드가 전달하는 감성적, 문화적 가치를 경험하려는 경향을 보인다.

이러한 변화는 디지털 기술의 발전과 소셜미디어의 확산으로 더욱 가속화되었다. 소비자들은 SNS와 온라인 커뮤니티를 통해 명품 브랜드에 대한 다양한 정보를 실시간으로 공유하고, 인플루언서나 친구들의 추천을 통해 신뢰를 구축한다. 결과적으로, 소비자의 구매 결정은 제품의 기능적 우수성뿐 아니라, 브랜드가 제공하는 경험과 정서적 연결에 크게 의존하게 되었다. 이와 같이, 명품 브랜드는 단순히 고급 제품을 판매하는 것을 넘어서, 소비자의 라이프스타일과 자아를 반영하는 중요한 매개체로 자리매김하고 있다.

따라서, 명품 브랜드가 성공하기 위해서는 감성적 가치와 문화적 아이덴티티를 중심으로 한 마케팅 전략이 필수적이다. 브랜드 캠페인에서는 '나를 위한 선물'이라는 메시지를 강조하며 소비자가 자신을 위한 투자로서 명품을 선택하도록 유도해야 한다. 또한, 소비자 체험 이벤트와 같은 실질적인 체험 기회를 제공해, 소비자가 직접 브랜드의 가치를 경험하고, 이를 통해 장기적인 충성도로 이어지도록 하는 전략이 중요하다. 이러한 접근법은 변화하는 소비자 심리를 반영하고, 글로벌 트렌드에 부합하는 명품 마케팅 전략을 수립하는 데 큰 인사이트를 제공한다.

셀프기프팅이 브랜드 아이덴티티에 미치는 영향

셀프기프팅은 소비자가 자신을 위한 선물로 명품이나 고급 제품을 구매하는 행위를 의미하며, 단순한 소비를 넘어서 개인의 정체성과 감성을 표현하는 중요한 동기가 되고 있다. 소비자들은 스스로에게 보상을 주거나, 특별한 기념일을 기념하기 위해 제품을 구매함으로써 자신이 추구하는 라이프스타일과 가치를 실현하려한다. 이러한 행위는 브랜드 아이덴티티 형성에 직접적인 영향을 미치는데, 소비자는 자신이 선택한 명품 브랜드가 자신이 되고자 하는 이미지와 정체성을 반영한다고 인식한다.

자아지향적 및 패션지향적 라이프스타일을 가진 소비자들은 브랜드의 감성적 가치와 문화적 요소에 더욱 민감하게 반응한다. 예를 들어, 유명 인플루언서들이 자신을 위한 선물로 명품을 구매하고 이를 SNS에 공유하는 사례는 소비자들에게 강력한 셀프기프팅 동기를 부여하며, 브랜드에 대한 긍정적인 이미지를 형성하는 데 기여한다. 소비자는 이러한 경험을 통해 명품 브랜드가 단순한 고가 제품이 아니라, 자신만의 개성과 가치관을 드러내는 매개체임을 깨닫게 된다.

더불어, 소비자가 스스로에게 선물을 주는 행위는 브랜드에 대한 신뢰를 높이고, 장기적인 충성도로 이어진다. 소비자는 제품의 기능적 우수성뿐만 아니라, 브랜드가 전달하는 감성적 메시지와 스토리에 매력을 느끼게 된다. 이 과정에서 셀프기프팅 동기는 소비자가 브랜드와 지속적인 정서적 연결을 형성하도록 돕고, 결과적으로 재구매 의도와 추천 의도로 이어진다.

따라서, 기업들은 소비자의 셀프기프팅 동기를 면밀히 분석하고, 이를 반영한 맞춤형 마케팅 전략을 수립할 필요가 있다. 브랜드 아이덴티티를 소비자의 라이프스타일과 정체성에 맞게 재정의하고, 감성적 경험을 강화하는 캠페인을 통해 소비자와의 깊은 유대감을 형성하는 것이 중요하다. 이러한 전략적 접근은 명품 시장뿐만 아니라, 다양한 소비재 시장에서 성공적인 브랜드 구축과 장기적인 소비자 충성도 확보에 필수적인 요소로 작용할 것이다.

명품 브랜드의 정체성과 감성적 가치

명품 브랜드는 고유의 아이덴티티를 통해 소비자에게 단순한 제품 이상의 경험을 제공한다. 브랜드 아이덴티티는 소비자가 브랜드를 선택할 때 중요한 기준으로 작용하며, 소비자가 자신의 라이프스타일과 가치를 표현하는 도구로 활용된다. 예를 들어, 명품 브랜드가 지닌 전통, 혁신, 고급스러움 등의 요소는 소비자가 브랜드를 접할 때 그 이미지에 매료되어 긍정적인 경험을 하도록 유도한다. 이러한 브랜드 아이덴티티는 소비자가 제품을 선택하고, 재구매 의도를 형성하는 데 큰 영향을 미친다.

감성적 가치는 소비자와 브랜드 간의 심리적 연결을 강화하는 데 핵심적인 역할을 한다. 소비자들은 단순한 물질적 만족을 넘어, 브랜드가 전달하는 감성과 스토리에 공감하며 제품을 구매한다. 감성적 디자인, 포장, 광고 등은 소비자에게 브랜드의 정서를 전달하고, 그 결과 브랜드와의 정서적 유대가 강화된다. 실제 사례로, 유명 명품 브랜드들은 감각적인 광고와 디자인을 통해 소비자들이 그 제품을 통해 자신의 정체성을 표현하도록 유도하며, 이는 브랜드 충성도와 장기적인 소비로 이어진다.

특히, 셀프기프팅은 소비자가 스스로에게 선물을 주는 행위를 통해 명품 브랜드를 선택하는 중요한 동기로 작용한다. 소비자는 자신을 위한 보상이나 특별한 기념일을 맞아 명품을 구매하면서, 해당 브랜드가 제공하는 감성적 가치와 정체성에 더욱 공감하게 된다. 이 과정에서 소비자는 제품의 기능적 우수성뿐만 아니라, 브랜드가 전달하는 문화적, 감성적 메시지를 경험하게 되며, 이는 브랜드에 대한 충성도와 긍정적 구전 효과로 이어진다.

결과적으로, 명품 브랜드의 정체성과 감성적 가치는 소비자가 브랜드를 단순한 제품 구매가 아닌, 자신의 가치와 정체성을 표현하는 수단으로 인식하도록 만든다. 소비자는 자신에게 의미 있는 선물로서 명품을 선택하며, 이는 브랜드와의 깊은 정서적 연결과 신뢰 형성에 기여한다. 이러한 소비 심리의 변화는 명품 마케팅 전략에서 감성적 요소를 강조하는 이유이며, 앞으로도 명품 브랜드가 소비자와의 관계를 강화하고 시장에서 경쟁력을 유지하기 위해 반드시 고려해야 할 핵심 요소로 남을 것이다.

소비자 라이프스타일과 구매 동기는?

지금의 소비자는 자아지향적 및 패션지향적 라이프스타일을 바탕으로 자신의 정체성을 표현하고, 이를 통해 구매 동기를 형성한다. 자아지향적 소비자는 자신이 추구하는 가치와 신념을 반영하는 제품에 높은 선호를 보인다. 이들은 제품을 단순한 기능적 요소로만 보지 않고, 브랜드가 전달하는 감성적 메시지와 문화적 아이덴티티를 중요하게 생각한다. 예를 들어, 명품 제품을 구매할 때 소비자는 제품의 고급스러운 디자인뿐만 아니라, 그 제품이 상징하는 사회적 지위와 독창적 정체성을 경험하고자 한다.

반면, 패션지향적 소비자는 최신 트렌드를 반영하고, 스타일을 통해 자신의 개성을 드러내는 데 집중한다. 이들은 패션 매체나 소셜미디어를 통해 최신 정보를 얻으며, 자신이 속한 사회적 집단에서의 인지도를 높일 수 있는 아이템을 선호한다. 이러한 소비자들은 종종 '셀프기프팅'과 같이 스스로에게 보상을 주거나 특별한 날을 기념하기 위해 명품을 선택하는 경향을 보인다. 이는 단순히 고가의 제품을 소비하는 것이 아니라, 자신을 위한 투자이자 정체성의 표현 방식으로 작용한다.

소비자의 정체성 표현은 구매 동기와 밀접하게 연관되어 있다. 소비자는 자신이 선택한 브랜드를 통해 개인의 가치관과 라이프스타일을 대외적으로 드러내고, 이를 통해 사회적 인정과 자부심을 얻는다. 이런 맥락에서, 명품 브랜드는 제품 자체의 우수성뿐만 아니라, 브랜드가 전달하는 감성적, 문화적 메시지가 소비자에게 큰 영향을 미친다. 소비자가 명품을 구매함으로써 자신을 위한 선물로 느끼고, 그 브랜드를 통해 자신을 재정의하는 과정을 경험하면, 이는 장기적인 충성도로 이어지며, 반복 구매로 연결된다.

따라서 자아지향적 및 패션지향적 라이프스타일은 소비자가 단순한 물질적 만족을 넘어, 자신만의 가치와 정체성을 실현하고자 하는 욕구를 반영한다. 기업들은 이러한 소비 심리를 기반으로 맞춤형 마케팅 전략을 개발해, 소비자와의 깊은 정서적 연결을 형성하고, 브랜드에 대한 긍정적 인식을 높여야 한다. 이와 같이 소비자의 라이프스타일과 구매 동기는 단순한 소비 행위를 넘어, 정체성의 표현과 사회적 상징성을 강화하는 중요한 역할을 하며, 이는 명품 브랜드의 지속 가능한 성장과 경쟁력 확보에 결정적인 영향을 미친다.

셀프기프팅의 역할과 구매 의도

셀프기프팅은 소비자가 스스로에게 선물을 주는 행위를 의미하며, 이는 보상, 기념, 치료와 같은 다양한 동기로 나타난다. 예를 들어, 열심히 일한 후 스스로에게 보상하기 위해 명품이나 고급 제품을 구매하는 경우, 또는 특별한 기념일을 맞아 자신을 축하하는 의미로 구매하는 경우가 대표적이다. 또 다른 사례로는 스트레스 해소나 심리적 위안을 얻기 위해 셀프기프팅을 선택하는 경우가 있으며, 이는 개인의 정서적 필요를 충족시켜 주는 중요한 요소로 작용한다.

이러한 셀프기프팅 동기는 소비자의 구매 의도와 재구매 의도에 긍정적인 영향을 미친다. 소비자는 자신을 위한 선물로 제품을 선택할 때 단순히 물질적 만족을 넘어서, 그 제품이 전달하는 감성적 가치와 브랜드 아이덴티티에 깊이 공감하게 된다. 이는 소비자가 해당 브랜드에 대해 높은 신뢰와 애착을 갖게 만들며, 결과적으로 반복 구매로 이어지는 효과를 낳는다. 또한, 셀프기프팅은 소비자가 자신을 위한 투자라는 인식을 강화시켜, 제품 구매 후 긍정적 경험을 바탕으로 자연스러운 구전 효과를 창출한다.

따라서, 명품 브랜드와 같은 고급 제품 시장에서는 셀프기프팅 동기를 적극적으로 활용하는 마케팅 전략이 필요하다. "나를 위한 선물"이라는 감성적인 메시지를 강조하고, 소비자가 직접 체험할 수 있는 이벤트나 프로모션을 통해 브랜드의 정체성과 가치를 전달하면, 소비자는 그 제품을 단순히 구매하는 것을 넘어서 자신을 표현하는 수단으로 인식하게 된다. 이와 같은 전략은 소비자의 구매 의도를 높이고, 장기적으로 재구매 의도와 브랜드 충성도를 강화하는 데 큰 역할을 한다.

브랜드의 마케팅 활용방안

　브랜드 마케팅 활용방안은 맞춤형 메시지와 콘텐츠 제작을 통해 소비자의 참여를 적극적으로 유도하는 데 중점을 둔다. 현대 소비자들은 개별화된 경험을 선호하며, 자신에게 직접적으로 다가오는 메시지에 더욱 민감하게 반응한다. 예를 들어, 소비자의 구매 이력과 선호도를 분석하여 개인 맞춤형 광고나 콘텐츠를 제공하면, 소비자는 자신이 특별히 고려되고 있다는 느낌을 받아 브랜드에 대한 신뢰와 충성도가 높아진다. 이러한 전략은 단순히 대중적인 메시지를 전달하는 것보다 훨씬 효과적이며, 소비자의 심리와 행동에 직접적인 영향을 미친다.

　또한, 다양한 디지털 채널을 통한 마케팅 전략도 중요한 역할을 한다. 소셜미디어, 모바일 앱, 이메일 마케팅 등은 소비자와 실시간으로 소통할 수 있는 강력한 도구로, 이를 통해 브랜드의 메시지를 효과적으로 전달하고 소비자 피드백을 즉각 반영할 수 있다. 데이터 기반의 타겟팅과 개인화된 콘텐츠 제작은 비용 효율적인 마케팅 전략을 가능하게 하며, 이를 통해 브랜드 이미지를 강화하고 재구매 의도를 높일 수 있다. 기업은 이러한 디지털 마케팅 전략을 통합적으로 운영하여 소비자와의 지속적인 관계를 형성하고, 변화하는 시장 트렌드에 민첩하게 대응해야 한다.

산업재 시장에서도 SNS 마케팅은 필요한가?

- 저　　자 : 김선웅 박사 (ksu21cm@kakao.com)
- 소　　속 : (주)다산에너지 대표이사 / 테크팜 대표이사
- 연구논문 : 산업재 시장에서의 SNS 매체 특성,관계 품질, 협상 성과, 고객 충성도의 관계

- 신재생에너지 전문기업과 스마트팜 전문기업을 운영중으로 미래산업의 한 축에 일조하고 있다. 신재생에너지 커뮤니티 '태사모' 운영과 더 솔라타임즈 인터넷 신문사 운영, 한국태양광공사협회 1대 수석부회장, 2대 한국태양광공사협회 회장, 전기공사협회중앙회 신재생위원 등을 역임하였다. 한국태양광공사협회 고문, 태양광에너지학회 이사, 한국전기공사학회 이사 등을 역임하고 있다. 산자부, 에너지공단, 에너지경제연구원 등에서 신재생에너지 정책에 다수 관여하였다. 현재 신재생과 스마트팜 사업에 집중하고 있다.

SNS는 정보 제공, 실시간 상호작용, 고객 관리와 같은 기능을 통해 현대 마케팅의 핵심 도구로 자리 잡았다. 특히, 산업재시장(B2B 시장)에서 SNS는 단순한 커뮤니케이션 도구를 넘어, 기업 간 신뢰와 협력을 구축하는 중요한 플랫폼으로 주목받고 있다.

산업재시장에서의 성공은 단기적인 거래보다는 장기적인 관계 형성에 달려 있다. 이러한 맥락에서 SNS 매체의 특성이 관계 품질(신뢰와 만족), 협상 성과, 그리고 고객 충성도(재구매 의도 및 구전 효과)에 미치는 영향을 분석하는 것은 실질적이고 중요한 연구 주제다.

저자(김선웅 박사)는 SNS 매체 특성(상호작용성과 정보 제공성)이 기업 간 관계 품질을 어떻게 형성하고, 이를 통해 협상 성과와 고객 충성도로 이어지는지를 실증적으로 분석하였다. 이를 통해 산업재시장에서의 SNS 활용 전략에 대한 구체적인 시사점을 제시하였다.

연구 결과 SNS 매체를 활용하여 신뢰와 만족을 기반으로 한 관계를 형성하는 것이 장기적 비즈니스 성공에 중요한 요인임을 규명했다. 또한 상호작용성과 정보 제공성을 높이는 것이 관계 품질, 협상 성과, 고객 충성도를 강화하는 중요한 전략적 도구로 확인되었다.

SNS는 단순한 마케팅 도구가 아니라, 신뢰와 만족을 기반으로 한 비즈니스 성공의 필수적 요소이다. 상호작용성과 정보 제공성을 강화하면, 기업은 고객과의 관계를 강화하고, 협상에서 성과를 높이며, 고객 충성도를 확보할 수 있다.

> 산업재 시장에도 SNS 마케팅이 필요한가?

SNS와 산업재 시장의 새로운 패러다임

오늘날 SNS는 소비자 시장뿐만 아니라 산업재 시장에서도 중요한 역할을 차지하고 있다. 전통적으로 산업재 시장은 오프라인 관계 중심의 비즈니스 환경으로 인식되었지만, SNS의 등장과 함께 기업 간 커뮤니케이션과 협력 방식이 급변하고 있다. SNS는 단순한 소셜 네트워킹을 넘어서, 산업재 구매 결정 과정에서 신뢰를 구축하고, 정보 교환을 촉진하며, 파트너십을 형성하는 새로운 도구로 자리 잡았다.

예를 들어, 한 글로벌 제조업체는 SNS를 통해 잠재 고객과 실시간으로 소통하면서 기술적 질문에 답변하고, 제품 데모를 공유함으로써 신뢰를 쌓았다. 이러한 상호작용은 거래 이전 단계에서 기업 간 관계 품질을 높이고, 협상 과정에서도 유연성과 투명성을 제공하여 협상 성과를 개선하는 데 기여했다.

SNS가 산업재 시장에서 가지는 의미는 단순히 마케팅 채널로 끝나지 않는다. 상호작용성과 정보 제공성을 통해 기업들은 긴밀한 관계를 형성하고 장기적인 협력을 도모할 수 있다. 이러한 환경에서는 단순한 거래가 아닌, 지속 가능한 파트너십 구축이 핵심이 된다.

연구 주제 자체도 이 같은 변화 속에서 SNS 특성이 어떻게 관계 품질, 협상 성과, 고객 충성도로 연결되는지를 분석한다는 점에서 중요하다. 산업재 시장은 제품과 가격 경쟁만으로는 한계에 부딪히고 있으며, 신뢰와 관계 중심의 비즈니스 모델이 새로운 경쟁력으로 떠오르고 있다. 따라서 SNS를 통한 관계 형성 전략과 그 효과를 체계적으로 이해하는 것은 실무자들이 효과적인 디지털 전략을 수립하는 데 있어 큰 인사이트를 제공한다.

SNS 매체 특성과 관계 형성

SNS의 상호작용성과 정보 제공성은 기업 간 관계 품질을 향상시키는 중요한 요인이다. 산업재 시장에서는 거래 규모가 크고 복잡한 만큼 신뢰 구축이 필수적이다. SNS를 통해 기업들은 실시간으로 의견을 교환하고, 문제를 신속하게 해결할 수 있다. 예를 들어, 한 제조업체가 SNS 플랫폼에서 협력사와 지속적으로 소통하며 제품 사양이나 프로젝트 진행 상황을 공유하면, 이는 양측의 투명성을 높이고 상호 신뢰를 증진시킨다. 이렇게 직접적이고 빈번

한 상호작용은 관계 내 오해를 줄이고, 협력의 질을 높인다.

또한, SNS에서 제공하는 방대한 정보는 관계 형성에 큰 도움을 준다. 산업재 거래에서는 제품 성능, 시장 동향, 기술 혁신 등에 대한 최신 정보를 빠르게 제공하는 것이 중요하다. SNS를 통해 기업들은 관련 뉴스, 제품 업데이트, 기술 분석 등을 공유하며 서로의 전문성을 확인하고, 그 과정에서 신뢰를 쌓아간다. 정보 제공성이 높을수록 기업들은 의사결정을 할 때 더 많은 근거를 확보하게 되고, 이는 장기적인 관계 구축에 긍정적인 영향을 미친다.

산업재 시장에서 SNS 활용은 소비재 시장와는 다른 독특한 특성을 지닌다. B2B 환경에서는 개인 간 소통보다는 기업 간 전문성과 기술적 논의가 중심이 된다. 따라서 SNS는 단순한 홍보 수단을 넘어, 전문가 커뮤니티 형성과 협력 네트워크 구축의 장으로 활용된다. 예를 들어, 특정 산업 분야의 기업들이 SNS 그룹을 통해 기술 문제를 논의하고, 솔루션을 공동으로 모색하는 사례가 있다. 이런 플랫폼은 제품 개발과 혁신을 촉진하고, 궁극적으로는 관계 품질을 높여 협상 성과와 고객 충성도로 이어진다.

관계 품질 구축: 신뢰와 만족의 핵심 역할

SNS는 기업 간 관계에서 신뢰와 만족을 구축하는 데 중요한 도구로 자리매김하고 있다. 이러한 상호작용은 문제 발생 시 빠른 해결로 이어져 양측 모두에게 만족감을 주며, 이는 단순한 거래를 넘어 장기적인 협력 관계로 발전하는 기초를 마련한다.

신뢰 구축 과정은 SNS의 투명한 정보 공유와 일관된 커뮤니케이션에서 비롯된다. 예를 들어, 어떤 기업이 SNS를 통해 새로운 제품 업데이트와 품질 개선 사항을 공유하며, 파트너사들의 의견을 적극 수렴한 경험이 있다. 이러한 행동은 파트너사들에게 해당 기업이 신뢰할 수 있는 동반자임을 느끼게 하고, 이는 점차 만족으로 전환되었다. 만족한 파트너는 자연스럽게 재구매 의향을 높이고, 긍정적인 구전을 통해 더 많은 협력 기회를 창출하게 된다.

이처럼 SNS를 통한 신뢰 구축은 단기적인 이익을 넘어서 장기적 협력 관계 형성의 기반이 된다. 산업재 시장에서는 한 번의 거래가 끝이 아니라 지속적인 협력과 정보 교환이 중요하다. 안정적인 관계는 불확실한 시장 상황에서도 협력사 간의 조율을 원활하게 하고, 새로운 사업 기회를 함께 모색하는 데 큰 도움이 된다. 지속적인 신뢰와 만족을 바탕으로 한 협력 관계는 기술 혁신과 공동 프로젝트 추진에도 긍정적인 영향을 미쳐, 결과적으로 양측 모두에게 경쟁력 있는 성과를 가져다준다.

협상 성과 향상을 위한 SNS 전략

SNS는 산업재 시장에서 협상 과정을 변화시키고 있다. 기업 간 협상은 종종 복잡하고 시간이 많이 소요되지만, SNS를 활용하면 정보 공유와 상호작용을 통해 협상 과정을 보다 효율적이고 투명하게 만들 수 있다.

SNS를 통한 정보 공유는 협상 결과에 중요한 영향을 미친다. 협상에 필요한 자료, 시장 동향, 기술적 분석 등을 실시간으로 공유하면, 모든 당사자가 동일한 정보를 바탕으로 논의할 수 있게 되어 공정성과 투명성이 강화된다. 이는 협상 상대방에 대한 신뢰를 높여주며, 협상의 난항을 줄이는 데 기여한다. 또한, SNS 상의 비공식적인 대화나 피드백 교환은 협상 과정에서 발생할 수 있는 긴장을 완화시키고, 더 유연한 접근을 가능하게 한다.

이러한 분석을 통해 SNS는 단순한 커뮤니케이션 도구를 넘어, 협상 과정 전반에 걸쳐 정보의 신속한 전달과 상호 이해를 증진시켜 협상 성과를 향상시키는 전략적 수단으로 활용될 수 있음을 알 수 있다. 기업들은 SNS를 적극적으로 도입해 협상 과정에서 발생하는 다양한 변수에 민첩하게 대응하며, 보다 긍정적인 결과를 도출할 수 있는 기반을 마련할 수 있다.

고객 충성도 강화와 재구매 의도

SNS 상호작용은 고객 충성도에도 영향을 미친다. 기업이 SNS를 통해 고객과 지속적으로 소통하고, 개별 고객의 요구에 맞춘 맞춤형 콘텐츠와 지원을 제공할 때 고객은 브랜드에 더 깊이 연결된다고 느낀다. 예를 들어, 한 B2B 기업이 SNS에서 고객의 질문에 신속하고 상세하게 답변하고, 제품 사용 사례나 팁을 공유하며 고객과의 대화를 이어갔다고 하자. 이러한 상호작용은 고객이 자신의 의견이 존중받고 있다고 느끼게 해, 브랜드에 대한 충성도를 높인다. 이는 SNS 상호작용이 고객 충성도와 재구매 의도에 실질적인 영향을 미친다는 점을 보여준다.

긍정적 구전 효과와 고객 유지 전략은 SNS를 활용해 더욱 강화될 수 있다. 만족한 고객이 SNS 상에서 긍정적인 경험을 공유하면,

이는 자연스럽게 새로운 고객 유치로 이어진다. 또한, 기존 고객을 대상으로 한 충성도 프로그램이나 이벤트를 SNS를 통해 안내하고 참여를 유도하면, 고객들은 브랜드에 대한 소속감을 느끼고 지속적으로 이용하게 된다. 이러한 전략은 고객 유지율을 높이며, 긍정적인 구전 효과를 통해 브랜드의 평판을 강화한다.

SNS를 통한 적극적인 상호작용은 고객 충성도를 높이고 재구매 의도를 강화하는 데 핵심적인 역할을 한다. 고객의 목소리에 귀 기울이고, 그들의 요구를 반영하는 소통과 맞춤형 서비스 제공은 긍정적 입소문과 장기적인 고객 관계 형성으로 이어진다. 기업들은 SNS를 전략적으로 활용해 고객과의 신뢰를 쌓고, 지속 가능한 성장을 위한 강력한 기반을 마련할 수 있다.

산업재 시장에서의 SNS 활용법

디지털 트렌드를 반영한 SNS 마케팅 전략은 산업재 시장에서도 중요한 역할을 하고 있다. 기업들은 이제 단순히 제품 정보를 나열하는 것을 넘어서, 고도화된 데이터 분석과 AI 기술을 활용해 타겟 고객에게 맞춤형 콘텐츠를 전달하고 있다. 예를 들어, 기업들은 인스타그램, 유튜브와 같은 플랫폼에서 특정 산업군이나 관심사를 가진 기업들을 대상으로 전문적이고 유용한 정보를 지속적으로 제공함으로써 신뢰를 쌓고 있다. 이러한 전략은 단순 홍보를 넘어, 잠재 고객과의 깊은 관계를 형성하고, 브랜드 전문가로 자리매김하는 데 기여한다.

또한, SNS 마케팅에서는 동영상 콘텐츠와 웨비나(Webinar)를 통한 실시간 소통이 주목받고 있다. 제품 데모나 실제 사례 연구를 생방송으로 공유하면, 고객은 제품과 서비스에 대한 이해를 높일 수 있고, 기업은 즉각적인 피드백을 받을 수 있다. 이러한 쌍방향 소통은 산업재 거래에서 신뢰 형성과 관계 강화에 큰 도움이 된다.

관계 품질 강화와 협상 성공을 위한 구체적인 실행 방안으로는 먼저 SNS를 통한 지속적인 관계 관리가 있다. 기업들은 SNS 그룹이나 커뮤니티를 구축해 파트너사와의 정기적인 소통 채널을 마련하고, 최신 기술 동향이나 시장 정보를 공유한다. 이런 활동은 협상 과정에서 필요한 정보 투명성을 높이고, 상대방과의 신뢰를 강화하는 데 효과적이다. 실제 사례로, 한 산업재 기업은 SNS를 통해 협력사들과 전용 그룹을 운영하며, 신규 프로젝트에 대한 의견을 교환하고, 문제 발생 시 빠르게 대응함으로써 협상력을 크게 향상시켰다.

또 다른 방안으로, SNS 플랫폼에서 수집된 고객 및 파트너 피드백을 분석해 맞춤형 제안서를 준비하는 방법을 들 수 있다. 협상 전에 상대방의 관심사와 우려 사항을 파악하면, 협상 테이블에서 보다 설득력 있게 대응할 수 있다. 이를 통해 협상 과정이 원활해지고, 상호 만족스러운 결과를 도출해낼 가능성이 높아진다.

결론적으로, 산업재 시장에서 SNS는 최신 디지털 트렌드를 적극 반영하여 관계를 강화하고 협상 성공률을 높일 수 있는 강력한 도구다. 기업들은 SNS를 전략적으로 활용해 잠재 고객과 파트너와의 관계를 지속적으로 관리하고, 실시간 피드백을 바탕으로 협상력을 강화함으로써, 지속 가능한 성장을 이루어낼 수 있다.

지속 가능한 산업재 비즈니스와 SNS의 미래

　산업재 시장에서 SNS의 역할은 앞으로 더욱 전략적으로 중요해질 전망이다. 전략적 시사점으로 데이터 기반 맞춤형 소통의 강화가 필요하다. 기업은 SNS에서 축적된 다양한 데이터를 분석해 고객과 파트너의 세부적인 요구와 행동 패턴을 파악할 수 있어야 한다. 이를 바탕으로 보다 정교한 마케팅 전략과 협상 전략을 수립하면, 관계 품질을 높이고, 장기적인 충성도를 구축하는 데 유리하다. 또한, SNS 플랫폼을 활용한 실시간 소통과 신속한 문제 해결은 협상 과정에서의 불확실성을 줄이고, 신뢰를 기반으로 한 협력 관계를 공고히 할 수 있다.

　앞으로의 SNS 활용 방향은 기술 발전과 깊은 관련이 있다. 인공지능, 빅데이터, 가상현실(VR) 등 최신 기술이 SNS와 결합되어 새로운 비즈니스 가능성을 열어갈 것이다. 예를 들어, VR을 통해 가상 전시회나 제품 데모를 제공하면, 물리적 거리에 상관없이 잠재 고객에게 몰입감 있는 경험을 선사할 수 있다. 인공지능 챗봇은 24시간 고객 문의에 대응하며, 빠르고 정확한 정보 제공으로 고객 만족도를 높일 것이다.

　결국, SNS는 산업재 시장에서 단순한 홍보 수단을 넘어, 전략적 비즈니스 도구로 자리잡아 지속 가능한 성장을 견인할 것이다. 기업들은 변화하는 디지털 환경에 유연하게 대응하며, SNS를 통해 쌓은 관계와 데이터를 바탕으로 혁신적인 전략을 수립해야 한다.

기술창업 교육과정이 창업 성공에 미치는 영향은?

- 저   자 : 길석면 박사 (ksman0@naver.com)
- 소   속 : 제이아이엔 (주)
- 연구논문 : 중등 직업교육기관에서의 기술창업 교육과정 개발 모형에 관한 연구
- 어쩌다가 우연히 궁금한 것에 호기심이 발생하여 경영과 창업을 조금 공부하게 되었다.

4차 산업혁명 시대에는 기술 기반의 창업이 경제 성장을 이끄는 핵심 동력으로 자리 잡고 있다. 하지만 중등 직업교육기관에서의 창업 교육은 아직 체계적인 설계와 전문성이 부족한 상황이다. 특히 기술창업과 관련된 구체적인 교육 내용이나 효과적인 교수법이 미흡하며, 이를 가르칠 교사들의 역량 강화도 필요하다. 이로 인해 학생들이 창업을 실질적인 진로 선택지로 인식하기 어려운 현실이다.

　이에 저자(길석면 박사)는 중등 직업교육기관에서 기술창업 교육과정을 체계적으로 설계하기 위해, 창업에 필요한 지식과 기술 요소를 도출하고, 교육과정을 개발하기 위한 모형을 제안하며, 교사와 학생에게 필요한 지원 방안을 제시하였다. 이를 통해 창의적 문제 해결 능력을 갖춘 미래 창업가 양성을 지원하고자 한다.

　중등 직업교육기관에서의 창업 교육은 학생들이 창의성과 실무능력을 갖춘 창업가로 성장하도록 돕는다. 효과적인 창업 교육을 위해서는 기술창업에 필요한 지식과 기술을 체계적으로 학습할 수 있는 교육과정이 마련되어야 하며, 창업 이론뿐만 아니라 실제 창업 상황을 경험할 수 있는 실습 중심의 학습 환경이 제공되어야 한다. 또한 교사를 위한 연수 프로그램과 창업 교육 교재와 같은 지원도 필요하다. 이러한 창업 교육은 학생들에게 창의적 문제 해결 능력을 키워주고, 창업을 진로 선택지로 고려할 수 있는 기회를 제공하며, 기술창업 교육을 받은 학생들은 더 높은 자신감을 바탕으로 창업 생태계에 적극적으로 참여할 수 있게 한다.

기술창업 교육의 필요성

기술 창업이 경제에 미치는 영향

　기술 기반 창업은 현대 경제에서 혁신과 성장의 핵심 동력이다. 인공지능, 로봇공학, 바이오테크놀로지 등 최첨단 기술을 활용해 새로운 비즈니스 모델을 창출하는 창업 활동은 국가 경쟁력 제고에 기여하며, 일자리 창출과 경제 활성화에 중요한 역할을 한다. 하지만 많은 기술창업 기업들은 초기 자원 부족과 경험 부족으로 인해 성공에 어려움을 겪는다. 이러한 배경에서 중등 직업교육기관의 체계적인 창업 교육은 미래 창업가를 양성하는 데 필수적이다.
　직업교육기관은 학생들에게 기술적 역량뿐만 아니라 창업에 필요한 경영 지식과 문제 해결 능력을 체계적으로 교육해야 한다. 이는 단순히 이론을 전달하는 것을 넘어, 실제 창업 환경을 모방한 실습과 프로젝트 기반 학습을 통해 구현된다. 예를 들어, 모의 창업 경진대회나 스타트업 워크숍을 통해 학생들은 팀워크, 리스크 관리, 투자자 설득 등의 실질적 경험을 쌓을 수 있다. 이러한 경험은 학생들이 창업을 실질적인 진로 선택지로 인식하도록 돕는다.

또한, 교육기관은 업계 전문가와의 협력, 멘토링, 네트워킹 기회를 제공해 학생들이 자원 부족 문제를 극복하는 데 필요한 사회적 자본을 형성할 수 있도록 지원한다. 경력과 노하우를 가진 멘토와의 지속적인 소통은 학생들의 창업 준비를 현실적으로 조정하고, 성공 가능성을 높인다.

기업가정신을 함양하는 교육 과정은 학생들에게 혁신성, 진취성, 위험감수성 같은 핵심 가치와 함께, 이를 실현할 수 있는 실무 능력과 전략적 사고를 길러준다. 이러한 교육적 접근은 기술 기반 창업의 복잡성을 이해하고, 도전과 기회를 균형 있게 대처할 수 있는 미래 창업가를 양성하는 데 중요한 역할을 한다. 결과적으로, 중등 직업교육기관에서의 체계적인 기술창업 교육은 학생들이 창업을 단순한 아이디어 단계에서 실제 사업으로 전환하는 데 필요한 기반을 마련해, 국가 경제와 사회에 긍정적 영향을 미칠 것이다.

기술창업 교육과정 설계

기술창업 교육과정의 핵심 요소는 창업에 필요한 지식과 기술을 도출하고, 이론과 실습이 균형 잡힌 교육을 설계하는 데 있다. 기술 기반 창업은 단순한 이론적 교육만으로는 성공하기 어렵다. 창업자에게는 기술적 전문지식뿐 아니라, 사업 계획 수립, 시장 분석, 재무 관리 등 다양한 분야의 지식과 실무 능력이 요구된다. 예를 들어, 한 중등 직업교육기관에서는 로봇 공학을 중심으로 한 창업 교육 프로그램을 통해 학생들에게 로봇 제작 기술뿐 아니라, 이를 시장에 어떻게 적용하고 사업화할 수 있는지에 대한 실습을 병행해 진행해왔다. 이런 사례는 창업 과정에서 직면하는 기술적 문제뿐 아니라, 경영적 도전에 대한 해결능력을 기르는 데 효과적이었다.

창업에 필요한 지식과 기술을 도출하려면, 교육기관은 산업 동향과 창업 성공 사례를 면밀히 분석해야 한다. 이를 바탕으로 최신 기술 트렌드에 맞는 커리큘럼을 개발하고, 실제 창업에 필요한 핵심 역량을 체계적으로 전달할 수 있는 교육 과정을 설계한다. 이 과정에서 창업 이론과 실습을 균형 있게 배치하는 것이 중요하다. 이론 수업을 통해 기본 개념과 전략을 학습하고, 실습을 통해 그 지식을 실제 상황에 적용해 보는 경험은 창업 준비 과정에서 필수적이다.

예를 들어, 특정 교육 프로그램에서는 학생들이 가상의 스타트업을 운영해보는 프로젝트를 통해 팀워크, 리스크 관리, 투자 유치 등의 실무 기술을 배우도록 한다. 이러한 실습 중심의 교육은 단순히 지식을 전달하는 것을 넘어, 학생들이 창업 환경에서 실제로 겪을 수 있는 문제들을 해결하는 능력을 기르는 데 큰 도움이 된다.

또한, 교수진의 전문성 강화와 멘토링 시스템 구축도 핵심 요소다. 성공한 창업자나 산업 전문가들이 강사로 참여해 현실적인 조언과 피드백을 제공하면, 학생들은 이론에 그치지 않고 실질적인 통찰을 얻을 수 있다. 이런 교육 방식은 학생들이 창업을 자신의 미래 진로로 구체적으로 고려할 수 있는 동기를 부여하며, 창의적 문제 해결 능력을 키우는 데 효과적이다.

창업 교육과정이 성공에 미치는 메커니즘

기술창업 교육과정은 단순히 이론을 전달하는 것을 넘어, 창업 성공을 견인하는 복합적 메커니즘을 형성한다. 특히 창의적 문제 해결 능력과 실무 역량 강화는 초기 창업 단계에서 필수적인 요소다. 교육과정을 통해 학생들은 다양한 시나리오를 바탕으로 문제를 분석하고 해결 방안을 모색하는 능력을 기른다. 예를 들어, 가상의 스타트업 프로젝트를 수행하며 제품 개발, 시장 분석, 자금 조달 등의 실제 창업 과정을 경험하는 학습 환경은 이론만 배운 학생들보다 훨씬 높은 실무 역량을 제공한다. 이러한 경험은 창업 과정에서 발생하는 복잡한 문제들을 창의적으로 해결하는 데 직접적인 도움이 된다.

또한, 체계적인 교육은 학생들의 창업에 대한 인식을 변화시키고 진로 선택의 폭을 넓힌다. 기술창업 교육을 통해 학생들은 창업을 불확실한 위험이 아닌, 구체적이고 실현 가능한 진로로 인식하게 된다. 실제로, 중등 직업교육기관에서 기술창업 교육을 받은 학생들은 창업에 대한 두려움을 극복하고, 자신의 기술과 아이디어를 바탕으로 새로운 비즈니스를 시작하는 데 더 큰 자신감을 얻게 되었다. 이러한 인식 변화는 창업 생태계 전반에 긍정적인 영향을 미치며, 더 많은 젊은 인재가 창업을 진로로 선택하도록 유도한다.

교육과정이 창업 성공에 미치는 또 다른 중요한 영향은 네트워크 형성과 협업 능력 강화다. 다양한 워크숍, 멘토링, 팀 프로젝트 등을 통해 학생들은 동료 창업가, 멘토, 투자자 등과의 네트워크를 구축하고, 이 과정에서 협업을 통해 문제를 해결하는 법을 배운다. 이러한 경험은 실제 창업 시 협력 관계를 형성하는 데 유리하게 작용한다.

교사 역량 강화와 지원 시스템

기술창업 교육의 성공은 우수한 교사의 역량과 이를 뒷받침하는 체계적인 지원 시스템에 크게 의존한다. 교사가 최신 기술과 창업 관련 지식을 효과적으로 전달할 수 있는 능력을 갖추는 것은 학생들의 학습 효과를 극대화하고, 창의적 문제 해결 능력을 키우는 데 필수적이다. 이를 위해 교사 연수 프로그램과 교육자료 개발은 핵심적인 역할을 한다.

교사 연수 프로그램은 교사들이 최신 기술 동향과 교육 방법론을 습득하도록 돕는다. 특히 기술창업 교육의 경우, 빠르게 변화하는 산업 환경에 발맞춘 교육 기법과 실무 경험을 갖춘 전문가의 멘토링이 중요하다. 실제로, 일부 교육기관에서는 산업계와 협력하여 실무 중심의 워크숍을 개최하고, 이를 통해 교사들이 직접 창업 과정을 체험하고 그 경험을 교육에 반영하도록 지원하고 있다. 이러한 연수 프로그램은 교사들에게 새로운 교수법과 도구를 제공함으로써, 학생들에게 보다 실질적이고 현실적인 창업 교육을 제공할 수 있는 기반을 마련해준다.

교육자료 개발 또한 중요한 측면이다. 기술창업 분야의 특성상 빠르게 변화하는 정보를 정확하고 이해하기 쉽게 전달할 수 있는 교육자료가 필요하다. 예를 들어, 최신 소프트웨어 도구 사용법이나 비즈니스 모델 캔버스 작성법 등 실무에 바로 적용할 수 있는 자료들은 학생들의 학습 효과를 높인다. 이러한 자료는 디지털 플랫폼을 통해 지속적으로 업데이트되고, 다양한 포맷(동영상, 인터랙티브 콘텐츠 등)으로 제공되어 학습자의 접근성을 높인다.

교사와 학생 간의 협력 증진을 위한 지원 방안도 중요한 전략적 요소다. 교사와 학생이 함께 프로젝트를 수행하거나 아이디어를 공유하는 협업 환경을 조성하면, 실습 중심의 학습이 촉진된다. 예를 들어, 특정 교육기관에서는 창업 아이디어 경진대회를 개최해 교사와 학생이 팀을 이루어 실제 사업 계획을 세우고 발표하는 프로그램을 운영한다. 이를 통해 교사는 학생들의 창의적 사고를 유도하고, 학생들은 실무 경험을 쌓으면서 교사로부터 직접적인 피드백을 받을 수 있다.

또한, 교육기관은 온라인 커뮤니티나 협업 플랫폼을 통해 교사와 학생 간의 소통을 강화할 수 있다. 이런 플랫폼은 질문과 답변, 자료 공유, 아이디어 브레인스토밍 등을 실시간으로 진행할 수 있는 공간을 제공해, 물리적 제약 없이 지속적인 협력이 가능하도록 만든다. 이러한 디지털 환경은 특히 기술창업 교육처럼 빠르게 변화하는 분야에서 유연하고 효과적인 교육을 지원하는 데 유리하다.

실습 중심 학습 환경 구축의 중요성

기술창업 교육에서 이론만으로는 부족하다. 실습 중심의 학습 환경은 학생들이 창업 과정에서 직면할 수 있는 실제 문제를 경험하고 해결책을 모색할 수 있도록 돕는다. 창업 시뮬레이션과 프로젝트 기반 학습은 이러한 환경을 조성하는 데 핵심적인 역할을 한다. 예를 들어, 한 중등 직업교육기관에서는 학생들이 가상의 스타트업을 설립하고 운영해보는 시뮬레이션 프로그램을 도입했다. 이 과정을 통해 학생들은 시장 조사, 자금 조달, 팀 구성과 같은 창업의 전 과정을 직접 체험하며 실무 능력을 키울 수 있었다. 단순히 교과서적인 지식 습득에 그치지 않고, 실제 창업 환경을 모방한 프로젝트는 창의적 문제 해결 능력과 리더십을 자연스럽게 함양하는 데 효과적이었다.

또한, 지역 창업 생태계와의 연계 및 협력은 실습 중심 교육의 질을 높이는 중요한 요소다. 교육기관이 지역 내 기업, 연구소, 창업 지원 센터와 협력하면 학생들은 현장 실습 기회를 얻고, 지역 산업의 특수성을 이해할 수 있다. 실제로 대덕연구개발특구 소재의 한 교육기관은 인근 스타트업과 협업 프로젝트를 진행하며, 학생들이 최신 기술 트렌드와 실제 사업 운영 방법을 배우는 기회를 제공했다. 이러한 협력은 학생들에게 네트워킹의 기회를 열어주고, 창업 과정에서 필요한 자원과 멘토를 확보하는 데에도 도움을 준다.

지역 창업 생태계와의 협력은 단순한 실습 제공을 넘어서, 교육 프로그램이 지역사회와 긴밀히 연결되어 있다는 신뢰를 구축하는 데 기여한다. 학생들은 실제 업계 전문가와 함께 일하는 경험을 통해 자신감을 얻고, 졸업 후 창업 시에도 유용한 인적 자원을 확보할 수 있다. 이런 실습 중심의 학습 환경은 결국 교육 효과를 극대화하고, 기술 기반 창업 교육의 실질적 성과로 이어진다.

창업 성공률을 높이는 체계적 교육과정의 중요성

체계적인 창업 교육과정은 기술기반 창업 기업이 초기 어려움을 극복하고 성공할 수 있는 밑거름이다. 교육과정을 통해 창업자는 시장 분석, 자금 조달, 리더십 등 다양한 경영 지식을 체계적으로 습득할 수 있다. 예를 들어, 실무 중심의 창업 프로그램에 참여한 많은 스타트업들은 실제 프로젝트와 멘토링을 통해 문제 해결 능력을 키우고, 이를 통해 초기 실패 위험을 줄이며 성공 확률을 높였다.

이와 같은 교육 프로그램은 창의적 문제 해결 능력과 실무 역량을 강화해, 창업자가 시장에서 발생하는 복잡한 상황에 유연하게 대응할 수 있도록 돕는다. 또한, 체계적 교육은 개인의 기업가정신 고취와 더불어 네트워크 구축에도 기여한다. 이는 앞서 논의한 실습 중심의 학습 환경과 연계되어, 학생들이 실제 창업 환경을 경험하며 자신감을 키우는 데 핵심적인 역할을 한다.

결국, 체계적이고 실무 지향적인 교육과정은 창업 성공률을 높이는 데 결정적이다. 기업가가 되는 길을 선택한 이들이 실질적인 경험과 지식을 갖추고, 변화하는 시장 상황에 대비할 수 있도록 하는 교육은 지속 가능한 창업 생태계를 구축하는 데 필수적이다.

심리적 요인이 브랜드 선택에 미치는 영향은?

- 저　　자 : 장태현 박사 (thchang76@gmail.com)
- 소　　속 : 닥터장코스메틱스 대표
- 연구논문 : 화장품 사용경험이 후회 및 만족에 이르는 경로에 관한 연구(소비자의 자기자비성향, 향장품 지식의 조절효과를 중심으로)
- 40년 이상의 화장품 연구개발 경력을 보유한 전문가로, 유니레버 코리아 연구소장 및 다움코스텍(주) 대표를 역임하며 다양한 혁신 제품을 개발했다. 현재 닥터장코스메틱스 대표로, 미국 및 베트남 시장을 포함한 글로벌 화장품 개발 및 컨설팅에 주력하고 있다. 주요 성과로는 도브 샴푸 개발과 고부가가치 화장품 처방 개발 등이 있다.

글로벌 화장품 시장은 급성장하며 다양한 브랜드와 제품이 경쟁하는 환경에 놓여 있다. 하지만 소비자들은 늘 새로운 화장품을 시도하면서도 만족과 후회 사이에서 복잡한 심리를 경험한다. 특히, 중소기업 브랜드는 낮은 인지도와 신뢰 부족으로 인해 소비자의 선택을 받기 어려운 구조적 한계를 겪고 있다.

화장품 사용 후 만족을 경험하는 경우도 있지만, 잘못된 선택으로 후회를 느끼는 소비자도 많다. 이때, 브랜드 인지도, 자기자비 성향, 향장품 지식과 같은 심리적 요인이 이러한 감정에 어떤 영향을 미치는지에 대한 연구는 부족한 상황이었다.

이에 저자(장태현 박사)는 화장품 사용경험(긍정적/부정적)이 소비자의 후회와 만족에 이르는 과정을 분석하였다. 이를 통해, 화장품 소비 심리에 대한 심층적 이해를 돕고, 중소기업 브랜드가 소비자 만족을 높이는 마케팅 전략을 제시했다.

연구 결과 저자는 브랜드 인지도가 높은 제품은 소비자에게 더 큰 신뢰를 제공한다는 것을 규명했다. 특히, 부정적인 사용경험에서 브랜드 인지도가 높은 제품은 후회를 줄이는 데 도움이 된다는 것을 밝혀냈다.

화장품 시장은 인공지능(AI), 피부 데이터 분석, 지속 가능성(ESG) 등 새로운 요소가 더해져 빠르게 변화하고 있다. 소비자들은 단순한 브랜드 신뢰를 넘어, 개인화된 서비스와 기술 기반의 제품 추천을 기대하고 있다.

브랜드 선택과 소비자 심리

소비자가 브랜드를 선택하는 과정

오늘날 소비자가 브랜드를 선택하는 과정은 단순히 제품의 기능이나 가격을 비교하는 것 이상으로 복잡하다. 소비자들은 자신의 가치관, 과거 경험, 사회적 영향 등을 바탕으로 브랜드에 대한 신뢰와 감정을 형성하며, 이는 구매 결정에 큰 영향을 미친다. 예를 들어, 한 소비자가 친환경 제품을 선호하는 이유는 제품 자체의 기능뿐만 아니라, 그 브랜드가 추구하는 가치와 사회적 책임에 공감하기 때문이다. 이런 심리적 요소는 브랜드 충성도와 재구매 의도로 이어질 수 있다.

최근 기술의 발전은 소비자 심리에 새로운 변화를 가져왔다. 인공지능, 빅데이터 분석, 가상현실(VR) 등의 기술은 소비자 경험을 개인화하고, 브랜드와의 상호작용 방식을 혁신하고 있다. 예를 들어, AI 기반 추천 시스템은 소비자가 자신의 피부 타입과 취향에 맞는 화장품을 제안해주어 선택 과정을 보다 신뢰할 수 있게 한다. 이는 소비자가 제품을 선택할 때 느끼는 불확실성을 줄여주고, 긍정적인 경험을 제공해 브랜드에 대한 신뢰를 쌓는 데 기여한다.

또한, 소셜 미디어와 온라인 리뷰는 소비자의 의사결정에 중요한 영향을 미친다. 소비자들은 다른 사람들의 경험과 평가를 통해 브랜드에 대한 기대감을 형성하고, 이를 바탕으로 선택한다. 이런 디지털 시대의 정보 투명성은 소비자가 더 자신감 있게 브랜드를 선택하도록 돕는다.

브랜드 선택과 소비자 심리는 밀접한 관계를 맺고 있으며, 최신 기술 변화는 이 과정에 새로운 차원을 더하고 있다. 기업들은 소비자의 복잡한 심리를 이해하고, 기술을 활용해 개인 맞춤형 경험을 제공함으로써 소비자 신뢰를 구축할 수 있다. 이는 단순한 제품 판매를 넘어 장기적인 브랜드 충성도를 확보하는 데 핵심적인 요소다.

브랜드 인지도와 신뢰 형성

높은 브랜드 인지도는 소비자가 제품을 구매한 후 느낄 수 있는 후회를 크게 줄여준다. 잘 알려진 브랜드는 오랜 기간 동안 일관된 품질과 서비스를 제공해왔다는 이미지를 소비자에게 심어주며, 이는 구매 결정의 불안을 덜어준다. 예를 들어, 화장품을 구매할 때 A라는 브랜드가 높은 인지도를 가지고 있다면, 소비자는 그 제품이 자신의 피부에 적합할 것이라는 기대를 가지고 구매하게 된다. 만약 사용 후 기대에 부합하지 않더라도, 소비자는 브랜드에 대한 신뢰 때문에 그 결정이 크게 잘못되었다고 느끼지 않을 가능성이 크다. 이는 브랜드가 제공하는 품질과 가치에 대한 긍정적 경험이 축적되어 있기 때문이며, 브랜드 인지도가 높을수록 소비자는 제품 선택에 따른 불확실성을 덜 느끼게 되고, 이는 구매 후 후회 감소로 이어진다.

신뢰 구축은 브랜드 선택 과정에서 핵심적인 역할을 한다. 소비자는 신뢰할 수 있는 브랜드를 선택함으로써 불필요한 위험을 줄이고, 안정감을 얻는다. 신뢰는 단순히 제품 품질뿐만 아니라, 기업의 투명한 경영, 일관된 커뮤니케이션, 고객 서비스 등을 통해 형성된다. 예를 들어, 스마트폰 시장에서 삼성이나 애플 같은 글로벌 브랜드는 지속적인 품질 관리와 사용자 친화적인 애프터서비스를 통해 소비자들 사이에서 깊은 신뢰를 쌓아왔다. 이러한 신뢰는 소비자들이 제품을 선택할 때 중요한 판단 기준이 되며, 브랜드가 새로운 제품을 출시할 때 소비자들이 우선적으로 고려하게 만드는 힘이 있다.

브랜드 신뢰가 구축되면 소비자는 구매 과정에서 덜 주저하며, 장기적으로 충성 고객으로 자리잡는다. 이는 단기적인 판매 증대뿐만 아니라, 긍정적 구전 효과를 통해 새로운 고객 유치와 시장 확대에도 기여한다. 따라서 기업은 브랜드 인지도와 신뢰를 높이기 위한 지속적인 품질 관리와 고객 관계 관리를 통해 소비자의 후회를 줄이고, 브랜드 선택 과정에서 긍정적인 영향을 끼칠 수 있다.

소비자 심리와 제품 만족도

소비자의 자기자비성향은 제품 사용 경험에서 긍정적 혹은 부정적 반응에 중요한 영향을 미친다. 자기자비란 자신에 대해 친절하고 이해하는 태도로, 실패나 실망을 경험했을 때 스스로를 비난하기보다는 위로하고 격려하는 경향을 말한다. 예를 들어, 한 소비자가 기대에 못 미치는 화장품을 사용해 피부에 문제가 생겼다고 하더라도, 자기자비적인 태도를 가진 사람은 "이 제품이 나에게 맞지 않았다"고 객관적으로 받아들이고, 자신의 선택에 대해 너무 자책하지 않는다. 이런 태도는 부정적 경험을 보다 긍정적으로 수용하고 개선의 기회로 삼을 수 있게 돕는다.

반면, 자기자비성이 낮은 소비자는 작은 실수나 기대 이하의 결과에 크게 실망하고 후회할 가능성이 크다. 이들은 제품 사용 후 발생한 문제를 자신에 대한 실패로 간주하며, 브랜드에 대한 신뢰도도 쉽게 저하될 수 있다. 이러한 심리적 반응은 결국 재구매 의향이나 브랜드 충성도에 부정적인 영향을 미칠 수 있다.

소비자는 제품 구매와 사용 경험에서 만족과 후회 사이에서 복잡한 심리적 갈등을 경험한다. 이는 인지부조화(cognitive dissonance) 이론으로 설명될 수 있는데, 소비자가 특정 제품을 구매한 후 기대와 다른 결과를 경험하면 내적 불편감을 느끼게 된다. 예를 들어, 고가의 화장품을 구매했는데 기대만큼의 효과를 보지 못한 소비자는 "이 제품이 정말 나에게 가치 있는 선택이었을까?"라는 의문에 빠지며 후회를 느낄 수 있다. 그러나 동시에 소비자는 구매 결정이 잘못되었다는 부정적 감정을 인정하기 어려워, 만족스러운 면을 찾으려고 노력하는 양면적인 심리 상태에 놓인다.

이 과정에서 자기자비적 성향은 후회와 만족 사이의 심리적 갈등을 완화하는 역할을 한다. 자기자비적 소비자는 자신의 선택에 대해 객관적으로 평가하고, 부정적인 결과에 대해 자신을 비난하기보다는 긍정적인 측면을 찾으려고 노력한다. 예를 들어, 기대에 못 미치는 제품 사용 경험을 통해 향후 더 나은 선택을 할 수 있는 학습 기회로 삼는 것이다. 이러한 태도는 소비자가 불확실성과 후회의 감정을 극복하도록 도와주며, 궁극적으로는 브랜드에 대한 신뢰를 회복하고 긍정적인 소비 경험을 재구축하는 데 기여한다.

결국, 소비자의 자기자비성향과 그에 따른 심리적 갈등 해소 방식은 제품 만족도에 큰 영향을 미친다. 기업들은 이러한 심리적 요인을 이해하고, 소비자가 자신의 경험을 보다 긍정적으로 해석할 수 있도록 도와주는 서비스를 제공함으로써 고객 만족도를 높일 수 있을 것이다.

향장품 지식의 역할과 의사결정 과정

화장품 구매에서 소비자들은 다양한 선택지를 마주하며, 이 과정에서 제품 지식은 중요한 결정 요인이 된다. 제품 지식을 갖춘 소비자는 성분, 사용 방법, 적합한 피부 타입 등 세부 정보를 바탕으로 자신에게 최적의 제품을 선택할 수 있다. 예를 들어, 특정 향수의 주요 성분과 그 향의 지속력, 계절별 추천 사용법 등을 잘 알고 있는 소비자는 자신의 취향과 상황에 맞는 제품을 더 정확히 고를 수 있다. 이는 불필요한 시도나 오해를 줄여주며, 궁극적으로 만족스러운 구매 경험으로 이어진다.

반면, 제품에 대한 정보가 부족하면 소비자는 선택 과정에서 혼란을 겪고, 구매 후 후회를 경험할 가능성이 커진다. 예를 들어, 온라인으로 향수를 구매한 소비자가 제품에 대한 상세한 설명이나 사용자 리뷰를 충분히 확인하지 않고 구매했을 때, 기대했던 향과 실제 향이 달라 후회하는 경우가 있다. 이처럼 정보의 부족은 소비자의 기대와 실제 경험 사이의 괴리를 초래해 불만족을 야기한다.

제품 지식은 단순한 정보 이상의 의미를 가진다. 잘못된 정보나 오해를 피하고, 합리적인 선택을 내릴 수 있게 도와주는 가이드 역할을 한다. 소비자들은 제품에 대한 깊은 이해를 통해 자신에게 맞는 제품을 찾고, 이를 통해 만족감을 느낀다. 이는 브랜드 충성도와 재구매 의도에도 긍정적인 영향을 미친다.

기업 입장에서는 소비자 교육을 강화해 제품 지식을 제공하는 것이 중요하다. 상세한 제품 설명, 사용법 안내, 성분의 장단점 등을 투명하게 공개하면 소비자의 올바른 선택을 돕고, 결과적으로 후회 없는 구매 경험을 제공할 수 있다. 이러한 전략은 소비자의 신뢰를 높이고, 장기적으로 브랜드 평판을 향상시키는 데 기여한다.

결국 향장품 시장에서 소비자의 의사결정 과정은 제품 지식에 크게 의존하며, 정보의 충실도는 만족도와 후회 사이의 중요한 변수가 된다. 소비자들에게 정확한 정보를 제공하고 교육하는 것이 현명한 선택을 돕는 핵심 요소임을 인식할 필요가 있다.

중소기업 브랜드를 위한 마케팅 인사이트

중소기업 브랜드가 경쟁에서 두각을 나타내려면 심리적 요인을 반영한 차별화 전략이 필수적이다. 소비자들은 단순히 제품의 기능이나 외형만이 아니라, 그 브랜드가 자신들의 감정과 가치에 어떻게 부합하는지를 중요하게 생각한다. 예를 들어, 한 작은 화장품 브랜드가 천연 성분과 친환경 포장이라는 가치를 강조하며 소비자 심리에 호소하는 전략을 펼쳤다. 이는 소비자들 사이에서 공감대를 형성해 브랜드 충성도를 높이는 데 큰 역할을 했다. 차별화 전략을 수립할 때는 소비자의 욕구, 두려움, 기대 등을 면밀히 분석해 마케팅 메시지와 제품 개발에 반영하는 것이 중요하다. 이를 통해 중소기업은 대형 브랜드와 경쟁할 수 있는 독특한 포지셔닝을 확보할 수 있다.

또한, 브랜드 인지도와 소비자 교육을 통한 신뢰 강화는 중소기업이 지속 가능한 관계를 구축하는 데 핵심적이다. 낮은 인지도와 신뢰 부족은 중소기업이 직면한 주된 도전 과제인데, 이를 극복하기 위해서는 투명한 정보 제공과 체계적인 소비자 교육 프로그램이 필요하다. 예를 들어, 한 중소 화장품 브랜드는 SNS와 블로그를 통해 제품의 제조 과정, 성분의 효능, 사용 방법 등을 상세히 알리는 콘텐츠를 제공했다. 소비자들은 이러한 정보를 통해 제품에 대한 이해도를 높이고, 브랜드에 대한 신뢰를 쌓게 된다. 브랜드 인지도가 높아질수록 소비자는 구매에 따른 불안감을 줄이고, 후회 없이 제품을 선택하는 경향이 강해진다. 이처럼 소비자 교육과 브랜드 인지도 제고는 단기적인 판매 증대뿐 아니라, 장기적인 고객 충성도 확보로 이어진다. 중소기업은 심리적 이해와 교육을 통해 고객과의 신뢰를 구축하고, 차별화된 가치를 제공함으로써 시장에서 지속 가능한 성장을 이룰 수 있다.

현대 시장에서 소비자의 구매 결정은 단순한 제품 특성을 넘어서, 심리적 요인에 크게 좌우된다. 브랜드가 지속 가능한 성공을 거두려면 소비자의 내면적 욕구와 감정을 이해하고 이를 반영한 전략을 수립해야 한다. 심리적 요인을 효과적으로 활용하는 브랜드 전략은 단기적 판매 증대를 넘어, 장기적으로 충성 고객을 확보하고 지속 가능한 성장을 이끌어낼 수 있다.

고객경험 향상을 통한 외식업 매출향상 방안은?

- 저   자 : 신창옥 박사(gardensin@hanmail.net)
- 소   속 : 신궁전 가든 대표, 소상공인시장진흥공단 컨설턴트
- 연구논문 : 외식업 점포선택요인이 고객만족 및 점포신뢰, 재방문 의도에 미치는 영향

- 외식업 및 소상공인 컨설팅 전문가로서 2,000건 이상의 컨설팅을 수행한 현장 전문가다. 주로 영업 부진 점포 개선, 사업 정리, 창업 지원을 전문으로 하며, 실질적인 해결책을 제시하는 데 집중하고 있다. 1995년부터 음식점을 운영하며 쌓은 실무 경험과 경영학 박사로서의 전문 지식을 접목해, 소상공인들에게 현실적인 경영 전략을 제공한다. 사업이 어려운 순간에도 새로운 기회를 찾을 수 있도록 실질적인 지원과 맞춤형 컨설팅을 수행하고 있다.

외식산업은 소비 트렌드의 변화와 경쟁 심화로 인해 새로운 혁신과 차별화가 요구되는 분야다. 특히 한식당은 웰빙과 전통이라는 이미지를 바탕으로 고객의 관심을 끌고 있지만, 음식의 품질 외에도 점포 환경, 서비스의 질 등이 고객의 선택과 만족에 큰 영향을 미친다. 현대 고객들은 단순히 맛있는 음식을 넘어서, 전반적인 경험을 통해 만족을 느끼며 해당 점포에 신뢰를 가지게 된다.

이에 저자(신창옥 박사)는 한식당의 점포선택요인(음식 품질, 물리적 환경, 서비스 질)이 고객만족, 점포신뢰, 재방문 의도에 미치는 영향을 실증적으로 분석하였다. 연구를 통해 한식당이 고객의 요구를 충족시키고, 지속 가능한 성장 전략을 수립할 수 있는 방안을 제시하였다.

한식당이 고객의 마음을 사로잡으려면 음식의 맛과 신선도는 기본이고, 쾌적한 환경과 높은 서비스 품질을 제공해야 한다. 음식의 품질뿐 아니라, 점포의 분위기와 서비스가 만족도를 높이고, 만족한 고객은 점포에 대한 신뢰를 가지게 된다. 이런 신뢰는 고객이 다시 점포를 찾고, 주변에 추천하도록 만드는 핵심적인 역할을 한다. 특히, 점포신뢰가 높을수록 재방문 의도가 강해지며, 이 과정에서 친절한 서비스와 편안한 환경이 중요한 역할을 한다.

한식당은 음식의 품질만큼이나 고객 경험 전반을 개선하는 데 집중해야 한다. 고객의 만족과 신뢰는 재방문과 추천으로 이어지며, 이는 점포의 지속 가능한 성장을 가능하게 한다.

고객경험 향상을 통한 매출 향상 전략

고객 경험의 중요성

식당은 단순히 음식을 제공하는 공간을 넘어, 고객에게 지역 문화와 전통을 체험할 수 있는 장소로 자리매김하고 있다. 특히 소상공인 한식당은 한식의 고유한 맛과 분위기를 통해 차별화된 고객 경험을 제공하는 데 중점을 두고 있다. 고객 경험은 음식의 맛뿐만 아니라, 매장 환경, 서비스의 친절도, 분위기 등 다양한 요소에 의해 결정된다. 한식당에서 쾌적한 환경과 따뜻한 서비스를 제공할 때 고객은 단순한 소비를 넘어서 특별한 기억을 형성하며, 이는 재방문과 추천으로 이어진다.

그러나 소상공인 한식당은 현대 시장 환경에서 여러 도전에 직면해 있다. 대형 프랜차이즈와 온라인 배달 서비스의 성장으로 인해 경쟁이 치열해졌으며, 고객의 요구 또한 다양해졌다. 이에 따라 소상공인들은 한식당만의 독특한 정체성을 확립하고, 고객에게 차별화된 경험을 제공해야 하는 과제를 안고 있다. 예를 들어, 일부 소상공인 한식당은 전통적인 메뉴를 현대적 감각으로 재해석하고, 지역 문화와 연계한 이벤트를 개최해 고객의 관심을 끌고 있다. 이러한 전략은 제한된 자원으로도 고객 만족을 높이며 경쟁력을 확보할 수 있는 현실적인 방법으로 주목받고 있다.

또한, 디지털 기술의 도입은 소상공인 한식당에게 새로운 기회를 제공한다. SNS와 모바일 앱을 활용해 고객과의 소통을 강화하고, 온라인 리뷰와 피드백을 통해 서비스 개선에 반영하는 등의 디지털 마케팅 전략은 비용 효율적이면서도 효과적인 방법이다. 실제로, 한 작은 한식당이 인스타그램을 통해 자신의 요리와 매장 분위기를 홍보하며 젊은 소비자층을 끌어모은 사례가 있다. 이는 소상공인들이 제한된 마케팅 예산으로도 디지털 플랫폼을 통해 브랜드 인지도를 높이고, 고객과의 정서적 유대를 강화할 수 있음을 보여준다.

이처럼 한식당 환경과 고객 경험은 현대 외식업에서 성공의 핵심 요소다. 소상공인들은 대형 경쟁자와의 차별화를 위해 전통적 가치를 현대적으로 재해석하고, 고객 중심의 서비스를 강화해야 한다. 더불어 디지털 도구를 활용한 효율적인 소통과 마케팅 전략을 통해 고객과 지속 가능한 관계를 구축할 수 있다. 이러한 접근은 한식당이 지역사회에서 독특한 위치를 차지하고, 변화하는 시장 환경 속에서도 꾸준한 성장을 이루는 데 필수적이다.

고객경험 향상의 핵심 요소

외식업체가 경쟁력을 유지하고 성장하기 위해서는 고객경험 향상이 필수적이다. 특히, 음식 품질 유지와 향상은 가장 기본적인 요소다. 신선한 재료 사용, 정기적인 품질 관리, 고객 피드백을 반영한 메뉴 개발 등이 그 예이다. 예를 들어, 한식당이 현지 농가와 협력해 신선한 재료를 공급받고, 계절별 특색 있는 메뉴를 선보임으로써 고객 만족도를 높인 사례가 있다.

물리적 환경 개선과 감성적 디자인은 고객에게 쾌적한 경험을 제공하는 데 중요한 역할을 한다. 매장 내 편안한 좌석 배치, 적절한 조명과 색상 사용, 전통과 현대가 조화를 이루는 인테리어 디자인은 고객의 감성을 자극해 긍정적인 분위기를 만든다. 서울의 한 전통시장 내 한식당은 현대적 감각을 더한 전통적 디자인으로 공간을 재구성해 방문객들에게 아늑하고 매력적인 경험을 제공해 재방문율을 높였다.

서비스 질 향상을 위한 직원 교육 및 고객 소통 전략도 핵심적이다. 직원들에게 고객 응대 스킬과 제품 지식을 지속적으로 교육하면, 고객은 친절하고 전문적인 서비스를 받으며 만족감을 느낀다. 또한, 고객의 의견을 수렴할 수 있는 피드백 시스템을 구축해 즉각적인 대응을 할 수 있는 환경을 마련하는 것이 중요하다. 예를 들어, 한 식당이 고객 설문조사를 통해 개선점을 파악하고, 이를 빠르게 반영해 서비스 품질을 높인 사례는 고객 신뢰를 구축하고 충성도를 증가시키는 데 기여했다.

이처럼 음식 품질, 물리적 환경, 서비스 품질 개선을 통합적으로 접근하면, 외식업체는 고객에게 차별화된 경험을 제공할 수 있다. 이러한 요소들이 조화롭게 결합될 때 고객 만족이 높아지고, 이는 곧 브랜드 이미지 향상과 재방문 의도로 이어져 지속 가능한 성장을 도모할 수 있다.

친절한 서비스와 편안한 환경이 매출에 미친 효과

친절한 서비스와 편안한 환경은 외식업체 매출 증대에 큰 영향을 미친다. 고객들은 음식을 넘어서 매장에서 받는 서비스와 분위기에 크게 영향을 받는다. 예를 들어, 저자(신창옥 박사)가 컨설팅을 진행한 청주의 한 전통 한식당은 직원 교육을 통해 친절한 고객 응대를 강화하고, 매장 내 공간을 쾌적하게 재구성했다. 이러한 변화는 고객의 전반적인 만족도를 높였으며, 자연스럽게 재방문율과 매출 상승으로 이어졌다.

친절한 서비스는 고객에게 환영받는 느낌을 주고, 불편 사항을 신속하게 해결해 주는 경험을 제공한다. 이는 고객의 긍정적 입소문을 유발하고, 새로운 고객을 끌어들이는 데 효과적이다. 실제로, 한 조사에 따르면, 직원의 친절도가 높은 식당은 낮은 식당보다 평균 20% 이상 높은 매출을 기록한 바 있다.

또한, 편안한 환경은 고객이 매장에서 더 오래 머무르게 하고, 추가 소비를 유도한다. 따뜻한 색상의 인테리어, 적절한 조명, 깨끗한 위생 상태는 고객의 감성에 긍정적인 영향을 미치며, 이는 소비자의 구매 욕구를 높인다. 예를 들어, 전통시장의 한 한식당은 현대적 감각을 도입한 아늑한 공간과 부드러운 배경음악을 조합해 고객 만족도를 높였고, 이로 인해 매출이 상승한 사례가 있다.

결국, 친절한 서비스와 편안한 환경은 단순히 고객의 편의를 넘어, 브랜드 이미지 개선과 고객 충성도 강화로 이어진다. 고객이 만족하는 경험을 제공함으로써 재방문 의도가 높아지고, 자연스러운 구전 효과로 새로운 고객 유입이 이루어진다. 외식업체는 이러한 요소를 지속적으로 개선하고, 직원 교육과 환경 관리에 투자함으로써 장기적인 매출 증대와 성장을 도모할 수 있다.

소상공인을 위한 저비용 고효율 전략은?

소상공인 외식업체는 제한된 자원으로도 고객 만족과 매출 향상을 달성하기 위해 저비용 고효율 전략을 모색해야 한다. 첫째, 매장 환경 개선이나 서비스 질 향상을 위한 소소한 변화부터 시작할 수 있다. 예를 들어, 테이블 배치와 조명 등을 재구성해 고객이 더 편안함을 느끼도록 하는 것은 큰 비용 없이도 만족도를 높이는 방법이다. 또한, 직원들에게 친절 교육을 실시해 서비스의 일관성을 유지하는 것도 저비용으로 실현 가능한 개선 방안이다.

둘째, 디지털 마케팅과 SNS 활용은 소상공인이 쉽게 접근할 수 있는 효과적인 도구다. 페이스북, 인스타그램과 같은 소셜미디어 플랫폼을 통해 메뉴 소개, 이벤트 알림, 고객 후기 공유 등의 콘텐츠를 게시하면 자연스럽게 고객 참여를 유도할 수 있다. 예를 들어, 한 작은 한식당이 인스타그램에서 지역 특산품을 활용한 신메뉴를 소개하며 무료 샘플 이벤트를 진행한 결과, 많은 고객이 직접 체험을 공유하고 방문율이 크게 상승한 사례가 있다. 이와 같은 방식은 비교적 낮은 비용으로 높은 마케팅 효과를 얻을 수 있는 전략이다.

또한, 네이버나 카카오 채널 등을 통해 예약, 주문, 피드백 수집 등의 기능을 제공하면 고객 편의성을 높일 수 있다. 이러한 디지털 도구는 소상공인이 고객 데이터를 분석해 맞춤형 서비스를 제공하는 데도 유용하다. 데이터를 기반으로 고객 선호도를 파악하고, 이를 토대로 프로모션이나 이벤트를 기획하면 더 큰 효과를 거둘 수 있다.

이처럼 소상공인 외식업체는 저비용 고효율 전략을 통해 고객 경험을 개선하고, 디지털 채널을 적극 활용해 마케팅 역량을 강화할 수 있다. 이러한 접근은 자원의 한계를 극복하면서도, 변화하는 시장 환경 속에서 지속 가능한 성장을 도모하는 데 중요한 인사이트를 제공한다.

재방문 및 추천 의도 강화 방법

외식업체에서 재방문과 추천 의도를 강화하기 위해서는 점포 신뢰 구축과 고객 충성도 향상이 핵심 전략으로 작용한다. 고객이 한 번 방문한 후 다시 찾도록 만드는 주요 요소는 바로 신뢰다. 신뢰는 품질 좋은 음식, 친절한 서비스, 쾌적한 환경 제공 등을 통해 쌓인다. 예를 들어, 서울의 한 전통시장 내 식당은 지속적으로 청결한 환경 유지와 고품질의 음식 제공으로 고객 신뢰를 얻었고, 그 결과 재방문율이 크게 증가했다. 이러한 신뢰를 바탕으로 고객은 해당 점포를 추천하기도 쉽다. 충성 고객은 단순히 자주 방문하는 것을 넘어, 새로운 고객에게 긍정적인 후기를 전파하며 자연스러운 입소문 마케팅 효과를 창출한다.

또한, 고객 피드백 수집과 빠른 대응은 재방문과 추천 의도 강화에 중요한 역할을 한다. 효과적인 피드백 시스템을 통해 고객의 불만이나 개선사항을 신속하게 파악하고 이를 해결하면, 고객은 자신의 목소리가 반영되고 있다고 느껴 점포에 대한 애착을 갖게 된다. 예를 들어, 한 외식업체가 온라인 설문조사와 SNS를 통해 고객 의견을 수집하고, 이를 바탕으로 메뉴를 개선하거나 서비스를 업그레이드한 사례가 있다. 이 과정에서 고객들은 자신의 피드백이 실제 변화로 이어지는 것을 경험하며 점포에 대한 신뢰와 만족이 증대되었다.

빠른 대응은 특히 부정적인 경험을 겪은 고객을 되돌리는 데 효과적이다. 고객 불만에 신속하게 대응해 문제를 해결하면, 고객은 긍정적인 서비스 경험을 통해 브랜드 충성도를 유지할 수 있다. 예를 들어, 고객이 SNS에 남긴 불만 사항에 대해 즉각적으로 사과하고 보상을 제안한 식당은 해당 고객과의 관계를 회복하고, 다른 고객들에게도 긍정적인 이미지를 심어줄 수 있었다.

통합적인 관점의 접근이 필요

현대 외식산업에서 한식당이 지속 가능한 성장을 이루기 위해서는 고객 경험을 중심으로 한 통합적이고 차별화된 전략이 필수적이다. 한식당은 전통적 가치를 유지하면서도 현대적 감각을 반영한 서비스디자인을 통해 고객 만족도를 높이고 재방문 의도를 강화할 수 있다. 이를 위해 음식의 품질을 꾸준히 유지·향상시키는 것은 기본이며, 쾌적한 매장 환경 조성과 친절한 서비스 제공이 핵심 요소로 작용한다.

고객 경험 향상은 단순히 외형적 요소를 넘어 고객의 감성과 편의를 충족시키는 방향으로 이루어져야 한다. 편리한 동선 설계와 명확한 안내 시스템, 따뜻한 색조와 부드러운 음악을 조합한 감성적 디자인은 소비자에게 긍정적인 인상을 주며 브랜드 신뢰를 쌓는 데 크게 기여한다. 또한, 이러한 환경은 고객의 체류 시간을 늘리고, 재방문과 추천으로 이어지는 효과를 가져온다.

규모가 크지 않은 한식당은 저비용 고효율의 전략을 통해 제한된 자원으로도 큰 효과를 낼 수 있다. 디지털 마케팅과 SNS를 활용해 고객과의 소통을 강화하고, 내부광고와 체험 이벤트를 통해 제품이나 서비스를 경험하게 하는 방법은 비교적 낮은 비용으로 높은 마케팅 효과를 얻을 수 있는 전략이다. 특히, SNS를 통해 고객 피드백을 실시간으로 수집하고 이에 빠르게 대응하는 것은 서비스 질을 지속적으로 개선하며 고객 충성도를 높이는 데 효과적이다.

또한, 지속 가능한 성장을 위해 지역사회와의 연계를 강화하는 전략이 중요하다. 한식당은 지역 문화와 전통을 제품과 서비스에 통합해 고객에게 차별화된 경험을 제공할 수 있다. 이러한 문화마케팅 활동은 단기적인 매출 증대뿐만 아니라 장기적인 브랜드 가치 상승과 충성도 강화로 이어진다. 예를 들어, 지역 축제와 연계한 특별 메뉴 개발이나 전통 예술을 접목한 이벤트는 고객과의 정서적 유대감을 형성하고, 소비자가 다시 찾고 싶어하는 친숙한 공간을 만든다.

특허 컨설팅이 기술보호와 경쟁력 강화에 미치는 영향은?

- 저   자 : 정문일 박사 (muniry@naver.com)
- 소   속 : 바로찬 대표 / (주)바로찬 IP교육 대표이사
- 연구논문 : 특허 컨설팅 서비스가 특허 서비스 재구매에 미치는 영향 (신뢰와 만족의 이중 매개효과를 중심으로)
- 20여년 간 시제품 제작 업무를 진행하고 있으며, 창업자, 중소기업 대상의 지식재산권 교육, IP 캠프, 특허 컨설팅 및 강의 활동을 유지하고 있다.

특허 서비스는 기업의 기술 보호와 시장 경쟁력 확보를 위한 핵심 요소로, 특히 특허 컨설팅은 기술의 권리범위를 설정하고 가치를 극대화하는 중요한 과정이다. 그러나 한국에서는 특허 명세서의 품질이 낮고, 기술 보호에 대한 인식이 부족하여 국내 기업의 특허 분쟁 승소율이 낮은 상황이다. 이는 중소기업과 창업기업이 특허 서비스를 단순한 과제 수행 도구로 인식하고, 특허 컨설턴트의 역량 및 명세서 품질의 중요성을 간과하기 때문으로 분석된다.

이에 저자(정문일 박사)는 특허 컨설팅 서비스의 품질이 특허 서비스 재구매 의도에 미치는 영향을 분석하고, 신뢰와 만족이 관계에서 매개 역할을 하는지를 검증했다.

저자는 연구를 통해 특허 컨설턴트의 전문성과 상호작용 역량을 강화하는 것이 고객 신뢰를 구축하는 데 필수적이라는 것을 규명했다. 또한 특허 명세서의 품질(정확성, 상세성)을 높이면 고객 만족이 증가하며, 이는 재구매로 이어진다.

기업 측면에서 특허 컨설팅은 기술의 권리범위를 설정하고, 특허의 가치를 극대화하는 데 도움을 준다. 이에 경험 많은 특허 컨설턴트는 고객의 요구를 정확히 이해하고, 기술 보호 전략을 제시해야 한다.

지식재산권은 기술 경쟁과 기업의 지속 가능성을 결정하는 핵심 요소로 자리 잡았다. 기술 혁신이 빠르게 이루어지는 환경에서 특허 컨설팅의 중요성은 더욱 커지고 있다.

> ### 특허 컨설팅이 왜 필요한가?

특허 컨설팅의 중요성

특허 컨설팅은 기업이 보유한 기술을 효과적으로 보호하고, 시장에서 경쟁력을 확보하는 데 핵심적인 역할을 한다. 특허 출원과정에서 경험 많은 컨설턴트의 조언은 단순한 형식적 절차를 넘어, 기술의 권리범위를 정확히 설정하고 특허 명세서의 품질을 높이는 데 큰 도움을 준다. 이는 특허 분쟁에서 승소 가능성을 높이고, 기술의 가치를 극대화하는 데 결정적이다.

한국 기업들은 특허 명세서 품질 부족과 기술 보호에 대한 인식 부족으로 인해 특허 분쟁에서 불리한 입장에 놓이는 경우가 많았다. 이런 문제는 특히 자원과 전문성이 부족한 중소기업과 창업기업에게 큰 도전이 된다. 특허 컨설팅은 이러한 문제점을 해결하는데 필수적이며, 전문 컨설턴트의 지도를 통해 기업은 자신의 기술을 명확하고 강력하게 보호할 수 있는 특허를 확보할 수 있다.

예를 들어, 한 중소기업이 특허 컨설팅을 통해 제품의 핵심 기술을 명확히 정의하고, 경쟁사와의 특허 침해 분쟁에서 유리한 위치를 차지한 사례가 있다. 이처럼 특허 컨설팅은 단순한 비용이 아닌, 기업의 장기적 경쟁력을 강화하는 투자로 볼 수 있다. 기술 보호에 실패하면 기업의 혁신적 성과가 도용되거나 시장 경쟁에서 밀려날 위험이 크기 때문에, 특허 컨설팅을 통한 체계적 기술 보호는 기업 성공의 중요한 요소다.

결국, 특허 컨설팅은 기술 혁신의 보호막 역할을 하며, 한국 기업들이 글로벌 시장에서 지속적으로 성장하기 위한 필수 전략으로 자리잡아야 한다.

특허 컨설팅이 기술 보호에 미치는 영향

특허 컨설팅은 기업이 보유한 기술을 법적으로 보호하기 위해 매우 중요한 역할을 한다. 특히, 특허 출원 과정에서 기술의 권리 범위를 정확히 설정하는 것은 미래의 분쟁 가능성을 줄이고, 기술 가치 극대화에 필수적이다. 특허 컨설턴트는 복잡한 특허 법률과 기술적 내용을 조화롭게 결합해, 기업이 핵심 기술을 최대한 넓은 범위로 보호받을 수 있도록 지원한다. 예를 들어, 한 바이오테크 기업이 신약 개발 과정에서 특허 컨설턴트의 조언을 통해 경쟁사가 쉽게 우회할 수 없는 포괄적인 특허를 확보한 사례가 있다. 이처럼 권리범위 설정의 정확성은 해당 기술을 둘러싼 경쟁 환경에서 기업의 우위를 결정짓는다.

또한, 특허 컨설턴트의 전문성 강화는 기업 보호 전략에 직접적인 효과를 미친다. 전문 지식을 갖춘 컨설턴트는 최신 법률 동향과 산업 특성을 잘 이해하고 있으며, 이를 바탕으로 효과적인 특허 전략을 수립할 수 있다. 한 전자제품 회사는 경험 많은 컨설턴트와 협력해 특허 명세서의 상세성과 정확성을 높임으로써, 경쟁사와의 분쟁에서 유리한 판결을 이끌어냈다. 이는 단순히 특허를 획득하는 것을 넘어서, 확보된 특허가 실제로 기업의 기술을 보호하고 시장에서의 경쟁력을 높이는 데 크게 기여했음을 보여준다.

이러한 관점에서 특허 컨설팅은 기술 보호의 전략적 도구로, 컨설턴트의 전문성과 경험이 기업의 미래 성장과 직결된다는 점을 인식할 필요가 있다. 기업이 특허 컨설턴트와 긴밀히 협력해 체계적인 보호 전략을 마련하면, 기술 혁신의 가치를 온전히 지키고 시장에서의 우위를 지속할 수 있다.

신뢰 구축을 위한 상호작용과 명세서 품질

특허 컨설팅 과정에서 고객과의 원활한 상호작용은 신뢰 구축의 중요한 기반이 된다. 특허 컨설턴트가 고객의 요구와 우려를 적극적으로 듣고, 명확하고 친절하게 소통할 때 고객은 컨설턴트와 서비스에 대해 높은 신뢰를 갖게 된다. 예를 들어, 한 중소기업이 특허 출원 과정에서 주기적인 미팅과 실시간 상담을 통해 컨설턴트와 긴밀히 협력했을 때, 그 기업은 자신의 기술이 잘 보호되고 있다는 확신을 가질 수 있었다. 이런 상호작용은 고객에게 투명성과 전문성을 전달하며, 신뢰를 심화시킨다.

정확하고 상세한 특허 명세서는 고객 만족에 직접적인 기여를 한다. 고품질의 명세서는 기술의 범위를 명확히 정의하고, 특허 분쟁 시 강력한 방어 수단으로 활용된다. 예를 들어, 한 기술 기업이 상세한 명세서를 바탕으로 특허를 출원하여 경쟁사로부터의 침해 주장에 효과적으로 대응한 사례가 있다. 이 과정에서 고객은 자신의 기술이 제대로 보호되고 있다는 점에 높은 만족을 느꼈다. 명세서의 정확성과 완성도는 단순히 문서의 완성도를 넘어, 고객에게 제공되는 서비스의 질을 직접적으로 반영하며, 이는 신뢰와 만족도를 높이는 핵심 요소다.

이와 같이 고객과의 지속적인 상호작용과 고품질의 특허 명세서는 특허 컨설팅 서비스의 중요한 차별화 포인트로, 고객 신뢰와 만족을 동시에 강화하는 역할을 한다. 기업들은 이러한 요소들을 강화함으로써 장기적인 고객 관계를 구축하고, 특허 서비스를 통한 긍정적 경험을 확대할 수 있다.

컨설팅 품질이 재구매에 미치는 영향

특허 컨설팅 품질은 고객의 재구매 의도 형성에 직접적인 경로를 갖는다. 연구에 따르면, 특허 컨설팅 서비스의 전문성과 상호작용 품질이 높을수록 고객은 해당 서비스를 다시 이용하고자 하는 의지가 강해진다. 이 과정은 주로 신뢰와 만족을 통한 매개 효과로 설명된다.

고객과의 상호작용에서 신뢰를 구축하고, 고품질의 컨설팅 결과물을 제공하는 것이 핵심이다. 신뢰가 형성되면 고객은 향후 의사결정에서 불확실성을 줄일 수 있고, 이는 만족도로 이어진다. 만족한 고객은 재구매 의도뿐만 아니라 긍정적인 구전 활동을 통해 주변에 추천하기도 한다. 실제로, 신뢰와 만족을 경험한 고객은 유사한 특허 서비스가 필요할 때 해당 컨설턴트를 최우선적으로 고려하며, 이는 재구매로 직접 연결된다.

이러한 관계 강화 과정은 단순한 서비스 제공을 넘어, 고객이 서비스 품질에 기반한 신뢰와 만족을 느끼면서 장기적인 파트너십을 유지하도록 만든다. 따라서 기업과 컨설턴트는 지속적으로 서비스 품질을 향상시키고, 고객과의 신뢰 관계를 공고히 하는 데 주력해야 한다. 이는 특허 컨설팅 분야뿐만 아니라 다양한 B2B 서비스에서도 고객 충성도와 반복 거래를 높이는 데 중요한 전략적 인사이트를 제공한다.

AI 활용으로 혁신하는 특허 컨설팅

특허 컨설팅 분야에서도 인공지능(AI) 기술의 도입은 점차 보편화되고 있다. AI와 데이터 분석 기술을 활용하면 방대한 특허 문서를 빠르고 정확하게 분석해 품질을 향상시킬 수 있다. 예를 들어, AI 기반 소프트웨어는 기존의 수작업으로 작성되던 특허 명세서를 검토하고, 문장의 논리성이나 기술적 세부사항을 자동으로 점검해 준다. 이를 통해 특허 명세서의 정확성과 상세성을 높일 수 있으며, 기업의 기술 보호 가능성을 강화한다.

또한, AI는 특허 조사와 관련된 업무에서도 큰 역할을 한다. 머신러닝 알고리즘을 이용해 기존 특허 데이터베이스를 분석하고, 유사한 발명이나 잠재적인 침해 사례를 빠르게 찾아낼 수 있다. 실제로 일부 특허 법률 사무소는 AI 도구를 활용해 선행기술 조사를 수행함으로써 시간과 비용을 크게 절감하고, 더 정확한 분석을 제공하고 있다.

특허 컨설턴트들은 이러한 AI 기술을 적극 활용해 고객에게 더 높은 수준의 서비스를 제공할 수 있다. AI가 제공하는 인사이트를 바탕으로 특허 출원 전략을 수립하고, 위험 요소를 조기에 발견해 대응책을 마련할 수 있다. 이는 고객에게 신뢰를 줄 뿐만 아니라, 특허 분쟁에서 유리한 위치를 선점하는 데도 중요한 역할을 한다.

이처럼 AI와 데이터 분석 기술은 특허 문서 품질을 개선하고, 컨설팅 과정의 효율성을 높이며, 고객 신뢰를 구축하는 데 기여한다. 중소기업이나 창업기업에게 특히 유용한 이 기술들은 제한된 자원 속에서도 경쟁력 있는 특허 전략을 수립할 수 있도록 도와준다. 따라서 특허 컨설팅 분야에서 AI의 적극적인 도입은 단순한 트렌드가 아니라, 기술 보호와 시장 경쟁력 확보를 위한 필수적인 도구로 자리잡고 있다고 볼 수 있다.

지속 가능한 특허 컨설팅 전략

특허 컨설팅의 미래는 기술 발전과 함께 지속 가능한 성장 방향을 모색하는 데 달려 있다. 빠르게 변화하는 기술 환경 속에서 특허 컨설턴트들은 인공지능, 빅데이터 등 최신 디지털 도구를 적극 활용하며 서비스의 질을 높이고 있다. 이러한 기술적 도입은 특허 문서 작성의 정확성을 향상시킬 뿐 아니라, 선행기술 조사와 시장 분석 등 다양한 분야에서 효율성을 극대화한다. 결과적으로 고객에게 더 신뢰할 수 있는 컨설팅을 제공하고, 장기적인 관계를 구축하는 데 큰 도움이 된다.

지속 가능한 특허 컨설팅 전략은 단기적인 성과를 넘어, 기업이 특허 서비스를 통해 장기적 경쟁우위를 확보하는 데 초점을 맞춘다. 이를 위해서는 먼저 특허 컨설턴트의 전문성을 지속적으로 강화해야 한다. 전문성과 경험을 바탕으로 맞춤형 특허 전략을 제시하고, 고객과의 긴밀한 소통을 통해 신뢰를 쌓는 것이 중요하다. 예를 들어, 특정 산업 분야에서 다년간의 경험을 가진 컨설턴트가 고객의 기술적 요구를 깊이 이해하고, 그에 맞춘 특허 전략을 수립함으로써 경쟁사보다 빠르게 기술 보호 조치를 취할 수 있다.

또한, 기업은 특허 컨설팅을 통해 획득한 기술 보호 전략을 기반으로 시장에서의 차별화를 도모할 수 있다. 특허 포트폴리오를 체계적으로 관리하고, 기술 혁신과 결합된 특허 전략을 통해 시장 진입 장벽을 높이는 방식은 지속 가능한 경쟁우위를 확보하는 데 효과적이다. 실제로, 한 중소기업이 특허 컨설턴트의 조언을 바탕으로 핵심 기술에 대한 강력한 특허를 확보하고, 이를 통해 경쟁자들의 진입을 막으며 시장 점유율을 확대한 사례가 있다.

향후 특허 컨설팅은 디지털 혁신과 글로벌 시장 환경에 적응하며 지속 가능한 성장 전략을 발전시켜야 한다. 컨설턴트와 기업은 변화하는 특허 법률과 기술 트렌드를 지속적으로 학습하고, 이를 서비스에 반영해야 한다. 동시에, 고객과의 투명한 소통과 피드백 수렴을 통해 서비스를 지속적으로 개선해 나가야 한다. 이러한 접근은 고객 만족과 신뢰를 높여 장기적 협력 관계를 구축하고, 결국 기업의 경쟁력을 강화시키는 핵심 전략이 될 것이다.

특히 컨설팅의 지속 가능한 전략을 달성하기 위해 기업과 컨설턴트는 단순한 서비스 제공을 넘어서 생태계 구축과 협력 네트워크 형성에도 힘써야 한다. 여러 이해관계자와의 파트너십을 강화하고, 국제 특허 환경에 대한 전문 지식을 공유하는 커뮤니티를 조성하면, 변화하는 글로벌 시장에서 더욱 유연하게 대응할 수 있다. 이러한 협력적 접근은 각기 다른 산업과 분야의 전문가들이 모여 지식을 교류하고 혁신적 아이디어를 도출하는 장을 마련해, 특허 컨설팅 서비스의 품질과 효율성을 높이는 데 기여한다. 결과적으로, 네트워크 기반의 생태계는 기업들이 더 넓은 시각에서 기술 보호 전략을 수립하고, 장기적 경쟁우위를 확보하는 데 중요한 역할을 하게 된다.

기업가정신이 기업 성과에 어떠한 영향을 미치는가?

- 저　　자 : 박홍선 박사 (redsun7878@gmail.com)
- 소　　속 : (주)이노그리드 상무
- 연구논문 : 기술기반창업 기업의 기업가정신이 기업성과에 미치는 영향에 대한 연구(네트워크 유형의 매개효과를 중심으로)
- IT 업계에서 20여년간 근무하며 영업 및 마케팅 전략 수립을 하였으며, 경영학 박사 학위 취득후 강의도 병행하고 있다. 정부기관 대상 마케팅 전략과 창업기업 컨설팅 영역의 전문가로 활동하고 있다.

기술기반 창업은 4차 산업혁명의 핵심 기술을 활용해 혁신적인 제품과 서비스를 창출하는 경제 활동으로, 국가 경제 성장과 청년 실업 해소에 중요한 역할을 하고 있다. 하지만 이러한 창업 기업은 초기 자원 부족, 시장 불확실성, 높은 실패율과 같은 문제에 직면하며 지속 가능한 성과를 내기 어려운 상황에 놓여 있다.

특히, 기업가정신(혁신성, 진취성, 위험감수성)은 창업 기업의 성과를 결정짓는 핵심 요소로, 이를 강화하기 위한 실증적 연구가 필요하다. 더불어, 기업 간 협력과 정보 공유를 촉진하는 네트워크 유형(사회적, 정보, 평판 네트워크)이 창업 기업의 성과에 미치는 영향을 구체적으로 검증할 필요가 있다.

이에 저자(박홍선 박사)는 기술기반 창업 기업의 기업가정신이 기업성과에 미치는 영향을 분석하고, 네트워크 유형이 이 관계에서 매개 역할을 하는지를 실증적으로 검증하였다.

기술기반 창업 기업은 초기 자원 부족을 극복하기 위해 네트워크를 전략적으로 활용해야 한다. 이와 함께 정부와 민간은 창업 기업이 네트워크를 구축하고 활용할 수 있도록 제도적 지원과 교육 프로그램을 강화해야 한다.

기술기반 창업은 개인과 기업, 나아가 국가의 경제적 성장에 중요한 역할을 하고 있다. 기업가정신과 네트워크를 강화하고, 이를 뒷받침하는 정책적 지원을 통해 성공 가능성을 높일 수 있다.

기술창업과 기업가정신

기술기반 창업과 기업가정신

　기술기반 창업은 전기, 전자, 화학, 인공지능 등 첨단 기술을 활용해 혁신적인 제품과 서비스를 시장에 선보이며 경제 성장과 일자리 창출에 기여하고 있다. 현재 많은 벤처기업들이 이러한 기술을 바탕으로 새로운 시장을 개척하고 있지만, 초기 자원 부족과 높은 실패율 등의 어려움에 직면해 있다. 이에 기업가정신은 단순히 새로운 아이디어를 내는 것을 넘어서, 불확실한 환경에서도 도전을 지속하고, 리스크를 감수하며 혁신을 추진하는 동력으로 작용한다.
　기업가정신의 핵심 요소인 혁신성, 진취성, 위험감수성은 기술기반 창업의 성공과 밀접하게 연관되어 있다. 혁신성은 기존 시장에 없던 새로운 가치를 창출해내는 능력으로, 이는 차별화된 제품 개발과 독창적인 비즈니스 모델로 이어진다. 진취성은 도전에 맞서는 적극적인 태도로, 빠르게 변화하는 기술 환경 속에서 시장의 요구에 신속하게 대응하는 데 필수적이다. 또한, 위험감수성은 실패 가능성을 인지하면서도 도전을 지속할 수 있는 용기를 의미하며, 이는 새로운 시장을 개척하는 데 중요한 요소다.

예를 들어, 한 스타트업이 인공지능 기술을 활용해 사용자 맞춤형 건강 관리 서비스를 개발했다고 하자. 이 기업은 혁신적인 기술 도입과 시장 진입의 리스크를 감수하면서도, 기존 헬스케어 시장에서 경쟁력 있는 차별화된 솔루션을 제공해 빠르게 성장했다. 이러한 성공 사례는 강력한 기업가정신과 기술적 역량이 결합될 때 지속 가능한 성과를 낼 수 있음을 보여준다.

기업가정신은 또한 조직 문화와 내부 역량 강화와 연결된다. 기업이 창의적이고 유연한 조직 문화를 조성하면, 임직원들은 새로운 아이디어를 자유롭게 제안하고, 실패를 두려워하지 않는 분위기 속에서 도전을 지속할 수 있다. 이는 결국 기업의 혁신 능력을 높이고, 지속 가능한 성과로 이어진다.

결국, 기술기반 창업에서 기업가정신은 단순한 개인의 특성이 아니라 조직 전체의 문화와 전략에 깊이 뿌리내려야 한다. 혁신성, 진취성, 위험감수성을 중심으로 한 기업가정신은 기술 활용 능력과 결합되어, 시장 불확실성 속에서도 경쟁 우위를 확보하고 지속 가능한 성장을 이끄는 핵심 동력이 된다.

혁신성, 진취성, 위험감수성과 기업성과

기술기반 창업에서 기업가정신은 기업 성과에 직접적인 영향을 미치는 핵심 요소다. 혁신성, 진취성, 위험감수성이라는 기업가정신의 세 가지 주요 특성은 기업이 시장에서 성공하고 지속 가능한 성장을 이루는 데 결정적인 역할을 한다.

혁신성은 기업이 기존의 틀을 깨고 새로운 아이디어와 솔루션을 창출하는 능력이다. 혁신성 있는 기업은 변화하는 시장 요구에 민첩하게 대응하며, 경쟁사와 차별화된 제품이나 서비스를 출시해 시장 주도권을 확보할 수 있다. 예를 들어, 인공지능 기술을 바탕으로 새로운 건강관리 앱을 개발한 스타트업은 경쟁력 있는 제품으로 빠르게 시장에 진입해 성장할 수 있었다. 이러한 혁신적 접근은 소비자에게 새로운 가치를 제공하고, 기업 성과에 긍정적인 영향을 미친다.

진취성은 도전에 맞서는 적극적인 태도와 의지를 의미한다. 진취적인 기업가는 불확실한 상황에서도 새로운 시장 기회를 적극적으로 탐색하고, 실패의 두려움을 극복하며 사업을 확장한다. 한 사례로, 재생 가능 에너지 분야에 진출한 소규모 기업이 초기 투자와 기술 개발의 어려움을 극복하고 지속적으로 새로운 프로젝트에 도전함으로써 시장에서 입지를 다진 것을 들 수 있다. 이런 진취적 행동은 기업 내외부에 긍정적인 영향을 미치며, 혁신적인 기업 문화 형성을 촉진하고, 지속 가능한 성과를 달성하는 데 필수적이다.

위험감수성은 불확실성과 위험을 감수할 수 있는 능력이다. 이는 새로운 아이디어를 실험하고, 실패를 학습의 기회로 삼으며, 결국 성공 확률을 높이는 데 기여한다. 특히 기술 기반 창업에서는 새로운 기술과 시장에 대한 투자가 필수적이므로, 위험을 감수할 수 있는 환경과 문화가 중요하다. 예를 들어, 고위험의 신약 개발 분야에 도전하는 생명과학 스타트업은 초기 실패를 여러 번 경험할 수 있지만, 위험을 감수하며 지속적으로 연구개발에 투자한 결과, 혁신적인 치료제를 성공적으로 출시하여 시장을 선도하게 된다.

이러한 혁신성, 진취성, 위험감수성의 결합은 기업 성과로 직결된다. 높은 혁신성과 진취적인 태도를 가진 기업은 변화하는 시장 환경 속에서도 유연하게 대응하며 새로운 기회를 포착한다. 위험을 감수하고 실패로부터 배운 교훈을 통해 지속적으로 개선해 나가는 기업은 시간이 지날수록 안정적인 성장 궤도에 오르게 된다. 결과적으로, 기업가정신은 단순한 개인적 특성을 넘어 조직 문화와 전략적 의사결정의 핵심으로 자리잡으며, 기업의 지속 가능한 성과와 경쟁력 확보에 직접적으로 기여한다.

네트워크를 활용한 기업가정신과 성과 강화 전략

기업가정신을 실현하는 과정에서 사회적 정보, 평판 네트워크는 중요한 매개 역할을 한다. 사회적 네트워크는 창업자와 동료, 투자자, 멘토 등과의 인적 연결을 통해 자문과 지원을 받으며, 이는 혁신적 아이디어 구현과 사업 초기 자원 확보에 큰 도움이 된다. 예를 들어, 스타트업 창업자가 산업 내 경험 많은 멘토와 긴밀히 소통하면서 시장 진입 전략을 다듬고, 필요한 자금을 조달한 사례는 사회적 네트워크가 직접적인 성과로 이어지는 좋은 예다.

정보 네트워크는 시장 동향, 기술 트렌드, 경쟁사 분석 등 유용한 정보를 빠르게 습득하고 공유할 수 있는 채널을 제공한다. 이를 통해 창업 기업은 최신 정보를 바탕으로 제품 개발과 마케팅 전략을 수정·보완할 수 있다. 한 기술 스타트업이 온라인 커뮤니티에서 수집한 사용자 피드백을 제품 개선에 반영해 시장 반응을 빠르게 얻고 성공적으로 제품을 출시한 사례는 정보 네트워크의 활용이 기업 성과에 미치는 긍정적인 영향을 잘 보여준다.

평판 네트워크는 기업이나 개인의 신뢰도와 이미지 형성에 중추적인 역할을 한다. 평판이 높은 창업자는 투자자와 고객 사이에서 신뢰를 얻기 쉬우며, 이는 새로운 비즈니스 기회 창출로 이어진다. 예를 들어, 특정 분야에서 평판이 좋은 기업이 네트워크를 통해 선호도 높은 파트너와 협력하게 되면, 해당 기업은 시장에서의 입지를 더욱 공고히 할 수 있다.

이처럼 다양한 네트워크 유형을 전략적으로 활용하면 자원 확보와 시장 진입이 원활해지고, 기업가정신과 결합된 혁신적인 시도가 더욱 높은 경영성과로 이어질 수 있다. 기업은 네트워크를 통해 얻은 정보를 바탕으로 시장 변화에 민첩하게 대응하고, 신뢰받는 평판을 구축해 지속 가능한 성장을 도모해야 한다. 이는 단순히 개인의 역량을 넘어, 조직 전체가 네트워크의 힘을 최대한 활용하는 전략적 접근을 요구한다.

기업가정신 강화와 네트워크 구축 전략

기술기반 창업 초기에는 자원 부족이라는 큰 장애물이 산재해 있다. 이를 극복하기 위한 효과적인 방법 중 하나는 다양한 네트워크를 적극 활용하는 것이다. 예를 들어, 한 스타트업이 정부 지원 프로그램이나 산업 클러스터, 멘토 네트워크에 참여함으로써 자금 조달, 기술 자문, 마케팅 지원 등 필요한 자원을 확보한 사례가 있다. 이러한 네트워크는 단순한 인적 연결을 넘어 정보 교류와 협력의 장을 제공하며, 창업 초기 기업이 시장에 신속하게 진입하고 성장할 수 있는 발판을 마련해준다. 기업은 사회적 네트워크를 통해 협력 파트너를 찾고, 정보 네트워크로 최신 기술 동향과 시장 정보를 얻으며, 평판 네트워크를 활용해 신뢰를 구축함으로써 불확실한 환경 속에서도 안정적인 기반을 다질 수 있다.

또한, 기업 내에서 기업가정신을 고취시키는 조직 문화와 리더십은 지속 가능한 성과를 이끌어내는 중요한 요소다. 창업 초기부터 개방적이고 혁신을 장려하는 문화를 조성하면, 직원들은 새로운 아이디어를 자유롭게 제안하고 위험을 감수할 용기를 얻게 된다. 예를 들어, 한 벤처기업의 리더가 실패를 학습의 기회로 보는 문화를 강조하며 직원들에게 자율성을 부여한 결과, 팀원들은 보다 창의적이고 도전적인 프로젝트에 적극적으로 참여하게 되었다. 이런 리더십은 조직 구성원들이 변화에 유연하게 대응하고, 지속적으로 학습하며 성장할 수 있는 환경을 만든다.

결국, 창업 초기 자원 부족은 강력한 네트워크 활용과 혁신적 조직 문화, 리더십의 조화로 극복할 수 있다. 기업은 외부의 다양한 자원과 정보를 적극적으로 수용하는 동시에, 내부적으로는 실험과 실패를 두려워하지 않는 분위기를 조성해야 한다. 이러한 접근은 단기적인 문제 해결을 넘어, 기업가정신을 강화하고 지속 가능한 성장을 위한 탄탄한 기반을 마련하는 데 결정적인 역할을 한다.

기업가정신과 네트워크 역량 강화

정부와 민간은 기술기반 창업 기업의 성공을 돕기 위해 다양한 제도적 지원을 제공하고 있다. 이러한 정책적 지원은 자금 조달, 세제 혜택, 법률 자문 등 실질적인 도움을 통해 창업 초기의 자원 부족 문제를 완화시킨다. 예를 들어, 정부가 운영하는 창업보육센터나 기술 혁신 펀드는 벤처기업에 초기 투자와 멘토링을 제공하며, 이러한 지원을 받은 기업들은 보다 안정적으로 시장에 진입하고 성장할 수 있는 기반을 마련한다. 민간에서도 액셀러레이터 프로그램을 통해 네트워크 연결, 전문 교육, 투자 유치까지 포괄적인 지원을 제공하며, 이는 기업가정신을 고취시키는 데 중요한 역할을 한다.

이와 더불어, 체계적인 교육 프로그램을 통한 기업가정신 및 네트워크 활용 능력 강화가 필요하다. 교육 프로그램은 창업자들에게 필요한 경영 지식, 혁신적 사고, 리더십, 네트워킹 기술 등을 제공해 스스로 문제를 해결하고 기회를 창출할 수 있는 역량을 키워 준다. 실제로, 여러 정부 및 민간 기관에서 제공하는 창업 교육 프로그램은 참여 기업들이 자금 조달 성공률을 높이고, 협력 관계를 확립하며, 지속 가능한 비즈니스 모델을 개발하는 데 기여했다. 예를 들어, 특정 창업지원 프로그램이 창업자들에게 실전 마케팅, 특허 전략, 글로벌 네트워크 구축 방법 등을 교육해 준 결과, 참가 기업들은 경쟁력 있는 제품을 개발하고 해외 시장에 성공적으로 진출하는 사례가 보고되었다.

이처럼 정책적 지원과 교육 프로그램은 상호 보완적이다. 정부와 민간의 제도적 지원은 기업이 안정적인 기반을 마련하도록 돕고, 교육 프로그램은 그 기반 위에서 기업가정신을 강화하며, 네트워크를 효과적으로 활용하는 방법을 가르친다. 이러한 통합적 접근은 기술기반 창업 기업들이 초기 어려움을 극복하고, 장기적으로 지속 가능한 성과를 낼 수 있는 중요한 전략적 인사이트를 제공한다.

이 연구는 기술기반창업 기업에서 기업가정신이 어떻게 경영성과로 이어지는지를 네트워크 유형을 매개로 구체적으로 규명했다. 혁신성, 진취성, 위험감수성 등 기업가정신의 핵심 요소가 사회적 정보, 평판 네트워크를 통해 자원 확보와 시장 진입 전략에 영향을 미치며, 궁극적으로 기업 성과를 향상시킨다는 점을 보여준다. 이러한 결과는 창업 초기의 불확실한 환경 속에서도 강력한 네트워크 구축과 이를 통한 지속 가능한 전략이 얼마나 중요한지 인사이트를 제공한다. 연구는 또한 정책적 지원과 교육 프로그램의 필요성을 강조하며, 벤처기업들이 내부 역량을 키우고 네트워크를 전략적으로 활용해 장기적인 경쟁우위를 확보할 수 있는 길을 제시한다.

로컬푸드의 체험 경제적 가치 분석과 마케팅 실행방안은?

- 저   자 : 김미홍 박사 (jinsoola@naver.com)
- 소   속 : ㈜GFS CMO / R&D 연구소장
- 연구논문 : 로컬푸드에 대한 체험경제이론 및 소비자의 지각적 가치와 고객만족도, 충성도의 영향관계 연구
- 대한민국 한식부문 조리명인, 한식대가로 선정되었고, 25여년동안 대학 및 지자체 등에서 궁중음식과 전통음식을 강의하였다. 지자체, 전통시장 등 외식업 창업 마케팅 및 축제 행사를 주관하였고, 소상공인 컨설팅 현장전문가로 활동하였다. 현재 국립대학에서 교원연수강의를 하고 있으며, ㈜GFS 사내이사 및 R&D 총괄업무를 맡아 근무하고 있다. 경영학박사로 마케팅을 전공하였고, 석사는 창업경영학 및 학부는 식품영양학 전공이다. 저서로는 〈동춘재, 주식시의와 다시 만나다.〉, 〈그 여자가 사는 법〉, 공저로 〈저염미식서〉, 〈대전에서 뭘 먹을까〉, 〈대전 맛지도〉 등이 있다.

먹거리 안전에 대한 관심이 높아지면서, 지역 농산물을 활용한 로컬푸드가 주목받고 있다. 하지만 대기업 중심의 유통 구조와 수입 농산물의 증가로 인해 지역 농업은 어려움을 겪고 있으며, 소비자들은 식품의 신뢰성 문제에 직면해 있다. 이런 상황에서 로컬푸드는 단순한 농산물이 아니라, 생산자와 소비자가 직접 소통하며 신뢰를 쌓을 수 있는 대안으로 자리 잡고 있다.

이에 저자(김미홍 박사)는 로컬푸드 체험 경제적 가치가 소비자 만족도와 충성도에 미치는 영향을 분석하였다. 특히, 로컬푸드를 접하는 과정에서 소비자들이 느끼는 교육적·오락적·심미적 요소가 구매 행동에 어떤 영향을 미치는지 살펴보고, 소비자 만족도를 높일 수 있는 방안을 모색하였다.

연구 결과 로컬푸드를 직접 경험한 소비자들은 일반적인 농산물보다 더 높은 신뢰를 보였으며, 이 신뢰가 재구매 의도와 브랜드 충성도로 이어지는 것으로 나타났다. 또한, 소비자들은 단순한 구매 행위를 넘어, 로컬푸드를 접하는 과정에서 교육적 경험(생산 과정 이해), 오락적 경험(체험 활동 참여), 심미적 경험(전통적인 감성 및 자연 환경) 등을 중요하게 여겼다.

특히, 소비자가 로컬푸드를 신뢰할수록 재구매 가능성이 높아졌으며, 체험이 긍정적일수록 로컬푸드에 대한 충성도가 증가하는 경향이 확인되었다. 이는 단순한 제품 판매를 넘어, 소비자와의 정서적 연결이 중요함을 시사한다.

로컬푸드의 마케팅 방안

로컬푸드의 개념과 중요성

로컬푸드는 특정 지역에서 생산된 농산물을 활용하여 소비자에게 제공하는 식품을 의미한다. 이는 지역 농업을 지원하고, 신선한 재료를 직접 소비자에게 전달함으로써 식품의 품질과 신뢰성을 높이는 역할을 한다. 최근 먹거리 안전에 대한 관심이 높아지면서, 소비자들은 식품의 원산지와 생산 과정을 중요하게 여기고 있다. 로컬푸드는 이러한 요구에 부응하여, 소비자와 생산자가 직접 소통할 수 있는 기회를 제공함으로써 신뢰를 쌓아간다.

또한, 로컬푸드는 환경적인 측면에서도 중요한 의미를 가진다. 지역 내에서 생산되고 소비되는 식품은 운송 거리가 짧아 탄소 배출을 줄이고, 신선한 상태로 제공될 수 있다. 이는 지속 가능한 소비 문화를 형성하는 데 기여하며, 지역 경제 활성화에도 도움을 준다. 대기업 중심의 유통 구조와 수입 농산물의 증가로 인해 지역 농업이 어려움을 겪는 상황에서, 로컬푸드는 지역 농가의 생계를 유지하고 지역 경제를 안정화시키는 중요한 대안이 된다.

뿐만 아니라, 로컬푸드는 소비자에게 독특한 맛과 경험을 제공한다. 지역 특산물을 활용한 다양한 요리와 전통적인 재배 방식은 소비자에게 새로운 식문화를 경험하게 하며, 이는 브랜드 충성도를 높이는 데 기여한다. 예를 들어, 특정 지역의 토종 재료를 사용한 제품은 그 지역의 고유한 맛과 품질을 보장하여 소비자의 신뢰를 얻는다.

결국, 로컬푸드는 단순한 식품 제공을 넘어, 소비자와 생산자 간의 신뢰 구축, 환경 보호, 지역 경제 활성화 등 다방면에서 중요한 역할을 한다. 이러한 이유로 로컬푸드는 현대 사회에서 더욱 주목받고 있으며, 지속 가능한 미래를 위한 필수적인 요소로 자리매김하고 있다.

로컬푸드의 체험 경제적 가치

로컬푸드는 소비자가 단순히 식품을 구매하는 것을 넘어 다양한 체험을 통해 경제적 가치를 창출한다. 첫째, 교육적 가치는 소비자가 로컬푸드를 통해 생산 과정을 이해하고 식품의 원산지와 재배 방식을 학습하는 데 있다. 예를 들어, 농장 체험 프로그램은 소비자에게 직접 농산물의 재배 과정을 보여주어 신뢰를 구축하고, 식품 안전에 대한 인식을 높인다. 이는 소비자가 더욱 신뢰할 수 있는 제품을 선택하도록 도와준다.

둘째, 오락적 가치는 로컬푸드를 접하는 과정에서 즐거움을 느끼게 하는 다양한 체험 활동과 참여 유도를 포함한다. 예를 들어, 지역 농산물을 활용한 요리 교실이나 축제는 소비자에게 즐거운 경험을 제공하며, 브랜드와의 긍정적인 관계를 형성한다. 이러한 활동은 소비자가 로컬푸드에 대한 흥미를 유지하고 지속적으로 관심을 가지도록 유도한다.

셋째, 심미적 가치는 로컬푸드가 제공하는 전통적 감성과 자연환경의 매력에서 비롯된다. 지역 특산물을 사용한 제품은 그 지역의 문화와 전통을 반영하며, 소비자에게 독특한 맛과 향을 선사한다. 또한, 자연 친화적인 생산 방식은 심미적인 만족감을 높이고, 소비자가 제품을 선택할 때 환경적인 요소도 고려하게 만든다. 예를 들어, 전통 방식으로 재배된 채소나 과일은 자연의 아름다움을 그대로 담아내어 소비자에게 시각적 즐거움을 제공한다.

이처럼 로컬푸드는 교육적, 오락적, 심미적 가치를 통해 소비자의 만족도를 높이고, 브랜드 충성도와 재구매 의도를 강화하는 중요한 역할을 한다. 로컬푸드를 체험함으로써 소비자는 단순한 제품 소비를 넘어 생산자와의 연결을 느끼고, 보다 깊이 있는 브랜드 경험을 하게 된다. 이는 로컬푸드의 경제적 가치를 극대화하고, 지속 가능한 소비 문화를 형성하는 데 기여한다.

로컬푸드의 체험 경제적 가치는 단순한 구매 행위를 넘어, 소비자와 생산자 간의 신뢰와 유대를 강화하며, 지역 경제의 활성화와 환경 보호에도 긍정적인 영향을 미친다. 이러한 다각적인 가치는 로컬푸드가 현대 소비자에게 더욱 매력적인 선택지로 자리매김하게 하는 핵심 요소로 작용한다. 따라서 유통업체와 관련 산업 종사자들은 로컬푸드의 체험적 가치를 적극 활용하여 소비자 만족과 충성도를 높이는 전략을 개발해야 할 것이다.

로컬푸드의 체험 경제적 가치 분석

로컬푸드의 체험 경제적 가치는 소비자가 단순히 식품을 구매하고 소비하는 과정을 넘어, 다양한 경험을 통해 경제적 가치를 창출하는 데 있다. 소비자 경험의 다각적 분석을 통해 교육적, 오락적, 심미적 요소가 어떻게 상호작용하며 소비자의 만족도와 충성도에 영향을 미치는지 이해할 수 있다. 예를 들어, 소비자가 로컬푸드를 구매할 때 생산 과정을 직접 보고 배우는 교육적 경험은 식품에 대한 신뢰를 높이고, 이는 재구매 의도로 이어진다. 또한, 농장 체험이나 요리 교실과 같은 오락적 경험은 소비자에게 즐거움을 제공하며 브랜드와의 긍정적인 감정을 형성하는 데 기여한다. 심미적 가치는 전통적인 농업 방식과 자연 환경이 조화를 이루는 로컬푸드의 비주얼과 감성을 통해 소비자에게 시각적 만족감을 제공하며, 이는 브랜드 이미지 강화로 이어진다.

성공적인 로컬푸드 체험 프로그램은 이러한 체험 경제적 가치를 효과적으로 구현한 사례로 볼 수 있다. 예를 들어, 한 지역 농산물 직거래 장터는 소비자들이 직접 농장을 방문해 재배 과정을 체험하고, 신선한 농산물을 구매할 수 있는 기회를 제공함으로써 높은 참여율과 만족도를 기록했다. 또 다른 사례로, 지역 특산물을 활용한 요리 교실은 소비자들이 직접 요리에 참여하면서 로컬푸드의 가치를 체감하고, 이를 통해 브랜드 충성도를 높였다. 이러한 프로그램들은 소비자와 생산자 간의 직접적인 소통을 촉진하고, 로컬푸드에 대한 긍정적인 인식을 확산시키는 데 중요한 역할을 한다.

소비자 신뢰 구축의 실질적 효과는 로컬푸드 마케팅에서 매우 중요한 요소이다. 신뢰는 소비자가 로컬푸드를 선택하는 데 있어 결정적인 요인으로 작용하며, 이는 장기적인 재구매 의도와 브랜드 충성도로 이어진다. 연구 결과에 따르면, 로컬푸드를 직접 경험한 소비자들은 일반적인 농산물보다 높은 신뢰를 보였으며, 이는 재구매 의도와 충성도로 연결되었다. 신뢰를 구축하기 위해서는 투명한 생산 과정, 고품질의 제품 제공, 소비자와의 지속적인 소통이 필수적이다. 예를 들어, 한 로컬푸드 브랜드는 생산 과정의 투명성을 강조하고, 소비자 피드백을 적극 반영하여 제품을 개선함으로써 높은 신뢰도를 유지하고 있다. 이러한 신뢰는 소비자가 브랜드에 대한 긍정적인 인식을 갖게 하고, 장기적인 충성도를 형성하는 데 중요한 역할을 한다.

결론적으로, 로컬푸드의 체험 경제적 가치는 소비자의 다양한 경험을 통해 신뢰와 충성도를 구축하고, 이를 통해 지속 가능한 성장을 이루는 데 기여한다. 교육적, 오락적, 심미적 요소를 통합한 체험 프로그램은 소비자 만족도를 높이고, 브랜드와의 깊은 정서적 유대를 형성한다. 따라서 유통업체와 관련 산업 종사자들은 이러한 체험 경제적 가치를 적극 활용하여 소비자와의 관계를 강화하고, 로컬푸드의 경쟁력을 높이는 전략을 개발해야 한다.

로컬푸드의 마케팅 실행 방안

로컬푸드의 성공적인 마케팅을 위해서는 교육적, 오락적, 심미적 전략을 통합적으로 활용하는 것이 중요하다. 각 전략은 소비자와의 깊은 연결을 형성하고, 브랜드 충성도와 재구매 의도를 높이는 데 기여한다.

교육적 마케팅은 소비자에게 로컬푸드의 가치와 생산 과정을 알리는 데 중점을 둔다. 이를 통해 소비자는 로컬푸드의 신뢰성을 이해하고, 구매 결정을 보다 신중하게 내릴 수 있다.

오락적 마케팅은 소비자에게 즐거운 경험을 제공함으로써 로컬푸드에 대한 관심과 참여를 유도한다. 체험 이벤트는 소비자가 직접 참여하고 즐길 수 있는 활동을 통해 브랜드와의 긍정적인 감정을 형성하게 한다.

심미적 마케팅은 로컬푸드의 전통적 감성과 자연 환경의 매력을 강조하여 소비자와의 감성적 연결을 형성한다. 이는 브랜드 이미지 강화를 통해 소비자가 브랜드에 대해 긍정적인 감정을 가지도록 유도한다.

통합 마케팅 전략은 교육적, 오락적, 심미적 마케팅을 유기적으로 결합하여 시너지 효과를 창출하는 접근법이다. 이를 통해 각 전략의 장점을 최대한 활용하고, 소비자에게 일관된 메시지와 경험을 제공할 수 있다.

로컬푸드와 디지털 전환

소셜미디어의 폭발적인 성장과 함께, 로컬푸드 브랜드는 이를 활용해 소비자와의 직접적인 소통을 강화하고, 브랜드 인지도를 높이며, 충성도 높은 고객층을 구축할 수 있는 기회를 맞이하고 있다. 소셜미디어 활용 방안, 온라인 커뮤니티와의 소통 강화, 그리고 실무적 제언을 통해 로컬푸드 마케팅의 효과를 극대화할 수 있는 전략을 살펴보자.

소셜미디어는 로컬푸드 브랜드가 소비자와 직접적으로 소통하고, 브랜드 스토리를 전달하며, 제품의 가치를 효과적으로 홍보할 수 있는 강력한 도구이다. 페이스북, 인스타그램, 유튜브와 같은 플랫폼을 통해 시각적으로 매력적인 콘텐츠를 제작하고 공유함으로써 소비자의 관심을 끌 수 있다. 예를 들어, 생산 과정을 담은 비디오 콘텐츠나 농장에서의 일상을 보여주는 사진은 소비자에게 신뢰감을 주고, 제품의 진정성을 강조하는 데 효과적이다. 또한, 인플루언서를 활용한 마케팅도 중요한 전략이다. 지역 인플루언서와 협력하여 제품을 소개하고 체험 후기를 공유함으로써, 더 넓은 소비자층에게 로컬푸드의 매력을 전달할 수 있다. 라이브 스트리밍 기능을 활용한 실시간 소통도 소셜미디어 마케팅의 중요한 요소이다. 농장 투어나 요리 시연을 실시간으로 방송함으로써 소비자와의 직접적인 소통을 강화하고, 참여감을 높일 수 있다.

온라인 커뮤니티는 로컬푸드 브랜드가 소비자와 긴밀하게 소통하고, 피드백을 수집하며, 충성도 높은 고객층을 형성하는 데 중요한 역할을 한다. 포럼, 페이스북 그룹, 카카오톡 오픈채팅 등 다양한 온라인 커뮤니티 플랫폼을 통해 소비자와의 직접적인 소통을 강화할 수 있다. 이러한 커뮤니티는 소비자가 자신의 경험을 공유하고, 질문을 던지며, 생산자와 직접 대화할 수 있는 공간을 제공한다. 이는 소비자와 생산자 간의 신뢰를 구축하고, 브랜드에 대한 충성도를 높이는 데 기여한다.

로컬푸드 마케팅에서 디지털 플랫폼을 효과적으로 활용하기 위해서는 몇 가지 실무적 전략을 고려해야 한다. 첫째, 일관된 브랜드 메시지를 유지하는 것이 중요하다. 소셜미디어와 온라인 커뮤니티에서 전달되는 메시지가 일관되고 통일된 이미지를 유지하도록 노력해야 한다. 이는 소비자에게 신뢰감을 주고, 브랜드의 정체성을 강화하는 데 도움이 된다.

둘째, 소셜미디어 분석 도구를 활용하여 소비자의 반응과 참여도를 모니터링하고, 이를 기반으로 마케팅 전략을 조정하면 보다 효과적인 결과를 얻을 수 있다.

셋째, 소비자와의 적극적인 소통을 유지해야 한다. 댓글에 대한 빠른 응답, 소비자의 질문에 대한 상세한 답변, 그리고 개인화된 메시지 전달은 소비자와의 신뢰를 구축하는 데 중요한 역할을 한다. 이는 소비자가 브랜드에 대해 긍정적인 인식을 가지도록 도와주며, 충성도 높은 고객층을 형성하는 데 기여한다.

마지막으로, 지속적인 혁신과 창의성을 유지해야 한다. 디지털 플랫폼은 빠르게 변화하는 환경이므로, 새로운 트렌드와 기술을 지속적으로 탐색하고 이를 마케팅 전략에 반영해야 한다.

전통시장의 경험 마케팅이 만족과 재방문에 미치는 영향

- 저   자 : 고태훈 박사 (vivamarket1@naver.com)
- 소   속 : 광주충장상권 상권활성화 추진단
- 연구논문 : 전통시장의 서비스디자인 경험요인과 서비스수용 속성이 고객만족도 및 재방문의도에 미치는 영향
- 전통시장 및 상점가 활성화 및 정부지원사업 추진업무를 현장에서 수행한 다양한 경험을 통해 상권의 활성화 전략 수립과 계획 수립등의 현장업무를 추진하고 있는 상권육성전문가이다.

전통시장은 오랜 기간 지역 경제와 공동체의 중심 역할을 했지만, 대형마트와 온라인 쇼핑몰의 성장으로 인해 점점 쇠퇴하고 있다. 이런 상황에서 전통시장이 경쟁력을 회복하려면 단순히 상품을 판매하는 곳을 넘어, 고객이 즐거운 경험을 느낄 수 있는 공간으로 변화해야 한다. 이를 위해 서비스디자인이 중요한 전략으로 주목받고 있다. 서비스디자인은 고객의 경험을 중심으로 시장의 편리성과 감성적 요소를 개선해, 전통시장만의 독창적인 가치를 만들어낼 수 있다.

이에 저자(고태훈 박사)는 전통시장에서 서비스디자인 경험요인(편리성, 감성적 디자인, 소통 가능성 등)과 서비스수용 속성(유용성, 용이성)이 고객만족도와 재방문의도에 어떤 영향을 미치는지를 분석했다.

연구결과 전통시장에서 편리성, 감성적 디자인, 소통 가능성과 같은 서비스디자인 요소는 고객의 서비스수용 속성과 만족도를 높이는 데 긍정적인 영향을 미치는 것으로 나타났다. 특히, 감성적 디자인은 시장 방문 시 긍정적인 정서를 형성하는 데 중요한 역할을 했다.

전통시장은 고객이 쉽게 이용할 수 있도록 동선을 개선하고 필요한 정보를 빠르게 찾을 수 있는 환경을 마련해야 한다. 또한, 따뜻한 정서를 유지하면서도 현대적인 감각을 반영한 감성적 디자인이 필요하며, 상인과 고객 간 소통이 원활하게 이루어질 수 있도록 친근한 분위기를 조성해야 한다.

전통시장 활성화를 위한 방안

전통시장과의 새로운 패러다임

전통시장은 오랜 기간 동안 지역사회와 함께 성장해왔으나, 대형마트와 온라인 쇼핑몰의 급성장으로 인해 매출 감소와 고객 이탈이라는 도전에 직면해 있다. 이러한 환경 변화 속에서 단순한 상품 판매를 넘어서, 고객에게 특별한 경험을 제공하는 새로운 접근 방식이 필요하다. 경험 마케팅은 고객이 전통시장 방문 시 느끼는 감성적, 실용적 만족을 극대화해 브랜드 충성도를 높이는 전략으로 주목받고 있다. 최근 연구들은 제품의 기능과 품질만으로는 소비자를 만족시키기 어렵다는 점을 강조하며, 감성적 자극과 고객 경험 향상을 통해 재방문 의도와 충성도를 높이는 데 초점을 맞추고 있다.

전통시장은 독특한 문화와 지역 특색을 바탕으로 고객에게 차별화된 경험을 제공할 수 있다. 예를 들어, 특정 시장에서는 지역의 전통을 살린 음식 체험이나 예술 작품 전시를 통해 소비자에게 특별한 감동을 선사한 사례가 있다. 이러한 경험은 고객의 만족도를 높이는 동시에, 브랜드 이미지와 고객 충성도를 강화하는 데 중요한 역할을 한다. 경험 마케팅은 단순히 소비자를 유인하는 요소가 아니라, 고객의 기억 속에 긍정적인 이미지를 심어주고 지속적인 관계를 형성하는 전략적 도구다.

또한, 디지털 기술과 데이터 분석의 발전은 전통시장에서의 경험 마케팅을 혁신적으로 변화시키고 있다. SNS와 모바일 앱을 활용해 고객 피드백을 실시간으로 수집하고, 그 데이터를 바탕으로 맞춤형 이벤트나 서비스를 제공하는 방식은 소비자 참여를 촉진하며 시장 경쟁력을 높인다. 이러한 변화된 마케팅 환경 속에서 경험 마케팅의 효과와 필요성은 더욱 부각되고 있으며, 이를 체계적으로 연구하고 적용하는 것은 전통시장이 미래에도 지속 가능한 성장을 이루는 데 중요한 열쇠가 될 것이다.

서비스디자인 경험요인과 서비스수용 속성

서비스디자인 경험요인은 고객이 특정 환경에서 경험하는 편의성, 감성적 디자인, 소통 가능성 등을 포함한다. 편리성은 고객이 서비스를 이용하는 과정에서 느끼는 접근성과 효율성을 말한다. 예를 들어, 전통시장에서 고객이 원하는 상품을 쉽게 찾을 수 있는 동선 구성이나 빠른 결제 시스템은 편리성을 높여 긍정적인 경험을 만든다. 감성적 디자인은 매장의 분위기, 색채, 조명 등이 소비자의 감정을 자극하여 편안함이나 특별함을 느끼게 하는 요소다. 세련된 인테리어와 따뜻한 색조는 고객에게 친근함과 안정감을 주어 기억에 남는 경험을 제공할 수 있다. 소통 가능성은 상인과 고객 간에 원활한 대화와 피드백 교환이 가능한 환경을 의미한다. 고객이 질문이나 불만 사항을 쉽게 전달하고, 이에 대해 신속한 응답을 받을 수 있는 시스템은 신뢰 구축에 중요한 역할을 한다.

이러한 경험요인들이 서비스수용 속성, 즉 유용성과 용이성에 직접적인 영향을 미친다. 유용성은 소비자가 해당 서비스를 사용함으로써 얻는 실질적 가치를 평가하는 척도다. 편리하고 감성적인 디자인을 통해 향상된 쇼핑 경험은 고객에게 제품 선택과 구매 과정에서 명확한 이점을 제공하여, 서비스가 더욱 유용하다고 느끼게 만든다. 용이성은 서비스를 쉽게 이해하고 사용할 수 있는 정도를 의미한다. 복잡하지 않고 직관적인 상호작용 디자인은 고객이 서비스를 불편함 없이 이용하도록 도와주며, 이는 서비스 수용도를 높인다.

실제로, 매장 리모델링을 통해 동선 개선과 친근한 인테리어를 도입한 결과, 고객 만족도와 재방문율이 상승한 사례는 매우 많이 있다. 이는 편리성과 감성적 디자인이 서비스 유용성과 용이성을 증대시켜 고객 행동에 긍정적인 영향을 미친 대표적 예다. 더불어, 상인과 고객 간 소통 가능성을 확대한 결과, 고객의 피드백을 즉각적으로 반영하고 문제를 해결하는 과정에서 고객 신뢰가 강화되었다.

결국, 편리성, 감성적 디자인, 소통 가능성과 같은 서비스디자인 경험요인은 고객이 서비스를 쉽게 받아들이고 지속적으로 이용하도록 만드는 핵심 동력이다. 이러한 경험요인들이 서비스수용 속성을 개선함으로써, 고객은 더 높은 만족감을 느끼고 외식시장과 같은 전통시장에서 긍정적인 재방문 의도를 가지게 된다.

경험 마케팅 전략과 고객 만족도

서비스디자인 경험요인은 고객만족도에 직접적인 영향을 미친다. 특히 감성적 디자인은 소비자의 정서를 자극해 긍정적인 경험을 제공하며, 이는 높은 만족도로 이어진다. 예를 들어, 전통시장에서 리모델링을 통해 아늑하고 따뜻한 분위기의 인테리어를 도입한 사례가 있다. 고객들은 이러한 환경에서 단순히 음식을 소비하는 것을 넘어, 문화적이고 감성적인 경험을 얻으며 만족도가 크게 향상되었다. 이처럼 감성적 디자인은 매장 방문 시 소비자의 심리를 편안하게 만들고, 긍정적인 브랜드 이미지를 형성하는 데 중요한 역할을 한다.

감성적 디자인은 제품이나 서비스에 대한 고객의 기대를 초과 달성하는 경험을 제공한다. 이는 고객 만족도를 높이는 핵심 요소로 작용하며, 재방문 의도와 긍정적 구전 효과를 촉진한다. 한 글로벌 패션 브랜드는 매장 내 감각적인 음악과 조화로운 색채 사용을 통해 고객에게 특별한 쇼핑 경험을 제공했다. 결과적으로 고객들은 해당 매장을 기억하며, 긍정적인 후기를 남기고 재방문하는 경향을 보였다. 이러한 사례는 감성적 디자인이 어떻게 고객 정서를 긍정적으로 변화시키고, 장기적인 만족과 충성도로 이어지는지를 보여준다.

감성적 디자인을 통한 경험 마케팅 전략은 단순히 시각적 아름다움을 넘어, 고객과의 정서적 연결을 구축하는 데 중점을 둔다. 기업은 소비자의 감각과 감정을 이해하고, 이를 기반으로 맞춤형 디자인 요소를 도입해야 한다. 이를 통해 소비자는 브랜드에 대한 깊은 애착을 형성하고, 이는 궁극적으로 높은 고객 만족도와 지속 가능한 마케팅 성과로 이어진다.

재방문 의도와 경험 마케팅

서비스수용 속성, 즉 유용성과 용이성은 소비자가 특정 서비스를 경험하고 이를 지속적으로 이용하고자 하는 재방문 의도에 직접적인 영향을 미친다. 사용자가 서비스가 유용하고 쉽게 이용할 수 있다고 판단하면, 그 만족감은 자연스럽게 재방문으로 이어진다. 특히 외식업체에서는 고객이 편리하게 주문하고, 친절한 서비스를 받으며, 감성적 디자인을 통해 긍정적 정서를 경험할 때 재방문 의도가 크게 높아진다.

또한, 서비스수용 속성이 높을수록 고객은 제품이나 서비스에 대한 신뢰를 형성하고, 이는 곧 긍정적 구전 효과로 이어진다. 예를 들어, 편리한 모바일 주문 시스템과 안전한 결제 과정을 제공하는 매장의 고객 만족도가 높아져 재방문 의도가 강화된다. 이러한 사례는 긍정적 경험이 고객의 행동에 어떻게 영향을 미치는지를 보여준다.

경험 마케팅 전략은 단발적인 만족에서 그치지 않고, 고객이 반복해서 방문하게 만드는 데 중점을 둔다. 서비스수용 속성을 강화하고, 고객의 긍정적 경험을 체계적으로 수집·분석해 지속적으로 개선하는 것은 재방문 의도를 높이는 핵심 전략이다. 기업들은 이를 통해 고객과의 장기적 관계를 구축하고, 안정적인 매출 성장을 도모할 수 있다.

디지털 전환과 전통시장의 경험 마케팅

전통시장은 오랜 역사와 지역 특색을 지닌 공간으로, 최근 디지털 전환을 통해 새로운 고객 경험을 창출하고 있다. 최신 기술을 활용한 고객 참여 촉진 방안은 전통시장에서의 경험 마케팅에 혁신을 가져온다. 예를 들어, 블로그와 유튜브 등의 SNS를 통해 전통시장의 독특한 문화와 상품을 소개하는 콘텐츠를 제공하면, 소비자는 온라인에서도 전통시장의 매력을 체험할 수 있다. 이를 통해 전통시장 방문 전부터 고객의 기대감을 높이고, 실제 방문 시 긍정적인 경험으로 이어질 수 있다.

SNS를 활용한 체험 이벤트는 전통시장에서 소비자 참여를 극대화하는 효과적인 방법이다. 최근의 전통시장은 상인회가 중심이 되어 인스타그램과 페이스북을 활용해 온라인 이벤트를 개최하는 곳이 늘고 있다. 이벤트 참여자들은 SNS에서 자신의 체험기를 공유하면서 자연스럽게 시장에 대한 긍정적 이미지를 확산시킨다.

결국, 디지털 기술을 활용한 경험 마케팅은 전통시장이 변화하는 소비자 트렌드에 민첩하게 대응하는 데 중요한 역할을 한다. 기술과 감성적 요소를 결합해 고객에게 독특한 경험을 제공하면, 전통시장은 단순한 쇼핑 공간을 넘어 문화적 체험의 장으로 탈바꿈할 수 있다. 이는 고객 충성도와 재방문 의도 증대뿐만 아니라, 전통시장의 지속 가능한 성장을 견인하는 핵심 전략이 될 것이다.

전통시장 개선을 위한 실질적 전략

전통시장은 오랜 기간 지역 경제와 문화의 중심지로 자리매김해왔지만, 현대의 경쟁 환경 속에서 지속 가능한 발전을 위해서는 편리한 동선 설계와 정보 제공, 친근한 소통 환경 조성이 필수적이다. 첫째, 매장 내 편리한 동선 설계는 고객의 쇼핑 경험을 크게 향상시킨다. 전통시장의 복잡한 골목과 매장 배치는 초기 방문객에게 혼란을 줄 수 있다. 이를 개선하기 위해 명확한 안내판과 친절한 안내 시스템을 도입하고, 상품군별로 구역을 나누어 동선을 단순화하는 방안이 효과적이다.

둘째, 친근한 소통 환경 조성은 고객 만족도를 높이는 데 중요한 역할을 한다. 전통시장 상인들은 고객과의 개인적인 소통을 통해 신뢰를 쌓고, 고객에게 친근한 서비스를 제공해야 한다. 이를 위해 소통 교육 프로그램을 통해 상인들의 서비스 역량을 강화하고, 고객 의견을 적극적으로 수렴할 수 있는 피드백 채널을 마련하는 것이 중요하다. 실제로, 전통시장의 한 식당은 소셜미디어를 통해 고객과 실시간 소통을 이어가며, 고객의 요구와 불만을 즉각 반영해 서비스 개선을 지속했다. 이러한 노력은 고객에게 친근하고 신뢰할 수 있는 이미지를 심어주어 재방문율을 높이는 결과를 가져왔다.

또한, 디지털 기술과의 결합을 통해 정보 제공을 강화하는 전략도 효과적이다. 스마트폰 앱이나 온라인 플랫폼을 통해 시장 내 행사, 할인 정보, 신상품 소개 등을 제공하면 고객은 보다 풍부한 정보를 바탕으로 쇼핑할 수 있다. 이는 전통시장에서의 불편함을 줄이고, 현대 소비자가 기대하는 편리함을 제공하는 데 기여한다.

결론적으로, 전통시장의 지속 가능한 성장을 위해서는 편리한 동선과 정보 제공, 그리고 친근한 소통 환경을 조성하는 것이 핵심이다. 이러한 개선 전략은 고객 경험을 향상시키고, 시장에 대한 긍정적 인식을 확산시켜 재방문율 증가와 매출 상승으로 이어질 수 있다.

전통주의 체험요소가 마케팅 성과에 미치는 영향은?

- 저　　자 : 김인애 박사 (ceo@korean-sool.com)
- 소　　속 : 농업회사법인 (주)기우리다 대표이사
- 연구논문 : 전통주 체험마케팅에서 체험요소가 구매의도 및 재경험의도에 미치는 영향(경험적 가치와 호혜성의 조절효과를 중심으로)
- 전통주및 약선요리에 대한 연구와 강의 경력을 바탕으로 농업회사법인(주)기우리다 를 창업하여 전통주를 생산하고 있으며, 대한민국 한식대가로 선정되어 대학 및 지자체와 연계하여 강의 및 컨설팅을 진행하고 있다. 저서로는 『차의 모든것(공저)』, 『내 몸이 먹는 맛있는 약선요리(공저)』가 있다.

전통주는 한국 고유의 문화적 가치를 지닌 술이지만, 현대 소비자들에게는 대중적인 인지도가 낮고, 주류 시장에서의 점유율도 높지 않다. 반면, 최근 웰빙 트렌드와 지역 특산물에 대한 관심이 증가하면서 전통주의 시장 확대 가능성이 높아지고 있다. 하지만 단순한 제품 홍보만으로는 소비자들의 관심을 끌기 어려우며, 브랜드에 대한 경험과 감성적 요소를 결합한 마케팅 전략이 필요하다.

이에 저자(김인애 박사)는 전통주 체험 마케팅이 소비자의 구매의도와 재경험의도에 미치는 영향을 분석하였다. 특히, 체험 마케팅의 다양한 요소(교육적, 일탈적, 오락적, 심미적 체험)가 소비자의 태도와 행동 변화에 어떻게 작용하는지를 실증적으로 검토하고, 이를 통해 전통주 시장 활성화를 위한 마케팅 전략을 제시하였다.

연구 결과 전통주를 직접 체험하는 과정에서 소비자들은 단순히 술을 마시는 것이 아니라, 그 속에 담긴 이야기와 문화적 요소를 경험하게 된다는 것을 확인하였다. 전통주 만들기 체험, 양조장 투어, 전통주와 어울리는 음식 페어링 이벤트 등은 소비자가 전통주를 색다르게 즐길 수 있는 기회를 제공한다. 소비자가 직접 보고, 맛보고, 느낄 수 있도록 하면 브랜드에 대한 신뢰가 높아지고, 자연스럽게 재구매로 이어질 가능성이 커진다.

따라서 전통주 제조업체들은 소비자 경험을 극대화하는 방향으로 마케팅을 강화할 필요가 있다. 전통주는 마시는 술이 아니라, 경험하는 문화로 발전해야 한다.

전통주의 체험마케팅

전통주의 문화적 가치와 현재 시장 상황

전통주는 한국 고유의 문화적 가치를 지닌 술로서 오랜 역사와 전통을 자랑한다. 오래전부터 이어져 온 다양한 전통주는 지역마다 독특한 제조법과 재료를 사용하여 그 지역의 특색을 반영한다. 이러한 전통주는 단순한 음료를 넘어, 가족과 공동체의 결속을 다지는 중요한 매개체로 자리잡아 왔다. 예를 들어, 설날이나 추석과 같은 명절에는 전통주가 빠질 수 없는 존재로, 가족이 모여 함께 나누며 화합과 축복의 의미를 담아낸다. 또한, 전통주는 다양한 의식과 축제에서도 중요한 역할을 하며, 한국인의 정서와 삶의 일부분으로 깊이 뿌리내리고 있다.

그러나 현대 시장에서는 전통주의 대중적 인지도가 낮고, 주류 시장에서의 점유율도 높지 않다. 이는 대기업 중심의 유통 구조와 수입 농산물의 증가로 인해 지역 농업과 전통주 제조업이 어려움을 겪고 있기 때문이다. 대기업이 생산하는 저렴하고 접근성 높은 주류 제품들이 시장을 지배하면서, 소비자들은 전통주에 대한 선택의 폭이 좁아지고 있다. 또한, 소비자들은 식품의 신뢰성 문제에 직면해 있어, 전통주에 대한 불확실성과 낮은 인지도는 구매를 주저하게 만드는 요인으로 작용하고 있다.

하지만 최근 웰빙 트렌드와 지역 특산물에 대한 관심이 증가하면서 전통주의 시장 확대 가능성이 높아지고 있다. 건강과 자연 친화적인 소비가 중요해지면서, 화학 첨가물이 적고 전통적인 제조법으로 만들어진 전통주는 새로운 소비자층의 관심을 끌고 있다. 특히, 소비자들은 단순히 술을 마시는 것을 넘어, 그 속에 담긴 이야기와 문화적 요소를 경험하고자 하는 욕구가 커지고 있다. 이러한 변화는 로컬푸드와 마찬가지로, 전통주가 소비자와 직접 소통하며 신뢰를 쌓을 수 있는 기회를 제공한다.

또한, 지역 특산물과 연계한 전통주 마케팅은 지역 경제 활성화와도 직결된다. 지역 농산물과 전통주를 결합한 제품은 지역 고유의 맛과 품질을 보장하며, 소비자에게 독특한 경험을 제공한다. 예를 들어, 특정 지역의 토종 재료를 사용한 전통주는 그 지역의 고유한 맛과 향을 통해 소비자에게 특별한 가치를 전달하며, 이는 브랜드 충성도와 재구매 의도로 이어진다. 이러한 접근은 단순한 제품 판매를 넘어, 소비자에게 문화적 경험을 제공함으로써 전통주의 매력을 극대화하는 데 중요한 역할을 한다.

전통주의 체험 마케팅 요소

전통주의 체험 마케팅은 소비자에게 단순한 제품 구매를 넘어 깊이 있는 경험을 제공함으로써 구매 의도와 재경험 의도를 강화하는 중요한 전략이다. 이러한 체험 요소는 교육적, 오락적, 심미적으로 구분되며, 각각이 소비자의 태도와 행동 변화에 미치는 영향은 매우 크다.

교육적 체험은 소비자가 전통주의 생산 과정을 직접 이해하고 학습할 수 있는 기회를 제공한다. 이는 소비자가 제품에 대한 신뢰를 쌓는 데 중요한 역할을 한다. 예를 들어, 양조장 투어 프로그램을 통해 소비자는 전통주의 제조 과정을 직접 관찰하고, 재료 선택부터 발효, 숙성에 이르는 모든 단계를 체험할 수 있다. 이러한 경험은 소비자에게 전통주의 품질과 안전성에 대한 확신을 심어주며, 제품에 대한 긍정적인 인식을 형성하게 한다. 또한, 워크숍이나 세미나를 통해 전통주의 역사와 문화적 배경을 교육함으로써 소비자는 단순한 음주를 넘어 전통주의 가치를 깊이 이해하게 된다. 이러한 교육적 접근은 소비자의 구매 의도뿐만 아니라, 재경험 의도에도 긍정적인 영향을 미친다.

오락적 체험은 소비자에게 즐거움과 흥미를 제공함으로써 브랜드와의 감성적 연결을 강화한다. 전통주 체험 이벤트는 소비자가 직접 참여하고 즐길 수 있는 다양한 활동을 포함한다. 예를 들어, 전통주 만들기 체험이나 요리 교실을 통해 소비자는 전통주와 어울리는 음식을 직접 만들어보며, 브랜드와의 긍정적인 감정을 형성할 수 있다. 이러한 오락적 체험은 소비자에게 기억에 남는 경험을 제공하며, 브랜드에 대한 호감도를 높이는 데 기여한다. 또한, 체험 활동을 통해 소비자는 전통주를 더욱 흥미롭게 느끼게 되며, 이는 자연스럽게 재경험 의도로 이어진다. 참여 유도형 이벤트는 소비자가 브랜드와 적극적으로 상호작용하게 만들며, 이는 브랜드 충성도를 높이는 중요한 요소로 작용한다.

심미적 체험은 전통주의 전통적 감성과 자연 환경의 아름다움을 강조하여 소비자에게 시각적 만족감을 제공한다. 전통주의 포장 디자인, 양조장의 분위기, 그리고 제품이 제공되는 환경은 소비자의 감성에 직접적으로 호소한다. 예를 들어, 전통적인 도자기 병에 담긴 전통주는 그 자체로 고풍스러운 아름다움을 지니며, 소비자에게 시각적 즐거움을 선사한다. 또한, 자연 친화적인 양조장 환경은 소비자에게 편안함과 신뢰감을 주어 브랜드 이미지 강화를 돕는다. 이러한 심미적 요소는 소비자가 전통주를 단순히 마시는 음료가 아닌, 문화와 자연을 담은 예술 작품으로 인식하게 만들며, 이는 브랜드 충성도와 재경험 의도를 높이는 데 중요한 역할을 한다.

결론적으로, 전통주의 체험 요소는 교육적, 오락적, 심미적 측면에서 소비자에게 다양한 경험을 제공함으로써 구매 의도와 재경험 의도를 강화한다. 이러한 체험 요소는 소비자와의 깊은 정서적 연결을 형성하고, 브랜드에 대한 신뢰와 충성도를 높이는 데 필수적인 요소로 작용한다. 전통주 제조업체들은 이러한 체험적 가치를 적극 활용하여 소비자 만족도를 높이고, 지속 가능한 성장과 시장 확대를 도모해야 할 것이다.

전통주의 체험 마케팅과 제조업체의 도전 과제

전통주의 체험 마케팅은 소비자에게 단순한 제품 판매를 넘어 깊이 있는 경험을 제공함으로써 브랜드 충성도와 재구매 의도를 높이는 강력한 전략이다. 그러나 이러한 마케팅 전략을 성공적으로 구현하기 위해서는 제조업체 측면에서 다양한 도전 과제가 존재한다. 특히, 제조업체는 생산 활동 외에도 마케팅 활동을 병행해야 하는 부담을 안고 있으며, 이는 운영상의 복잡성을 증가시킨다.

첫째, 체험 마케팅은 다양한 이벤트와 체험 프로그램을 기획하고 운영하는 것을 필요로 한다. 이는 제조업체가 기존의 생산 및 유통 업무 외에 추가적인 인력과 자원을 투입해야 함을 의미한다. 예를 들어, 양조장 투어나 전통주 만들기 체험 프로그램을 운영하려면, 전문 인력의 배치, 체험 공간의 확보, 참가자 관리 등 다방면에서의 준비가 필요하다. 이러한 추가적인 업무는 제조업체의 운영 효율성을 저해할 수 있으며, 특히 중소 규모의 제조업체에게는 큰 부담으로 작용할 수 있다.

둘째, 마케팅 전문성의 부족은 또 다른 주요 문제이다. 전통주 제조업체는 주로 제품 개발과 생산에 집중하는 경향이 있으며, 마케팅 전략 수립과 실행에 필요한 전문 지식과 경험이 부족할 수 있다. 체험 마케팅을 효과적으로 운영하기 위해서는 소비자 심리 이해, 이벤트 기획, 디지털 마케팅 활용 등 다양한 마케팅 역량이 요구된다. 이에 따라, 제조업체는 외부 마케팅 전문가와의 협업을 고려하거나 내부 인력을 재교육하여 마케팅 능력을 강화해야 할 필요가 있다.

셋째, 체험 마케팅은 지속적인 투자와 관리가 필요하다. 초기 체험 이벤트는 큰 관심을 받을 수 있지만, 이를 지속적으로 유지하고 발전시키기 위해서는 꾸준한 자금 투입과 체험 내용의 혁신이 요구된다. 이는 제조업체에게 재정적 부담을 가중시킬 수 있으며, 장기적인 마케팅 전략 수립이 필요함을 의미한다. 특히, 체험 마케팅의 효과를 지속적으로 평가하고 개선하기 위한 데이터 분석과 피드백 시스템 구축도 중요한 과제로 떠오른다.

넷째, 제조업체는 마케팅과 운영 간의 균형을 유지해야 한다. 생산과 마케팅 활동을 동시에 수행하다 보면 두 가지 업무 간의 우선순위 조정이 어려워질 수 있다. 이는 제품의 품질 유지와 마케팅 활동 간의 충돌을 초래할 수 있으며, 궁극적으로는 브랜드 이미지에 부정적인 영향을 미칠 위험이 있다. 따라서, 제조업체는 효율적인 업무 분담과 체계적인 관리 시스템을 통해 두 가지 활동을 조화롭게 운영할 수 있는 방안을 모색해야 한다.

이러한 도전 과제를 극복하기 위해 제조업체는 몇 가지 전략적 접근을 고려할 수 있다. 첫째, 마케팅 파트너십을 통해 외부 전문가의 도움을 받는 것이다. 전문 마케팅 대행사나 이벤트 기획사와의 협업은 체험 마케팅의 효율성을 높이고, 제조업체의 부담을 줄이는 데 도움이 된다. 둘째, 내부 마케팅 팀을 강화하여 지속적인 교육과 역량 개발을 지원하는 것이다. 이는 장기적으로 제조업체가 자립적으로 마케팅 전략을 수립하고 실행할 수 있는 기반을 마련한다. 셋째, 디지털 플랫폼을 적극 활용하여 체험 마케팅의 비용 효율성을 높일 수 있다. 온라인 체험 이벤트나 가상 투어 등을 통해 물리적 공간과 인력의 제약을 최소화하면서도 소비자와의 소통을 강화할 수 있다.

전통주 제조업체의 현실적 마케팅 방안

전통주는 체험 마케팅을 통해 소비자들의 관심을 끌고 브랜드 충성도를 높일 수 있는 강력한 잠재력을 가지고 있다. 그러나 이러한 성과를 지속 가능하게 유지하고, 시장에서의 경쟁력을 강화하기 위해서는 안정적이고 효율적인 유통 채널이 필수적이다. 유통 채널을 지원하기 위해서는 추가적인 유통비용과 프로모션비용이 발생하며, 이는 가격 전략에 직접적인 영향을 미친다. 이에 따라, 전통주 제조업체는 체험 마케팅과 유통 전략을 통합적으로 고려한 마케팅 방안을 수립해야 한다.

먼저 지역 소매점 및 전문 매장과의 협력이 필요하다. 전통주는 대형 마트보다는 지역 소매점, 전통주 전문 매장, 농산물 직거래 장터 등에서 더 높은 인지도를 가질 수 있다. 이러한 소규모 유통 채널과의 협력을 강화함으로써 유통비용을 절감하고, 소비자와의 직접적인 소통을 유지할 수 있다. 예를 들어, 지역 특산물 축제나 농산물 직거래 장터에서 전통주를 판매함으로써 브랜드 인지도를 높이고, 직접적인 피드백을 받을 수 있다.

디지털 전환이 가속화된 현재, 온라인 유통 채널을 적극 활용하는 것도 중요하다. 전통주 제조업체는 자사 웹사이트뿐만 아니라, 쿠팡, 스마트스토어과 같은 대형 온라인 마켓플레이스와의 제휴를 통해 유통 범위를 확장할 수 있다. 또한, 자체 전자상거래 플랫폼을 구축하여 소비자에게 직접 판매하는 D2C(Direct-to-Consumer)

모델을 도입하면 유통비용을 절감하고, 소비자 데이터를 직접 확보할 수 있다.

프로모션 전략은 체험 마케팅 이벤트와 연계해서 소비자의 참여를 유도할 수 있다. 예를 들어, 체험 이벤트 참가자에게 할인 쿠폰이나 한정판 제품을 제공함으로써 재구매를 유도할 수 있다. 또한, 체험 이벤트에서 수집한 소비자 데이터를 활용하여 맞춤형 프로모션을 진행하면 더욱 높은 효과를 기대할 수 있다.

가격 전략 측면에서는 전통주의 체험 마케팅을 통해 소비자에게 전달된 교육적, 오락적, 심미적 가치를 반영하여 가격을 설정해야 한다. 단순한 비용 회수를 넘어서, 소비자가 경험한 가치를 기반으로 한 가격 정책을 수립함으로써 높은 가격에도 불구하고 소비자의 만족도와 충성도를 유지할 수 있다. 또한 기본 제품과 프리미엄 제품을 구분하여 다양한 가격대를 제공함으로써 다양한 소비자층을 공략하는 것도 필요하다. 예를 들어, 일반 전통주 외에도 특별한 숙성 과정을 거친 프리미엄 전통주를 출시하여 고가 시장을 타겟팅할 수 있다. 이는 브랜드의 고급 이미지를 강화하고, 높은 마진을 확보하는 데 도움이 된다.

이러한 통합적인 접근은 전통주가 단순한 술이 아닌, 경험하고 느끼는 문화로 자리매김하는 데 중요한 역할을 할 것이다.

소리와 색은 매출 증대에 어떠한 영향을 미치는가?

- 저   자 : 최영삼 박사 (choi1473@nate.com)
- 소   속 : 아이템백, 프리랜서
- 연구논문 : 소리의 특성과 색이 제품 관여도와 구매욕과 집중력에 미치는 영향
- IT 융합 기술 분야에서 30년 이상의 경험을 보유하고 있으며, 150개 이상의 융합 개발 프로젝트를 성공적으로 이끌어 왔다. 큰사람컴퓨터, 조은넷, 아이네트, 하이네트(주)의 대표이사로서 다양한 프로젝트를 진행하며 성공과 실패를 경험하였다. 실패를 바탕으로 다시 도약하기위해 강의와 프로젝트 매니저로 기업 지원에 힘쓰고 있다.

마케팅 활동에서 감성적 자극을 통해 소비자의 구매 욕구를 유도하는 전략이 중요해지고 있다. 특히, 소리와 색은 소비자의 감정을 자극하고 행동에 영향을 미치는 강력한 요소다. 소리는 소비자의 무의식에 작용해 안정감을 주거나 긴장감을 유도하며, 색은 제품의 이미지를 직관적으로 형성한다. 소리와 색의 조합은 이러한 감각적 요소를 더욱 강화하며, 제품 관여도, 구매 욕구, 집중력에 중요한 영향을 미칠 수 있다.

이에 저자(최영삼 박사)는 소리의 특성과 색이 제품 관여도, 구매 욕구, 집중력에 미치는 영향을 실증적으로 분석하고, 특히 소리와 색의 조화가 소비자의 감성 변화와 행동에 어떻게 작용하는지를 규명했다. 이를 통해 감성 마케팅의 효과를 극대화할 수 있는 전략적 방향을 제안했다.

소리는 시각보다 더 깊이 우리의 감정에 영향을 준다. 느린 음악은 안정감을 주고, 빠른 음악은 활기를 더해준다. 색은 제품의 첫인상을 형성하며, 고객의 구매 의사결정에 큰 역할을 한다. 소리와 색이 조화를 이루면 소비자는 더 긍정적으로 제품을 인식하고, 구매 욕구가 생긴다.

결론적으로 저자는 소리와 색은 소비자의 감정을 자극하고, 구매 욕구를 높이는 중요한 역할을 한다는 것을 밝혀냈다. 기업이 소리와 색의 조합을 효과적으로 활용하면, 소비자의 주목을 끌고 매출을 증대시킬 수 있을 것이다.

소리와 색이 매출 증대에 미치는 영향

소리와 색을 활용한 감성 마케팅

감성 마케팅은 소비자의 감정을 자극해 구매 행동을 유도하는 전략으로, 소리와 색과 같은 감각적 요소는 그 중심에 있다. 현대 소비자는 단순한 제품 특성을 넘어서 감각적 경험을 중요시하며, 이는 매출 증대로 직결된다. 예를 들어, 매장 내에서 느린 음악을 틀면 고객에게 안정감과 편안함을 전달해 긴장을 완화시키고, 이는 구매 결정 과정에서 긍정적인 영향을 미친다. 반대로, 밝고 빠른 음악은 활기를 더해 주의를 집중시키고 즉흥적인 구매를 촉진할 수 있다.

색상 역시 강력한 심리적 효과를 지닌다. 제품의 포장이나 매장 인테리어에 사용하는 색상은 소비자에게 브랜드 이미지를 직관적으로 전달하고 감정 상태를 변화시킨다. 예를 들어, 녹색이나 파란색 계열은 신뢰감과 안정감을 주어 소비자가 제품을 선택할 때 긍정적인 영향을 미칠 수 있다. 반면, 강렬한 빨강이나 노랑은 즉각적인 주목을 끌어내 충동 구매를 유도할 수 있다.

소리와 색의 조합은 각 요소의 개별 효과를 증대시키며, 소비자의 제품 관여도와 집중력을 높여준다. 한 패션 매장은 매장 내외부 디자인에 일관된 컬러 테마와 음악을 적용해 브랜드 이미지를 강화하고, 고객들이 오래 머무르며 구매로 이어지도록 유도한 사례가 있다. 이러한 환경은 고객이 자연스럽게 제품에 몰입하게 만들고, 긍정적인 소비 경험을 형성해 브랜드에 대한 충성도를 높인다.

결국, 소리와 색을 활용한 감성 마케팅은 소비자의 무의식에 작용해 긍정적인 감정을 불러일으키고, 이는 구매 욕구와 직결된다. 기업들은 이러한 감각적 요소를 체계적으로 분석하고 전략적으로 활용해 브랜드 이미지를 강화하며, 매출 증대에 기여할 수 있다. 디지털 기술과 데이터 분석을 통해 고객 반응을 실시간으로 파악하고 최적의 소리와 색 조합을 찾아내는 접근은 앞으로의 마케팅에서 더욱 중요해질 전망이다.

소리와 색이 소비자 심리에 미치는 영향

소비자의 감정과 구매 의사결정에는 소리와 색상이 강력한 심리적 영향을 미친다. 음악의 템포와 리듬, 그리고 색상의 선택은 무의식적으로 소비자의 감정을 자극해 구매 행동에 영향을 줄 수 있다.

느린 음악은 일반적으로 안정감과 편안함을 제공한다. 상점에서 배경음악으로 부드러운 멜로디를 틀면 고객은 편안한 분위기에서 상품을 둘러볼 수 있으며, 이는 구매 결정에 긍정적인 영향을 끼친다. 예를 들어, 고급 화장품 매장에서 잔잔한 클래식 음악을 틀었을 때 소비자들은 제품의 고급스러움을 더 느끼고, 신뢰를 갖게 되는 경우가 많다. 반대로, 빠른 템포의 음악은 에너지를 불어넣어 소비자의 주의를 끌고, 즉흥적인 구매를 유도하는 경향이 있다. 이를 활용해 세일이나 이벤트 시즌에 신나는 음악을 틀면 소비자들의 구매 욕구를 자극하는 데 효과적이다.

색상은 제품 이미지 형성과 첫인상에 직접적인 영향을 준다. 특정 색상은 감정적으로 특정 반응을 유발하는데, 예를 들어 파란색은 신뢰감과 안정감을 주며, 빨간색은 열정과 긴박감을 전달한다. 한 연구에 따르면, 소비자는 특정 색상의 포장이나 인테리어를 보고 제품의 품질이나 브랜드 이미지를 직관적으로 평가하는 경향이 있다. 실제로, 친환경 제품들은 주로 녹색 계열의 색상을 사용해 자연 친화적 이미지를 강화하는데, 이는 소비자들에게 제품의 지속 가능성과 안전성을 암시하며 긍정적인 인상을 남긴다.

이처럼 소리와 색은 브랜드 환경 설정에 있어 중요한 도구다. 기업은 매장, 광고, 온라인 플랫폼 등 다양한 접점에서 적절한 음악과 색상을 조화롭게 사용해 소비자의 감정을 자극하고, 제품에 대한 긍정적인 이미지를 형성할 수 있다. 이는 단순한 기능적 요소를 넘어 감성적 연결을 통해 고객의 구매 욕구를 높이고, 결과적으로 매출 증대로 이어진다.

또한, 최신 기술을 활용해 소비자의 반응을 실시간으로 분석함으로써 최적의 소리와 색 조합을 찾아낼 수 있다. AI 기반의 분석 도구는 특정 시간대나 상황에 맞춰 음악과 색상을 조정해 고객 경험을 더욱 개인화하고, 소비자 만족도를 극대화할 수 있는 인사이트를 제공한다. 이러한 전략적 접근은 기업이 변화하는 소비자 심리에 민첩하게 대응하고, 감성 마케팅의 효과를 극대화하는 데 기여할 것이다.

소리와 색 조합의 시너지 효과

소비자 경험에서 소리와 색의 조합은 단순한 감각적 자극을 넘어 깊은 몰입감과 집중력을 유도하는 시너지 효과를 발휘한다. 매장 내 환경이나 광고에서 적절한 색상과 음악을 조화롭게 사용하면 소비자의 감정이 긍정적으로 자극되어 제품이나 서비스에 대한 관심과 참여도가 높아진다. 예를 들어, 한 커피숍은 따뜻한 갈색 계열의 조명과 부드러운 재즈 음악을 결합해 아늑하고 편안한 분위기를 조성했다. 이러한 환경에서 고객들은 더 오랜 시간 머무르며 상품을 탐색하고, 이는 자연스러운 구매 행동으로 이어진다.

소리와 색은 각각 독립적으로도 강력한 영향을 미치지만, 이 두 요소가 결합될 때 그 효과는 배가된다. 연구 결과에 따르면, 시각적 요소인 색상이 소비자의 주의를 끌고 제품 인식을 형성하는 동안, 음악과 같은 청각적 자극은 감정을 자극하고 행동을 유도하는 데 중요한 역할을 한다. 예를 들어, 패션 리테일 매장에서 밝고 생동감 있는 색상과 경쾌한 음악을 동시에 활용하면, 고객들은 제품에 대한 관심이 증대되고 구매 결정을 내릴 가능성이 커진다.

또한, 소비자가 특정 색상과 음악 조합을 통해 편안함이나 흥분을 느끼는 경험은 그 브랜드나 제품에 대한 긍정적인 기억을 형성한다. 이러한 긍정적 기억은 고객 관여도와 브랜드 충성도로 이어질 수 있다. 실제 사례로, 한 글로벌 호텔 체인은 로비에 고요한 클래식 음악과 따뜻한 색조의 인테리어를 결합하여 고객들에게 안정감과 고급스러움을 동시에 전달했고, 이는 고객 만족도와 재방문율 상승에 기여했다.

기업은 이러한 소리와 색의 조화 효과를 최대한 활용하기 위해, 소비자 심리에 대한 깊은 이해를 바탕으로 환경을 설계해야 한다. 디지털 기술을 활용해 다양한 소리와 색 조합을 실험하고, 소비자의 반응을 분석하여 최적의 조합을 찾아내는 것도 중요하다. 이를 통해 기업은 소비자의 주의를 끌고, 제품 관여도를 높여 궁극적으로 매출 증대로 이어질 수 있다.

소리와 색이 매출 증대에 미치는 메커니즘

소리와 색은 소비자의 감성을 자극해 구매 욕구를 유도하는 강력한 도구다. 매장이나 온라인 쇼핑 환경에서 적절한 음악과 컬러 스킴을 조합하면 소비자는 제품이나 서비스에 대한 긍정적 감정을 느끼며, 이는 구매 행동으로 이어진다. 예를 들어, 편안한 클래식 음악과 따뜻한 색조의 인테리어는 고객에게 안정감과 고급스러움을 전달해 제품에 더 오래 머무르게 하고, 결과적으로 구매 전환율을 높인다.

이러한 감성적 자극은 제품 관여도를 향상시킨다. 소비자가 소리와 색의 조화로운 환경 속에서 제품을 탐색할 때, 집중력과 몰입도가 높아져 제품에 대한 관심이 커진다. 실제로, 한 글로벌 패션 브랜드는 매장 내 밝고 생동감 있는 색상과 경쾌한 음악을 통해 고객의 체류 시간을 늘리고, 이는 매출 상승으로 직결됐다. 고객은 제품을 단순히 구매하는 것을 넘어서, 그 과정에서 느끼는 즐거움과 만족감을 통해 브랜드에 대한 애착을 형성하게 된다.

또한, 디지털 환경에서도 소리와 색은 중요한 역할을 한다. 온라인 쇼핑몰이나 앱에서 고품질의 시각·청각적 콘텐츠를 제공하면 소비자는 제품에 대한 깊은 관심을 갖게 되고, 이는 구매 의사로 이어진다. 예를 들어, 뷰티 브랜드가 제품 사용법을 소개하는 동영상에서 부드러운 배경음악과 조화로운 색조를 활용해 시청자에게 편안하고 신뢰감을 주는 방식은 제품 관여도를 높이고 구매 전환율을 증대시키는 전략으로 효과를 발휘했다.

이처럼 소리와 색의 감성적 자극은 소비자의 주의를 끌고, 제품에 대한 깊은 관심과 긍정적 경험을 유도해 매출 증대에 기여한다. 기업은 소비자 심리를 고려해 최적의 소리와 색 조합을 적용함으로써, 브랜드 이미지 강화와 함께 높은 구매 전환율을 달성할 수 있다.

디지털 환경에서의 감성 마케팅 전략은?

현대 디지털 플랫폼은 소리와 색을 활용한 혁신적인 마케팅 캠페인을 전개할 수 있는 강력한 도구다. 기업들은 SNS, 웹사이트, 모바일 앱 등 다양한 채널에서 감각적 요소를 적극적으로 도입해 고객의 감성을 자극하고 있다. 예를 들어, 한 글로벌 뷰티 브랜드는 인스타그램 스토리와 유튜브 동영상을 통해 부드러운 배경음악과 조화로운 색상의 비주얼을 결합, 제품 사용 시 느낄 수 있는 감각적 경험을 생생하게 전달했다. 이러한 전략은 소비자에게 브랜드와 제품에 대한 긍정적 이미지를 심어주며, 구매 의사결정에 큰 영향을 미친다.

또한, 디지털 플랫폼은 개인화된 콘텐츠와 시각·청각 요소를 통합 활용할 수 있는 환경을 제공한다. AI 기술을 통해 소비자의 과거 행동과 선호도를 분석하여 맞춤형 영상 콘텐츠를 제공하는 사례가 증가하고 있다. 예컨대, 온라인 쇼핑몰에서는 특정 고객이 관심을 가질 만한 제품을 추천하면서, 해당 제품을 사용하는 모습을 담은 동영상이나 애니메이션에 브랜드 고유의 색상과 음악을 적용해 감성적 연결을 강화한다. 이처럼 개인화된 콘텐츠는 소비자에게 더욱 몰입감 있는 경험을 제공하고, 브랜드에 대한 충성도를 높이는 데 기여한다.

앞으로의 감성 마케팅은 더욱 정교해질 전망이다. 가상현실(VR)이나 증강현실(AR) 기술을 도입해 소비자가 제품을 체험하는 과정을 시각적, 청각적으로 강화할 수 있으며, 실시간 데이터 분석을 통해 고객 반응을 즉각적으로 반영하는 맞춤형 캠페인이 가능해진다. 그러나 이러한 발전에는 몇 가지 도전 과제도 존재한다. 개인정보 보호와 데이터 보안 문제, 그리고 과도한 감성 자극이 소비자에게 피로감을 줄 위험 등이 그것이다. 따라서 기업은 윤리적 기준을 준수하면서도 창의적인 감성 마케팅 전략을 개발해야 한다.

결국, 디지털 시대의 감성 마케팅은 소리와 색을 비롯한 감각적 요소를 통해 소비자와의 정서적 유대를 강화하고, 개인화된 경험을 제공함으로써 매출 증대와 브랜드 충성도 향상에 기여하는 전략적 수단이 될 것이다.

문화 마케팅은 브랜드 충성도에 어떠한 영향을 미치는가?

- 저　　자 : 배서현 박사 (bellasely@naver.com)
- 소　　속 : 문화공감에듀 대표
- 연구논문 : 문화마케팅이 로컬기업이미지 및 브랜드충성도에 미치는 영향(정주의식의 조절효과)
- 창업학석사, 경영학박사를 취득하고, (전)대전대, 한남대, 한서대, 배재대에서 강의했고, (현)신성대, 유원대, 김천대, 대전과기대에서 창업, 경영관련 과목 강의를 하면서 젊은 친구들과 소통을 이어가고 있으며, 중소벤처기업부 창업진흥원 QFD프로그램을 통해 창업기업 제품개선을 위한 전문코치로 활동하고 있다. 또한, 기업경영컨설팅과 창업멘토링을 하면서 필드에서의 경험으로 신성대학교에서 겸임교수로 재직하고 있으며, 시인(아날로그적 감성이 필요할 때, 다시 사랑), 여행작가로 활동하고 있다.

제품의 기능과 성능만으로 소비자를 만족시키는 데 한계가 있으며, 기업들은 새로운 마케팅 전략을 모색해야 하는 시점에 있다. 특히, 문화의 중요성이 부각되면서 기업들은 문화마케팅을 통해 소비자의 감성을 자극하고, 로컬기업의 이미지와 브랜드 충성도를 강화하려는 노력을 기울이고 있다.

문화마케팅은 단순히 자선활동이나 사회공헌을 넘어, 기업 이미지를 제고하고 브랜드 가치를 증대시키는 데 중요한 도구로 자리 잡고 있다. 그러나 로컬기업의 경우, 지역사회와의 관계를 고려한 정주의식(지역사회애착, 공동체의식, 지역사회참여 등)의 역할이 브랜드 충성도에 어떻게 영향을 미치는지에 대한 연구는 부족한 실정이다.

이에 저자(배서현 박사)는 문화마케팅이 로컬기업 이미지와 브랜드 충성도에 미치는 영향을 실증적으로 검토하고, 이 과정에서 정주의식이 어떤 조절적 역할을 하는지를 분석했다.

연구 결과 로컬기업은 문화마케팅을 활용하여 지역사회의 정주의식을 강화하고, 이를 통해 브랜드 충성도를 높일 수 있다는 것을 규명했다. 문화 지원 및 연출 활동은 단기적인 매출 증대보다는 장기적인 브랜드 가치 향상을 위한 전략으로 효과적이다.

기업은 문화마케팅을 단순한 광고 도구로 사용하는 것을 넘어, 지역사회와의 연결고리를 강화하는 전략으로 발전시켜야 한다. 이는 ESG(환경, 사회, 지배구조) 경영의 일환으로, 지속 가능한 기업 이미지를 구축하는 데 기여한다.

> 문화 마케팅이 왜 중요한가?

문화마케팅: 로컬기업의 경쟁 우위 확보 전략

문화마케팅은 기업이 제품과 서비스를 단순히 판매하는 것을 넘어, 소비자와 문화적 연계를 형성하여 감성적 가치를 전달하는 전략이다. 현 시대에 소비자들은 단순한 기능적 만족을 넘어서, 자신들의 가치관과 정체성에 부합하는 브랜드를 선호한다. 이에 따라 로컬기업들은 지역 고유의 문화와 스토리를 활용해 소비자와 깊은 정서적 연결을 형성할 수 있다.

예를 들어, 한 지역 전통 공예품 브랜드가 그 지역의 역사와 장인 정신을 강조하며 제품을 소개한다면, 소비자들은 단순히 물건을 사는 것이 아니라 문화적 가치를 경험한다고 느낀다. 이런 경험은 브랜드에 대한 애착과 충성도로 이어져, 가격 경쟁력 이상의 차별화된 경쟁 우위를 제공한다.

로컬기업이 문화마케팅을 성공적으로 활용하면, 지역사회와의 강한 유대감 형성을 통해 고객 기반을 확장할 수 있다. 지역축제 후원, 문화 행사 참여 등은 기업이 지역사회와 함께 성장한다는 메시지를 전달하며 신뢰를 쌓는다. 이러한 정주는 소비자가 지속적으로 해당 브랜드를 선택하게 하는 원동력이 되며, 이는 장기적인 브랜드 충성도와 매출 안정성으로 이어진다.

결국 문화마케팅은 로컬기업에게 단순한 판매 전략이 아니라, 브랜드의 정체성을 강화하고 소비자와의 감성적 연결을 통해 지속 가능한 성장을 이끌어내는 중요한 기회를 제공한다.

문화적 요소를 활용한 브랜드 스토리텔링

문화마케팅 전략은 기업이 제품이나 서비스를 소비자에게 단순히 전달하는 것을 넘어서, 문화적 요소를 통해 브랜드 스토리를 구축하고, 이를 통해 강력한 브랜드 이미지를 형성하는 데 중점을 둔다. 이러한 전략에서는 지역의 전통, 역사, 예술 등을 활용해 브랜드와 소비자 사이에 감성적 연결을 만드는 것이 핵심이다. 예를 들어, 한 지역의 전통 공예품 회사가 자신의 제품을 단순한 상품이 아닌, 그 지역의 오랜 역사와 장인 정신을 담은 문화적 유산으로 포지셔닝한다면, 소비자들은 제품 구매를 통해 그 문화에 동참하는 경험을 하게 된다. 이 과정에서 브랜드 스토리텔링은 소비자에게 제품 이상의 가치를 전달하며, 이는 브랜드에 대한 깊은 인상을 남긴다.

지역문화와 연계한 마케팅 활동은 브랜드 이미지에 긍정적인 영향을 미친다. 특정 지역의 축제, 행사, 전통 예술과 협업하거나 스폰서십을 통해 브랜드가 지역사회에 기여하는 모습을 보여주면, 소비자들은 해당 브랜드를 지역의 일부로 인식하게 된다. 예를 들어, 전통 음식점을 운영하는 기업이 지역 축제에서 전통 음식을 현대적으로 재해석해 선보이고, 축제의 일부로 참여하면서 브랜드 가치를 높이는 사례가 있다. 이와 같이 지역 문화와의 깊은 연계는 브랜드에 대한 소비자의 호감과 신뢰를 증진시키며, 장기적으로는 충성 고객을 늘리는 데 기여한다.

또 다른 사례로, 패션 브랜드가 지역의 전통 문양이나 색상을 제품 디자인에 활용하여 소비자에게 독특하면서도 친숙한 이미지를 전달하는 경우를 들 수 있다. 이는 소비자로 하여금 자신이 속한 문화와 연결된 느낌을 주어 브랜드에 대한 긍정적 감정을 강화시킨다. 나아가, 이러한 문화적 스토리텔링은 온라인과 오프라인 채널을 통해 다각도로 전달되어, 브랜드와 소비자 사이의 교감을 높인다.

이처럼 문화적 요소를 활용한 브랜드 스토리텔링과 지역문화 연계 마케팅은 단순한 광고나 판촉을 넘어, 소비자와의 정서적 유대를 강화하고 브랜드 이미지를 차별화하는 데 중요한 역할을 한다. 기업은 자신만의 독특한 문화적 가치를 찾아내고 이를 소비자와 공유함으로써, 제품에 대한 신뢰와 로열티를 쌓아갈 수 있다. 결과적으로, 이러한 문화마케팅 전략은 브랜드의 지속 가능한 성장을 위한 강력한 도구로 자리매김하며, 소비자에게 깊은 인상을 남기고 장기적인 관계를 구축하는 데 크게 기여한다.

정주의식과 브랜드 충성도

지역사회에 대한 애착과 공동체 의식, 즉 정주의식은 소비자의 구매 행동과 브랜드 충성도에 강력한 영향을 미친다. 소비자는 자신이 속한 지역사회와 긴밀히 연결된 브랜드에 대해 더 큰 신뢰와 선호를 보인다. 예를 들어, 한 지역의 전통시장 내 소상공인이 그 지역의 문화와 역사를 반영한 제품과 서비스를 제공하며 지역 사회 행사에 적극 참여할 때, 소비자들은 그 상점을 단순한 구매처를 넘어 지역의 일원으로서 특별한 가치를 느낀다. 이런 경험은 소비자의 정주심리를 자극해 브랜드에 대한 충성도로 이어진다.

정주의식이 강화되면 소비자는 해당 브랜드와 강한 정서적 유대를 형성하게 된다. 이는 새로운 제품이 나오거나 서비스를 개선할 때, 소비자가 먼저 해당 브랜드를 선택하도록 유도한다. 지역사회와 밀접하게 연계된 브랜드는 고객들의 일상에서 자연스럽게 자리잡으며, 이러한 지속적인 경험은 브랜드에 대한 긍정적인 인식과 함께 높은 재구매 의도로 연결된다. 예를 들어, 지역의 한 커피숍이 지속적으로 지역 축제에 참여하고, 지역 주민들의 의견을 수렴해 메뉴를 개선해온 사례는 고객 충성도를 높이는 데 성공적이었다. 소비자들은 이 커피숍이 단순히 커피를 파는 곳을 넘어, 지역 사회와 함께 성장하는 파트너라고 느낀다.

정주의식과 브랜드 충성도 사이의 메커니즘은 몇 가지로 설명할 수 있다. 첫째, 지역사회 애착은 신뢰 구축에 기여한다. 소비자는 자신이 알고 익숙한 지역 브랜드에 대해 더 높은 신뢰를 가지며, 이는 브랜드 선택에서 중요한 기준이 된다. 둘째, 공동체 의식은 긍정적 입소문과 사회적 증거로 작용한다. 지역 주민들이 특정 브랜드를 지지하고 추천하면, 외부 소비자들도 자연스럽게 관심을 갖게 된다. 예를 들어, 지역 주민들의 강력한 지지를 받는 식당은 그 지역을 방문하는 관광객에게도 좋은 인상을 심어주며, 브랜드 충성도 형성에 기여한다.

또한, 정주의식은 단순한 충성도를 넘어 브랜드와 소비자 간의 지속적인 관계를 촉진한다. 소비자는 지역 사회와의 유대를 통해 브랜드와의 관계를 장기적으로 유지하려는 경향이 있으며, 이는 높은 재구매율과 브랜드 옹호로 이어진다. 기업은 이러한 소비자 심리를 이해하고, 지역사회와의 강한 연결고리를 만들어내는 마케팅 전략을 수립해야 한다. 문화 행사 후원, 지역 특산품 활용, 지역사회 참여 프로그램 등은 소비자의 정주심리를 강화하고, 브랜드 충성도를 높이는 효과적인 방법이다.

지속 가능한 브랜드 가치 향상을 위한 전략적 접근

문화마케팅은 단기적인 매출 증가에만 집중하는 것이 아니라, 장기적인 브랜드 가치 향상을 목표로 하는 전략적 접근 방식이다. 기업이 문화적 가치를 브랜드와 결합하여 소비자와의 깊은 정서적 연결을 구축하면, 이는 단발적인 판매를 넘어 지속 가능한 관계를 형성하고 브랜드 충성도를 높이는 기반이 된다.

단기적인 판매 증대를 위해 문화마케팅을 활용하는 기업들이 많지만, 지속 가능한 전략은 소비자 경험과 브랜드 이미지를 장기적으로 강화하는 데 초점을 맞춘다. 예를 들어, 어느 지역의 화장품 브랜드가 단순히 제품을 판매하는 데 그치지 않고, 지역 전통과 아름다움을 담은 스토리텔링을 통해 브랜드 정체성을 구축했다고 가정해보자. 이 브랜드는 지역 축제와 연계한 이벤트, 전통예술 후원, 지역 사회 참여 등의 활동을 펼치며 소비자와의 감성적 유대를 강화했다. 이러한 노력은 초기에는 매출 상승으로 이어질 수 있지만, 더 중요한 것은 소비자들이 브랜드를 단순한 상품 판매자가 아닌, 자신이 속한 문화와 연결된 의미 있는 존재로 인식하게 만든다는 점이다.

문화마케팅을 지속 가능한 전략으로 발전시키기 위해서는 몇 가지 핵심 요소를 고려해야 한다. 첫째, 일관성과 진정성이 중요하다. 브랜드가 문화적 요소를 활용할 때 그 내용이 진정성 없이 표면적이거나 단순한 유행을 따른다면 소비자는 이를 쉽게 간파하고 오히려 부정적인 반응을 보일 수 있다. 따라서 기업은 자신만의 고유한 문화적 스토리를 개발하고, 이를 지속적으로 유지하며 발전시켜 나가야 한다. 지역사회와의 긴밀한 협력을 통해 지역의 특색을 진정성 있게 반영하는 마케팅 활동은 브랜드의 차별성을 강화하고, 소비자에게 깊은 인상을 남긴다.

둘째, 고객 참여를 유도하는 것이 중요하다. 소비자가 단순히 브랜드 메시지를 수동적으로 받아들이는 것을 넘어서, 직접 참여하고 경험할 수 있는 프로그램이나 이벤트를 제공하면, 그 과정에서 브랜드와의 감정적 유대가 강화된다. 예를 들어, 특정 패션 브랜드가 지역 전통 문화와 현대 디자인을 결합한 워크숍을 개최해 소비자가 직접 제품을 체험하고 창작에 참여하도록 유도했다고 하자. 이런 경험은 소비자에게 브랜드에 대한 긍정적 기억을 심어주고, 나아가 지속적인 관계 형성으로 이어진다.

셋째, ESG 경영과 연계된 문화마케팅 전략이 주목받고 있다. 환경, 사회, 지배구조 측면에서 책임 있는 경영을 실천하는 기업은 소비자들로부터 더 큰 호응을 얻는다. 문화마케팅은 지역사회와의 유대를 강화하는 데 효과적이며, 이는 기업의 사회적 책임을 보여주는 한 방법이기도 하다. 예를 들어, 지역 예술가와 협력해 지속 가능한 소재를 사용한 제품을 디자인하고, 그 수익 일부를 지역사회에 환원하는 활동은 브랜드 이미지를 긍정적으로 형성하는 데 도움이 된다.

또한, 디지털 시대에는 데이터 분석과 인공지능을 활용한 개인화된 문화마케팅 전략도 중요한 역할을 한다. 소비자들의 문화적 선호도와 행동 패턴을 분석해 맞춤형 콘텐츠를 제공하면, 소비자는 자신에게 관련성 높은 문화적 경험을 접할 수 있다. 이 과정에서 기업은 소비자의 피드백을 실시간으로 반영하며, 변화하는 트렌드에 민첩하게 대응할 수 있다. 예를 들어, SNS를 통해 문화적 이벤트나 프로모션을 진행하면서 소비자 반응을 모니터링하고, 이를 바탕으로 전략을 조정하는 방식은 지속 가능한 마케팅의 좋은 사례가 된다.

문화마케팅을 통한 브랜드 충성도 강화

문화마케팅은 브랜드 충성도를 높이는 강력한 도구다. 기업은 지역사회와의 진정성 있는 연계를 통해 소비자 감성을 자극하고, 일관된 문화적 스토리텔링을 전개해야 한다. 예를 들어, 지역 예술가와 협업한 제품 출시나 커뮤니티 행사 참여는 소비자에게 특별한 경험을 제공한다. 앞으로는 디지털 기술을 접목해 개인화된 문화 콘텐츠를 제공하면서 ESG 경영을 강조하는 전략이 중요하다. 이러한 접근은 단순한 판매 촉진을 넘어, 소비자와의 장기적 신뢰 구축과 지속 가능한 브랜드 성장을 이끌어낼 것이다.

문화마케팅을 통한 접근은 기업이 단순히 제품을 판매하는 것을 넘어, 소비자와의 정서적 연결고리를 형성하고 심층적인 브랜드 경험을 제공하는 방향으로 나아가야 한다. 기업은 지역사회와 협력하여 문화적 가치를 지속적으로 발굴하고, 이를 토대로 독특한 브랜드 아이덴티티를 구축함으로써 경쟁력 있는 차별화를 이룰 수 있다. 이러한 전략적 노력은 장기적으로 소비자의 충성도를 높이고, 변화하는 시장 환경 속에서도 안정적인 성장을 지속시킬 수 있는 밑거름이 될 것이다.

외식기업의 문화 마케팅 활동과 브랜드 자산에 관한 연구

- 저   자 : 이영미 박사 (leeym2200@naver.com)
- 소   속 : (주) 나인에프앤비 대표이사
- 연구논문 : 외식기업의 문화 마케팅 활동과 브랜드 자산, 관계 지속의도와의 구조 관계 연구
- 다국적 가전기업 Philland의 on-off line 전문딜러인 ㈜필랜드에서 마케팅 관리실무를 20여년동안 하였고, 세계 제일의 식품회사 Nestle의 e-commerce 딜러사인 (주)나인에프앤비를 설립하여 e-commerce 업체을 직접 경영하면서 on-off line의 마케팅 차이점과, 유통업계의 장래비젼, e-commerce 업체의 미래 Position, 그리고 외식기업의 문화 마케팅 활동과, 외식기업의 on-line 미케팅의 영향 등 다양한 연구활동을 하였다. 또한 다양한 실무경험을 토대로 대전대학교, 대전대학교 평생교육원에서 겸임교수 활동을 하였다.

소비자는 단순히 제품이나 서비스를 소비하는 것을 넘어, 기업이 제공하는 문화적 가치와 경험에 주목하고 있다. 특히 외식산업은 이러한 변화에 민감하게 반응해야 하는 분야로, 고객의 감성과 정서를 자극하는 문화마케팅이 외식기업의 경쟁력을 강화하는 중요한 전략으로 부각되고 있다.

문화마케팅은 외식기업이 단순히 음식을 판매하는 것을 넘어, 브랜드에 문화를 결합하여 고객과의 정서적 유대감을 강화하고, 고객 충성도를 높이는 도구로 활용된다. 그러나 문화마케팅이 브랜드 자산(인지도, 이미지, 충성도)과 고객의 관계 지속의도에 미치는 영향에 대한 체계적 연구는 부족한 실정이다.

이에 저자(이영미 박사)는 외식기업의 문화마케팅 활동이 브랜드 자산(인지도, 이미지, 충성도)과 관계 지속의도에 미치는 영향을 분석하고, 이를 통해 외식기업이 효과적으로 문화마케팅을 활용할 수 있는 전략적 시사점을 제시했다.

외식기업은 고객과의 관계를 강화하기 위해 문화적 요소를 마케팅 전략에 적극적으로 포함해야 한다. 문화마케팅은 단기적인 매출 증대뿐 아니라, 브랜드 자산과 장기적인 고객 관계 형성에도 기여한다. 문화마케팅은 외식기업이 단순한 음식을 넘어, 고객과의 정서적 유대감을 강화하고 브랜드 가치를 높이는 강력한 도구이다.

외식산업의 새로운 기회, 문화 마케팅

외식산업의 새로운 기회

소비자들은 이제 단순히 음식을 소비하는 것을 넘어서, 그 경험 속에서 문화적 가치를 찾고 감성적 유대를 형성하려는 경향을 보인다. 이러한 변화된 소비자 심리는 외식기업에게 새로운 마케팅 기회를 제공한다. 문화마케팅은 기업이 자신만의 독특한 문화와 지역적 정체성을 소비자에게 전달하여 차별화된 경험을 제공하는 전략이다. 이는 제품의 기능적 가치뿐만 아니라, 그 제품을 통해 느낄 수 있는 문화적, 정서적 가치를 강조함으로써 고객의 충성도를 높이는 데 큰 역할을 한다.

현대 외식산업은 빠르게 변화하는 소비 환경 속에서 경쟁력을 유지하기 위해 문화적 접근이 필수적이다. 예를 들어, 서울의 한 전통 음식점이 단순히 음식을 판매하는 것에 그치지 않고, 지역 문화와 역사를 체험할 수 있는 공간을 조성해 고객에게 특별한 경험을 제공하는 사례가 있다. 이러한 시도는 단기적인 매출 증대를 넘어, 소비자와의 깊은 정서적 연결을 형성하고 브랜드에 대한 충성도를 높인다.

외식기업이 직면한 환경은 디지털 전환과 경쟁 심화로 특징지어진다. 다양한 음식점이 온라인 플랫폼과 SNS를 통해 문화적 스토리텔링을 펼치면서 고객과 소통하고 있는데, 이는 소비자가 단순한 상품이 아닌, 그 속에 담긴 이야기와 가치를 구매하도록 만든다. 문화마케팅은 지역 사회와 협력해 지역 특색을 반영한 이벤트나 프로모션을 진행함으로써, 소비자들에게 친근감과 신뢰를 쌓는 데 기여한다.

또한, 문화적 접근은 지속 가능한 브랜드 이미지를 구축하는 데도 도움이 된다. 소비자들은 사회적 책임과 지역사회에 대한 공헌을 중요하게 여기며, 이러한 가치를 실천하는 브랜드에 더 높은 충성도를 보인다. 따라서 외식기업은 문화마케팅을 통해 단순한 판매 촉진을 넘어서, 고객과의 장기적 관계를 강화하고 브랜드 자산을 쌓아가는 전략을 모색해야 한다. 이는 변화하는 시장에서 외식기업이 경쟁력을 유지하고 지속 가능한 성장을 이루는 데 핵심적인 전략적 방향을 제시한다.

문화적 요소와 지역사회 연계

문화마케팅은 기업이 제품이나 서비스를 단순히 판매하는 것을 넘어서, 고유의 문화적 가치를 통해 브랜드를 차별화하고 인지도를 높이는 전략이다. 특히 외식기업은 음식 자체뿐 아니라 그 음식과 관련된 문화와 스토리를 소비자에게 전달함으로써 경쟁 우위를 확보할 수 있다.

문화적 요소를 활용한 차별화 전략은 브랜드만의 독특한 정체성을 형성하는 데 기여한다. 예를 들어, 한 지역의 전통 요리점을 운영하는 기업이 그 지역의 역사와 전통을 강조하며 음식을 제공하면, 소비자들은 단순한 식사가 아닌 문화적 경험을 즐기게 된다. 이 과정에서 기업은 전통적 조리법, 지역 특산물을 사용한 메뉴 개발, 전통적인 인테리어 등을 통해 브랜드만의 독창적 이미지를 구축한다. 이러한 차별화는 경쟁이 치열한 외식 시장에서 소비자가 특정 브랜드를 기억하고 선택하도록 만드는 강력한 요소가 된다.

지역사회와의 연계를 강화하는 것도 브랜드 인지도 상승에 중요한 역할을 한다. 지역 축제, 문화 행사, 사회공헌 활동 등에 적극 참여함으로써 브랜드는 지역사회 구성원에게 친숙하게 다가갈 수 있다. 예를 들어, 서울의 한 카페 체인이 지역 문화 축제에 참여해 자체 브랜드를 알리고, 축제와 연계된 한정 메뉴를 선보였다. 이를 통해 해당 카페는 지역 주민들 사이에서 긍정적인 입소문을 타고, 브랜드 인지도를 높이는 데 성공했다. 이러한 활동은 단순한 광고 효과를 넘어, 지역사회와의 정서적 유대를 강화해 장기적인 고객 충성도로 이어진다.

소비자는 자신의 정체성과 가치관을 반영하는 브랜드에 더 큰 호감을 갖는다. 따라서 기업은 문화적 콘텐츠를 통해 소비자가 공감할 수 있는 스토리를 전달해야 한다. 현대 디지털 미디어를 활용해 SNS, 블로그, 영상 플랫폼 등에 문화적 요소를 담은 콘텐츠를 지속적으로 제공하면, 소비자는 브랜드와의 정서적 연결을 느끼며 자연스럽게 브랜드를 기억하게 된다. 이러한 경험은 브랜드 인지도를 높일 뿐만 아니라, 소비자의 구매 결정에도 긍정적인 영향을 미친다.

문화적 경험을 통한 브랜드 이미지 및 충성도 강화

문화마케팅은 외식기업이 소비자와 깊은 감성적 유대를 형성하고, 이를 통해 브랜드 이미지와 충성도를 강화하는 중요한 전략이다. 단순히 음식을 제공하는 것을 넘어, 고객에게 독특한 문화적 경험을 제공함으로써 그들의 감성을 자극한다. 예를 들어, 전통 음악 공연과 함께하는 식사 이벤트는 소비자에게 단순한 식사 이상의 의미를 부여하며, 기억에 남는 경험을 선사한다. 이러한 문화적 경험은 소비자가 브랜드를 긍정적으로 인식하게 하고, 브랜드 이미지에 깊은 인상을 남긴다.

또한, 문화마케팅은 고객과의 정서적 유대를 형성하여 브랜드 충성도를 높이는 데 기여한다. 고객은 자신과 공감할 수 있는 문화적 요소를 제공하는 브랜드에 대해 더 큰 애착을 느끼며, 이는 반복 구매와 긍정적인 입소문으로 이어진다. 예를 들어, 한 외식기업이 지역 축제와 연계한 메뉴를 개발하고, 그 지역의 전통 문화를 반영한 인테리어를 조성하면, 지역 주민들은 그 브랜드를 단순한 음식점이 아닌, 자신의 문화와 연관된 특별한 장소로 인식하게 된다. 이러한 정서적 유대는 소비자가 브랜드를 지속적으로 선택하게 하는 강력한 동기가 된다.

실제로, 문화적 경험을 통해 브랜드 이미지를 강화한 외식기업들은 높은 고객 충성도를 유지하며, 경쟁이 치열한 시장에서 안정적인 성과를 거두고 있다. 예를 들어, 서울의 한 전통 한식당이 주기적으로 문화 행사를 개최하고, 지역 예술가들과 협력해 특별한 메뉴를 선보임으로써, 고객들 사이에서 입소문이 퍼져 매출 상승과 브랜드 인지도 향상에 성공했다. 이는 문화마케팅이 외식기업의 장기적인 성공에 얼마나 중요한 역할을 하는지를 보여준다.

결국 문화마케팅을 통해 제공되는 문화적 경험은 외식기업의 브랜드 이미지와 충성도를 강화하는 핵심 요소다. 기업은 소비자의 감성을 자극하는 다양한 문화적 활동을 기획하고, 이를 통해 고객과의 정서적 유대를 강화함으로써, 지속 가능한 경쟁력을 확보할 수 있다. 이러한 접근은 단기적인 매출 증대를 넘어, 장기적인 브랜드 가치 향상과 고객 관계의 안정성을 가져다준다.

문화적 마케팅과 고객 관계 지속의 영향

문화적 마케팅은 단발적 구매를 넘어서 고객과 지속적인 관계를 구축하는 데 중요한 역할을 한다. 기업이 지역의 문화와 역사, 전통을 마케팅 활동에 녹여내면 소비자는 그 브랜드와 정서적으로 연결되며, 이는 반복 구매와 장기적 관계로 이어진다. 예를 들어, 한 외식기업이 지역 축제와 연계한 특별 메뉴를 개발하고, 지역 예술가와 협업하여 독특한 식사 경험을 제공하면, 고객은 그 브랜드를 단순한 음식점이 아닌 문화적 경험의 한 부분으로 인식하게 된다. 이러한 경험은 고객에게 긍정적인 감정을 불러일으켜 브랜드에 대한 신뢰와 충성도를 높이고, 오랜 기간 동안 관계를 유지하게 만든다.

또한, 문화 마케팅은 지역사회와의 깊은 유대감을 형성하며, 고객이 브랜드를 선택할 때 심리적 안정감을 제공한다. 이러한 정서적 연결은 고객이 새로운 제품이나 서비스를 시도할 때에도 브랜드에 대한 높은 신뢰를 바탕으로 긍정적인 반응을 이끌어낸다. 연구에 따르면, 문화적 요소를 잘 반영한 마케팅은 고객의 만족도를 높일 뿐만 아니라, 장기적으로 관계 지속 의도를 강화하는 데 효과적이다. 소비자는 자신이 속한 지역사회와 연관된 브랜드에 대해 더 큰 애착을 느끼며, 이는 재구매로 이어질 가능성을 높인다.

특히 디지털 시대에는 SNS와 같은 온라인 채널을 통해 문화적 콘텐츠를 공유함으로써 더 넓은 고객층과 소통하고, 브랜드 경험을 확산시키는 전략이 두드러진다. 예컨대, 인스타그램에서 지역 문화와 관련된 콘텐츠를 게시하는 외식 브랜드는 팬들의 참여를 유도하며, 커뮤니티를 형성해 강력한 고객 기반을 구축할 수 있다. 이러한 지속 가능한 문화 마케팅 전략은 고객 관계의 깊이를 더해주고, 기업이 변화하는 시장 환경에서도 견고한 입지를 다지는 데 기여한다.

문화마케팅과 외식기업의 성장 전략

문화마케팅은 앞으로도 외식기업의 브랜드 자산 강화에 핵심적인 역할을 할 전망이다. 기술 발전과 디지털 플랫폼의 확산으로 소비자는 단순한 음식 이상의 문화적 경험을 기대하게 되었고, 기업은 이를 통해 차별화된 가치를 제공할 수 있다. 예를 들어, 한 외식 브랜드가 지역 전통과 현대적 감각을 결합한 메뉴 개발 및 인테리어를 도입해 소비자에게 독특한 경험을 선사했다면, 이는 브랜드 이미지와 고객 충성도를 지속적으로 강화하는 데 도움이 된다.

미래에는 가상현실(VR)이나 증강현실(AR) 기술을 활용해 가상 식사 체험이나 문화 콘텐츠를 제공하는 방식도 등장할 것으로 보인다. 이러한 기술적 접근은 고객에게 새로운 형태의 문화적 경험을 제공하며 브랜드와의 정서적 유대를 더욱 깊게 할 수 있다. 더불어, ESG 경영과 연계된 문화마케팅은 지역사회와 환경에 대한 책임을 강조해 소비자들에게 신뢰를 쌓고, 브랜드 충성도를 높이는 중요한 전략이 될 것이다.

외식기업이 지속 가능한 성장을 위해 취해야 할 전략적 방향은 다음과 같다. 첫째, 지역 문화와의 깊은 연계를 통해 브랜드 스토리를 강화하고, 이를 통해 소비자의 감성을 자극하는 경험을 제공해야 한다. 둘째, 디지털 기술을 활용해 개인화된 문화 콘텐츠와 서비스를 제공함으로써 고객 만족도를 높여야 한다. 셋째, 지속 가능한 경영을 실천하며 사회적 책임을 다하는 모습을 보여주는 것이 중요하다. 이는 소비자들에게 브랜드에 대한 긍정적 인식을 심어주고, 장기적인 충성도로 이어진다.

앞으로 외식기업은 단순히 로컬 문화에 머물지 않고, 글로벌 문화와의 교류를 통해 브랜드 가치를 확장할 필요도 있다. 예를 들어, 세계 각국의 식문화를 체험할 수 있는 테마 레스토랑이나 팝업스토어를 운영함으로써 다양한 문화적 경험을 제공할 수 있다. 이러한 글로벌 협력은 소비자들에게 새로운 감동과 흥미를 전달하며, 동시에 브랜드의 국제적 이미지를 강화하는 데 기여한다. 또한, 다양한 문화와의 융합을 통해 혁신적인 메뉴 개발과 서비스 개선이 이루어지면, 이는 고객 충성도를 높이는 지속 가능한 전략으로 자리 잡을 것이다.

외식기업은 문화마케팅 전략을 실행하면서 소비자의 적극적인 참여를 유도할 필요가 있다. 고객이 직접 참여하는 문화적 이벤트, 워크숍, 온라인 커뮤니티를 통해 브랜드와의 정서적 연결을 강화할 수 있다. 예를 들어, 소비자가 특정 요리 체험 클래스나 지역 축제에 참여하며 브랜드와 교감하는 경험은 단순한 소비를 넘어 충성도를 높이는 중요한 계기가 된다. 더불어, 이러한 활동은 지속 가능한 경영과도 맞물려, 지역사회와 환경을 고려한 친환경적 행사나 사회공헌 프로젝트와 결합될 수 있다. 이를 통해 기업은 문화적 가치를 전달하면서도 사회적 책임을 다해 브랜드 이미지를 긍정적으로 확립할 수 있다.

액티브 시니어에게 효과적인 마케팅 전략은?

- 저 자 : 박경애 박사 (hitzon77@hit.ac.kr)
- 소 속 : 대전보건대학교 HRD사업단
- 연구논문 : 액티브 시니어의 소비지향성이 코스메슈티컬 구매의도에 미치는 영향
- 자본주의 꽃 증권사 15년 근무, 그 이후 마케팅 박사 학위를 취득하여 대학에서 겸임교수로 재직하며 마케팅 관련 강의를 진행하였다. 현재 고용노동부와 대한상공회의소에서 주관하는 미래내일 일경험 사업을 지원하고 있고 미취업 청년에게 다양한 양질의 일경험 기회를 제공하여 원활한 노동시장 진입을 촉진시키고 있다.

고령화 사회로 접어들면서 경제적 자립과 건강을 유지하며 활발히 소비 활동을 하는 액티브 시니어 계층이 주목받고 있다. 이들은 전통적인 노년층과 달리 자신의 외모와 건강에 대한 관심이 높으며, 적극적으로 자신을 위한 투자를 아끼지 않는다. 특히, 화장품과 치료 기능을 결합한 코스메슈티컬(Cosmeceutical) 제품 시장이 성장하면서, 액티브 시니어의 구매 행동을 이해하고 분석하는 것이 중요해졌다.

이에 저자(박경애 박사)는 액티브 시니어의 소비지향성(자기중심적 소비, 사회적 소비)이 코스메슈티컬 구매 의도에 미치는 영향을 분석하고, 이 과정에서 뷰티 관여도와 코스메슈티컬 경험이 마케팅에 어떤 역할을 하는지를 규명했다. 이를 통해 액티브 시니어를 대상으로 하는 뷰티 및 헬스케어 제품 마케팅 전략을 제안하고자 했다.

연구 결과, 액티브 시니어의 소비 성향은 개인의 심리적 요인과 뷰티 경험에 따라 세분화될 수 있으며, 맞춤형 마케팅 전략이 필요하다는 점이 드러났다. 이들은 기능성과 효능을 중시하며, 기존 노년층과는 차별화된 독립적 소비 패턴을 보인다. 따라서 기업들은 개인화된 마케팅 전략을 통해 고객 개개인의 요구에 더욱 맞춤화된 서비스를 제공해야 한다.

코스메슈티컬 제품의 경우, 효능과 안전성을 강조하는 것이 중요하다. 무료 샘플 제공이나 체험 이벤트를 통해 제품을 직접 경험할 기회를 제공하면 소비자의 신뢰를 얻고 구매 의도를 높일 수 있다. 이러한 접근은 제품에 대한 만족과 긍정적 구전 효과를 촉진해, 장기적으로 브랜드 충성도를 강화하는 데 기여할 수 있다.

액티브 시니어와 마케팅 활동

액티브 시니어 소비자 특성 분석

액티브 시니어는 전통적 노년층과 달리 건강과 외모에 대한 높은 관심을 바탕으로 활발한 소비 활동을 전개하는 계층이다. 이들은 경제적으로도 자립하여 품질 좋은 제품과 서비스를 구매하는 데 주저함이 없으며, 특히 자신의 삶의 질을 높이는 데 집중한다. 액티브 시니어의 주요 소비 지향성은 기능성과 효능을 중시하는 경향이 강하다. 예를 들어, 코스메슈티컬 제품을 구매할 때 이들은 제품의 효능과 안전성에 큰 비중을 두며, 실제 사용 경험을 통해 그 가치를 평가한다.

소비 행동 패턴은 두 가지 주요 유형으로 나뉜다. 하나는 자기 중심적 소비로, 개인의 건강과 아름다움을 개선하기 위한 투자가 중심이 된다. 이는 개인 맞춤형 서비스나 고기능성 제품에 대한 수요로 나타난다. 예를 들어, 한 액티브 시니어가 자신의 피부 상태에 맞춘 스킨케어 솔루션에 투자하는 것은 자기중심적 소비의 전형이다. 다른 하나는 사회적 소비로, 가족이나 친구들과의 교류, 지역사회 참여를 통해 사회적 연결감을 중시하는 소비 행태다. 지역 문화 행사나 커뮤니티 기반의 활동에 참여하는 것은 이들의 사회적 소비 패턴을 보여준다.

이러한 소비 성향은 마케팅 전략에 중요한 인사이트를 제공한다. 기업은 자기중심적 소비자에게는 개인의 니즈에 맞춘 맞춤형 제품과 서비스, 무료 샘플 제공과 체험 이벤트 등을 통해 신뢰를 형성할 수 있다. 동시에 사회적 소비자에게는 커뮤니티와 연계된 이벤트, 그룹 할인, 가족 패키지와 같은 혜택을 제공해 긍정적 경험을 강화할 수 있다.

액티브 시니어의 특성은 단순히 나이가 많다는 이유로 제품을 구매하는 것이 아니라, 자신의 삶에 가치를 더해줄 수 있는 경험과 제품을 찾는 데 있다. 이들은 기술 활용에도 적극적이어서, 디지털 플랫폼을 통해 새로운 제품 정보를 얻고 구매 결정을 내리기도 한다. 따라서 기업은 디지털 채널을 통해 이들의 성향에 맞춘 개인화된 마케팅 전략을 수립해야 한다. 소비자 심리를 이해하고, 자기중심적 소비와 사회적 소비의 특징을 반영한 맞춤형 전략은 액티브 시니어 고객층의 충성도를 높이고 장기적인 성장을 견인하는 데 중요한 역할을 할 것이다.

코스메슈티컬 제품에 대한 소비자 기대와 신뢰 구축

액티브 시니어 소비자들은 코스메슈티컬 제품 구매 시 제품의 효능과 안전성을 가장 중요한 기준으로 삼는다. 이들은 단순히 화장품 이상의 가치를 기대하며, 제품이 실제로 피부 개선에 도움이 되는지, 사용 후 안전한지를 꼼꼼히 따진다. 예를 들어, 어느 화장품 브랜드가 새로운 안티에이징 크림을 출시하면서 피부 재생 효과와 무해한 성분을 강조하는 마케팅을 펼쳤을 때, 소비자는 해당 제품을 믿고 구매할 가능성이 높아진다. 이러한 소비 성향은 제품의 과학적 근거와 투명한 정보 제공이 중요함을 시사한다.

또한, 소비자들은 제품 체험을 통해 직접적인 경험을 쌓으면서 브랜드에 대한 신뢰를 구축한다. 실제 사례로, 한 코스메슈티컬 브랜드는 무료 샘플 제공과 체험 행사를 통해 소비자들이 제품의 효능을 직접 확인할 수 있는 기회를 마련했다. 이로 인해 소비자는 제품의 효과를 체험하며 신뢰를 쌓고, 긍정적인 구매 의도를 형성하게 된다. 이러한 체험 기반의 마케팅 전략은 소비자가 단순히 광고를 믿는 것이 아니라, 실제 경험을 바탕으로 결정을 내리게 만들어 더욱 강력한 소비자 충성도를 유도한다.

효능과 안전성을 중시하는 소비자 기대에 부응하기 위해, 기업은 제품 개발 단계부터 엄격한 품질 관리와 임상 시험을 통해 신뢰할 수 있는 제품을 선보여야 한다. 더불어, 소비자에게 제품 정보를 투명하게 공개하고, 사용법 및 주의사항을 명확하게 전달하는 것이 중요하다. 이는 소비자의 불안을 해소하고, 제품 체험을 통해 긍정적인 경험을 축적하게 하여 장기적인 브랜드 충성도로 이어질 수 있다.

결국, 코스메슈티컬 제품에 대한 소비자 기대는 제품의 효과와 안전성을 기반으로 한 실질적인 가치 제공에서 비롯된다. 기업은 이러한 기대를 충족시키기 위해 체험 기회를 확대하고, 투명한 정보 제공을 강화하며, 품질 관리에 만전을 기해야 한다. 이를 통해 소비자 신뢰를 높이고, 긍정적 구전과 재구매 의도를 촉진하는 지속 가능한 브랜드 전략을 구축할 수 있다.

액티브 시니어를 위한 맞춤 접근법

액티브 시니어 소비자들은 자신의 외모와 건강에 대한 높은 관심과 함께 개별적인 요구를 가진 독립적인 소비자들이다. 이들의 다양한 요구를 충족시키기 위해 기업들은 개인화된 마케팅 전략을 수립해야 한다. 맞춤형 제품 추천과 개인화된 서비스 제공은 액티브 시니어의 구매 의도를 높이는 중요한 요소다.

첫째, 맞춤형 제품 추천은 소비자의 개별적인 필요와 선호를 반영하는 데 중점을 둔다. 예를 들어, 코스메슈티컬 브랜드는 고객의 피부 타입, 연령, 특정 피부 고민 등을 기반으로 한 맞춤형 제품을 추천할 수 있다. 이러한 접근은 소비자가 자신의 특정 요구에 맞는 제품을 쉽게 찾을 수 있도록 도와주며, 제품의 효과에 대한 신뢰를 높인다. 또한, 개인화된 서비스 제공은 고객의 경험을 더욱 향상시킨다. 예를 들어, 온라인 플랫폼을 통해 고객의 구매 이력과 선호도를 분석해 개인 맞춤형 할인 쿠폰이나 특별 이벤트 초대장을 제공하면, 소비자는 자신이 특별히 고려되고 있다는 느낌을 받아 브랜드에 대한 애착을 더욱 강화하게 된다.

둘째, 데이터 분석을 통한 고객 세분화와 타겟팅은 효과적인 마케팅 전략의 핵심이다. 액티브 시니어는 다양한 소비 지향성을 가지고 있으므로, 데이터를 활용해 이들을 세분화하고 각각의 그룹에 맞는 맞춤형 메시지를 전달하는 것이 중요하다. 예를 들어, 자기중심적 소비 성향을 가진 고객 그룹에는 개인의 건강과 아름다움을 강조하는 메시지를, 사회적 소비 성향을 가진 고객 그룹에는 가족과 친구들과의 공동 경험을 강조하는 메시지를 전달할 수 있다. 이러한 세분화는 마케팅 자원을 효율적으로 활용하며, 각 그룹의 특성에 맞춘 효과적인 캠페인을 가능하게 한다.

또한, 최신 디지털 기술을 활용한 개인화 마케팅은 액티브 시니어와의 소통을 더욱 원활하게 만든다. 인공지능(AI)과 머신러닝을 활용해 고객의 행동 패턴을 분석하고, 이에 기반한 개인화된 추천 시스템을 구축하면, 소비자는 더욱 관련성 높은 제품과 서비스를 경험할 수 있다. 예를 들어, AI 기반의 챗봇을 통해 실시간으로 고객의 질문에 답변하고, 개인 맞춤형 제품을 추천하는 서비스는 고객 만족도를 크게 높일 수 있다.

마지막으로, 데이터 보호와 개인정보 관리도 중요한 요소다. 액티브 시니어는 자신의 개인 정보가 안전하게 관리되고 있다는 신뢰를 바탕으로 개인화된 서비스를 받아들이기 때문에, 기업은 투명한 데이터 관리 정책과 강력한 보안 시스템을 구축해야 한다. 이를 통해 고객의 신뢰를 유지하고, 장기적인 관계를 형성할 수 있다.

경험을 통한 고객 연결 강화

기업들은 제품이나 서비스를 단순히 광고하는 데 그치지 않고,

소비자가 직접 경험할 수 있는 기회를 제공하는 체험 기반 마케팅과 이벤트 전략을 통해 고객과의 연결고리를 강화하고 있다. 특히 코스메슈티컬과 같은 산업에서는 무료 샘플 제공이나 체험 이벤트가 소비자의 구매 의도를 높이는 데 중요한 역할을 한다. 실제 사례로, 한 화장품 브랜드가 신제품 출시와 함께 무료 샘플을 배포하고, 고객 체험 행사를 개최해 제품의 효능과 안전성을 직접 확인하도록 했다. 이를 통해 소비자들은 제품에 대한 신뢰를 형성하며, 긍정적인 사용 경험을 쌓게 된다. 체험을 통해 얻은 만족감은 구전 효과로 이어져, 브랜드 충성도와 재구매 의도를 높이는 결과를 낳는다.

이러한 체험 마케팅은 오프라인과 온라인 채널을 효과적으로 결합해 더욱 강력한 시너지를 발휘한다. 오프라인 매장이나 이벤트 공간에서 제공되는 직접 체험은 소비자에게 제품의 장점을 생생하게 전달하며, 이를 SNS나 모바일 앱을 통해 실시간으로 공유하게 되면 더 많은 잠재 고객에게 확산된다. 예를 들어, 고객이 코스메슈티컬 제품 체험 후 SNS에 긍정적인 후기를 남기면, 이는 자연스러운 입소문 마케팅으로 작용하여 브랜드 인지도와 신뢰도를 높인다.

또한, 데이터 분석을 통해 체험 이벤트의 효과를 측정하고 개선하는 것이 중요하다. 소비자의 피드백과 행동 데이터를 수집해 어떤 체험 요소가 가장 긍정적인 반응을 이끌어내는지 분석하면, 향후 마케팅 전략을 더욱 정교하게 조정할 수 있다. 이를 통해 기업은 자원을 효율적으로 사용하며, 고객에게 더욱 맞춤화된 체험을 제공할 수 있다.

결국, 체험 기반 마케팅과 이벤트 전략은 제품의 기능적 가치

이상으로 소비자와의 감성적 연결을 강화하는 데 핵심적인 역할을 한다. 무료 샘플 제공과 오프라인·온라인 경험 마케팅을 결합한 접근은 소비자가 브랜드를 깊이 이해하고 신뢰하게 만드는 효과적인 방법으로 자리 잡고 있으며, 이는 장기적인 고객 충성도와 지속 가능한 성장으로 이어진다.

변화하는 시장 환경 속 액티브 시니어 마케팅의 미래

액티브 시니어 시장은 디지털 전환과 기술 혁신의 영향으로 끊임없이 변화하고 있다. 이 계층은 건강과 외모에 대한 높은 관심으로 인해 코스메슈티컬 제품과 같은 헬스케어 화장품 시장에서 중요한 소비자로 떠오르고 있다. 미래의 액티브 시니어 마케팅은 개인화와 맞춤형 경험 제공에 초점을 둘 것으로 보인다. 인공지능(AI) 기반 추천 시스템과 데이터 분석을 통해 고객의 선호와 피부 상태를 정확히 파악하고, 이에 맞춘 제품과 서비스를 제안하는 전략이 중요하다. 예를 들어, AI가 고객의 피부 데이터와 과거 구매 이력을 분석해 맞춤형 스킨케어 루틴을 제공하면, 소비자는 보다 높은 만족도를 경험할 수 있다.

또한, 디지털 플랫폼과 SNS를 활용한 커뮤니케이션은 액티브 시니어와의 정서적 유대를 강화하는 데 필수적이다. 변화하는 시장 환경에서 디지털 기술은 소비자가 온라인에서 손쉽게 제품을 체험하고, 리뷰를 공유하며, 새로운 트렌드를 빠르게 접할 수 있도록 지원한다. 실제로 일부 브랜드는 SNS를 통해 고객 체험 이벤트를 진행하고, 무료 샘플과 체험 기회를 제공해 소비자와의 소통을 강화하고 있다. 이는 구매 의사 결정 과정에 긍정적인 영향을 미쳐 고객 충성도를 높이는 데 기여한다.

미래의 액티브 시니어 마케팅은 지속 가능성과 윤리적 소비 트렌드와도 깊이 연결될 것이다. 소비자들은 환경 보호와 사회적 책임을 실천하는 브랜드에 더 큰 가치를 부여하고, 이를 통해 자신의 소비 행위가 긍정적 사회적 영향으로 이어지길 기대한다. 따라서 기업은 친환경 제품 개발과 투명한 정보 공개를 통해 신뢰를 쌓고, ESG 경영과 연계된 마케팅 전략을 전개해야 한다.

결과적으로, 변화하는 시장 환경 속에서 성공적인 액티브 시니어 마케팅은 기술을 활용한 개인화된 서비스, 디지털 커뮤니케이션 강화, 지속 가능한 가치 제안을 결합한 전략을 통해 실현될 수 있다. 이는 기업이 액티브 시니어 고객과의 장기적 관계를 구축하고, 변화하는 소비자 요구에 민첩하게 대응하는 데 중요한 인사이트를 제공한다.

마치는 글

마치는 글

 삶의 치열한 현장 속 시간내기가 야속하리만큼 부족하고 또 힘든 저자들의 연구환경에서 학문탐구를 향한 강인한 의지 하나로 만들어낸 글들입니다. 여기 있는 글 하나 하나가 저자들의 사연이 담긴 이야기라고 생각합니다. 이런 귀중한 사연을 한 권의 책으로 엮어 세상에 선보이게 되었습니다.

 지난 수십 년간 여기 모인 모든 저자들은 학문적 열정과 탐구의 자세로 마케팅 연구에 임하며, 모두 함께 논문작성에 수반되는 학문적 고통을 극복하고 성장하는 기쁨을 누릴 수 있었습니다. 우리 모두는 언제나 모두에게 학문적 여정의 중요한 동반자였고, 서로서로에게 항상 학문적으로나 인간적으로 커다란 자극과 영감을 주었습니다.

이 책에는 각자의 마케팅 분야에서 쌓아 올린 연구 성과와 우리 모두가 만들어낸 새로운 통찰이 담겨 있습니다. 각 논문은 연구 결과의 이론성과 실용성을 넘어, 그 사람의 인생이 고스란히 담겨 있는 각자의 학문적 열정과 창의성의 결실입니다. 이 책은 우리 모두에게 연구의 시작과 끝의 전 과정을 허심탄회하게 돌아보는 소중한 기회가 되었으며, 마케팅연구에 대한 새로운 출발을 의미합니다.

아주 오래 전부터 대전대학교에 근무하였습니다. 그리고 이제 쉼없이 굽이굽이 흐르던 강물이 잔잔히 멈추고 고요해지는 순간에 도달했습니다. 지금까지 써왔던 손때 묻고 여기저기 헤진 나의 노트를 이제 차분히 덮고, 새로운 노트로 새로운 이야기를 써나가야 하는 시간이 되었음을 압니다.

이제 제게는 남은 시간을 서두르지 않고, 그간 놓쳐왔던 호흡으로 살아가야 할 시간이 주어졌습니다. 오랜 시간 함께했던 강의실의 칠판과, 밤늦게까지 불이 꺼지지 않던 연구실의 책상, 함께 웃고 토론했던 제자들과 동료들의 얼굴이 하나씩 떠오릅니다. 학문은 언제나 제게 사유의 방식이자, 사람을 만나는 도구였고, 또 스스로를 돌아보게 하는 거울이었습니다. 그 여정을 마무리하며 이 책이 세상에 나오게 된 것은 제게 더없는 기쁨이며, 조용한 작별 인사이기도 합니다.

이 책을 읽게 될 독자 여러분께도 당부를 드리고 싶습니다. 이

책을 단지 '논문을 정리한 책'으로 보지 않으셨으면 합니다. 각 글은 저자 한 사람의 삶에서 가장 뜨겁고 절실했던 주제를 마주한 시간의 기록이며, 오늘날 복잡하게 변모한 시장 환경 속에서도 마케팅의 본질이 무엇인지를 되묻는 성찰의 결과입니다. 이 책을 통해 여러분도 지금 자신의 일터, 조직, 삶의 현장에서 어떤 '리플렉션'을 시작할 수 있기를, 그리고 우리가 남긴 질문들이 또 다른 탐구와 실천으로 이어지기를 진심으로 바랍니다.

끝으로, 이 출판이 가능하도록 주도적으로 헌신한 은종성박사를 비롯한 집필진 모든 분들께 마음 깊이 수고하셨다는 말과 함께 감사하다는 말을 전하고 싶습니다. 감사합니다.

송인암 드림